记忆中原丛书

品读中原

总主编 **赵素萍**
执行主编 **苏长青**
本册主编 **张新斌**

河南科学技术出版社
·郑州·

图书在版编目（CIP）数据

品读中原 / 张新斌主编. — 郑州：河南科学技术出版社，2018.9
（2019.5 重印）
（记忆中原丛书 / 赵素萍主编）
ISBN 978-7-5349-9347-3

Ⅰ. ①品… Ⅱ. ①张… Ⅲ. ①文化史－河南 Ⅳ. ① K296.1

中国版本图书馆 CIP 数据核字（2018）第 210238 号

出版发行： 河南科学技术出版社
地址：郑州市郑东新区祥盛街 27 号　　邮编：450016
电话：（0371）65737028　65788613
网址：www.hnstp.cn
策划编辑： 李喜婷　汪林中　冯俊杰
责任编辑： 冯俊杰
责任校对： 李平平　杨晓珂
责任印制： 张　巍
书籍设计： 赵　钧
排　　版： 蔡　凤
印　　刷： 河南博雅彩印有限公司
经　　销： 全国新华书店
开　　本： 787 mm × 1092 mm　1/16　**印张：** 17.75　**字数：** 301 千字
版　　次： 2018 年 9 月第 1 版　　2019 年 5 月第 2 次印刷
定　　价： 68.00 元

《记忆中原丛书》编委会

《品读中原》编委会

主　编： 张新斌

副主编： 李立新　郭　艳

撰稿人： （以写作顺序排列）

张新斌　李立新　张玉霞　穆朝庆　王建华

李建华　卫绍生　安一方　徐春燕　李晓燕

陈习刚　李　龙　韩宇宏　席　格　郑志强

王永宽　郭　艳

河南省国家AAAAA级旅游景区

① 洛阳龙门石窟
② 开封清明上河园
③ 嵩山少林寺
④ 栾川老君山
⑤ 安阳殷墟
⑥ 焦作云台山

HENAN LVYOU

河南省国家AAAAA级旅游景区

中原鲁山大佛，高208米，世界第一
Giant Stone Buddha of Lushan in the Central Plains, 208 meters high and ranking first in the world

⑧

⑨

⑦ 尧山-中原大佛
⑧ 中国西峡恐龙遗迹园
⑨ 林州红旗渠
⑩ 嵩县白云山
⑪ 遂平嵖岈山
⑫ 芒砀山汉文化旅游景区
⑬ 新安龙潭大峡谷

HENAN LVYOU

河南的中国历史文化名镇

① 淅川县荆紫关镇古街道
② 光山县白雀园镇古街道
③ 郑州市古荥镇汉代冶铁中心遗址
④ 开封市朱仙镇岳飞庙
⑤ 禹州市神垕镇古街道

河南的中国历史文化名镇

⑥

⑦

⑧

⑨

⑩

⑥ 滑县道口镇鸟瞰
⑦ 确山县竹沟镇古寨门
⑧ 社旗县赊店镇古城门
⑨ 郏县冢头镇古街道
⑩ 遂平县嵖岈山镇
人民公社旧址

ZHONGYUAN MINGZHEN

河南入选历年全国十大考古新发现项目

名称	发掘地点	时代	入选时间
殷墟郭家庄160号墓	安阳市郭家庄	商代晚期	1990年
三门峡上村岭周代虢季墓	三门峡市区上村岭	西周晚期	1990年
隋唐洛阳城应天门东阙遗址	洛阳市周公庙与洛阳日报社之间	隋唐	1990年
殷墟花园庄商代甲骨窖藏	安阳市花园庄	商代	1991年
三门峡上村岭西周虢仲墓	三门峡市区上村岭	西周	1991年
永城芒砀山汉梁孝王王后墓	永城市芒砀山南脉保安山东侧山腰	西汉	1991年
丹江口水库楚国贵族墓	丹江口水库淅川淹没区内	战国	1992年
洛阳北宋衙署庭园遗址	洛阳市老城区中州路南侧	北宋	1992年
八里岗新石器时代聚落遗址	邓州市白庄村	新石器时代	1994年
辉县孟庄遗址	辉县市孟庄镇	新石器时代	1994年
永城西汉梁国王陵与寝园	永城市芒砀山区	西汉	1994年
郑州西山仰韶文化城址	郑州市邙山区古荥镇孙庄村	新石器时代	1995年
郑州小双桥遗址	郑州市石佛乡小双桥村	商代	1995年
孟津妯娌新石器时代聚落遗址	洛阳市孟津县煤窑乡妯娌村	新石器时代	1996年
平顶山应国墓地	平顶山市新华区薛庄乡北滍村	周代	1996年
偃师商城小城	偃师市城关镇	夏代至商代	1997年
新郑郑韩故城郑国祭祀遗址	豫西山地和豫东扇积平原的交接地带	春秋	1997年
小浪底水库东汉漕运建筑基址及古黄河栈道	山西平陆、夏县、垣曲三县黄河北岸的小浪底水库淹没区，洛阳黄河两岸	东汉	1998年
焦作府城商代早期遗址	焦作市西南府城村	商代早期	1999年
新密古城寨龙山时代古城	新密市曲梁乡大樊庄古城寨村	新石器时代	2000年
宝丰清凉寺汝官窑遗址	宝丰县清凉寺	北宋	2000年
禹州钧窑遗址	禹州市神垕镇	金代前期至北宋晚期	2001年
郑州大师姑夏代城址	郑州市西北郊	夏代	2003年
偃师二里头遗址宫殿区	偃师市二里头村	夏商	2004年
鹤壁刘庄遗址	鹤壁市大赉店镇刘庄村	新石器时代	2005年
内黄三杨庄汉代聚落遗址	内黄县梁庄镇三杨庄村	汉代	2005年
灵宝西坡新石器时代大型墓地	灵宝市阳平镇西坡村	新石器时代	2006年
许昌灵井旧石器遗址	许昌市灵井镇西侧	旧石器时代	2007年
新郑唐户遗址	新郑市观音寺镇唐户村	新石器时代裴李岗文化时期	2007年

名称	发掘地点	时代	入选时间
荥阳关帝庙遗址	荥阳市豫龙镇关帝庙村	商代晚期	2007年
洛阳偃师东汉帝陵与洛阳邙山墓群	偃师市庞村镇白草坡村东北、高龙镇阎楼村西	东汉	2007年
河北磁县东魏元祜墓与河南安阳固岸东魏北齐墓地	河北磁县、河南安阳县安丰乡固岸村和施家河村东部	北朝	2007年
荥阳娘娘寨遗址	荥阳市豫龙镇寨杨村西北	西周晚期、东周时期	2008年
新郑胡庄墓地	新郑市城关乡	春秋时期、战国晚期	2008年
新密李家沟旧石器－新石器过渡阶段遗址	新密市岳村镇李家沟村西	旧石器-新石器过渡阶段	2009年
安阳西高穴曹操高陵	安阳市西北	东汉末年	2009年
新郑望京楼夏商时期城址	新郑市新村镇望京楼水库东侧	夏商时期	2010年
郑州老奶奶庙旧石器时代遗址	郑州市二七区侯寨乡樱桃沟景区	旧石器时代	2011年
栾川孙家洞旧石器遗址	栾川县栾川乡湾滩村哼呼崖断崖处	旧石器时代	2012年
洛阳新安汉函谷关遗址	新安县东	西汉	2013年
郑州东赵遗址	郑州高新区沟赵乡东赵村南	新石器时代至东周	2014年
隋代回洛仓与黎阳仓粮食仓储遗址	洛阳市、浚县	隋	2014年
紫禁城始祖——汉魏洛阳城太极殿遗址	孟津县平乐镇金村南	汉魏	2015年
新郑郑韩故城遗址	新郑市	春秋战国	2017年
洛阳东汉帝陵考古调查与发掘	洛阳市伊滨区、偃师市、孟津县	东汉	2017年

河南的国家级非物质文化遗产名录

类别	名称	申报地区或单位	核准时间
民间文学	**梁祝传说**	河南省汝南县	2006年
	董永传说	河南省武陟县	2006年
	木兰传说	河南省虞城县	2008年
	盘古神话	河南省桐柏县、泌阳县	2008年
	邵原神话群	河南省济源市	2008年
	老子传说	河南省灵宝市	2014年
	河图洛书传说	河南省洛阳市	2014年
	杞人忧天传说	河南省杞县	2014年

续表

类别	名称	申报地区或单位	核准时间
传统音乐（民间音乐）	**唢呐艺术**	河南省沁阳市	2006年
	板头曲	河南省南阳市	2006年
	信阳民歌	河南省信阳市	2008年
	西坪民歌	河南省西峡县	2008年
	江河号子（黄河号子）	黄河水利委员会河南黄河河务局	2008年
	笙管乐（超化吹歌）	河南省新密市	2008年
	锣鼓艺术（大铜器、开封盘鼓）	河南省西平县、郏县、开封市	2008年
	佛教音乐（大相国寺梵乐）	河南省开封市	2008年
	锣鼓艺术（中州大鼓）	河南省新乡县	2011年
	古筝艺术（中州筝派）	河南省	2014年
	锣鼓艺术（大铜器）	河南省遂平县	2014年
传统戏剧	**豫剧**	河南省	2006年
	宛梆	河南省内乡县	2006年
	怀梆	河南省沁阳市	2006年
	大平调	河南省濮阳县、滑县、延津县	2006年
	越调	河南省周口市	2006年
	大弦戏	河南省滑县、濮阳县	2006年
	四平调	河南省商丘市、濮阳市	2006年
	曲剧	河南省	2006年
	道情戏（太康道情戏）	河南省太康县	2006年
	目连戏（南乐目连戏）	河南省南乐县	2006年
	二夹弦	河南省开封市、滑县	2008年
	罗卷戏	河南省汝南县、范县	2008年
	二股弦	河南省武陟县	2008年
	越调	河南省许昌市	2008年
	柳子戏	河南省清丰县	2008年
	皮影戏（罗山皮影戏）	河南省罗山县	2008年
	淮调	河南省安阳县	2011年
	落腔	河南省内黄县	2011年
	大平调	河南省浚县	2011年
	越调	河南省邓州市	2011年
	皮影戏（桐柏皮影戏）	河南省桐柏县	2011年
	花鼓戏（光山花鼓戏）	河南省光山县	2014年
	罗卷戏	河南省邓州市	2014年

续表

类别	名称	申报地区或单位	核准时间
曲艺	**河洛大鼓**	河南省洛阳市	2006年
	河南坠子	河南省	2006年
	三弦书（南阳三弦书）	河南省南阳市	2008年
	大调曲子	河南省南阳市	2008年
传统体育、游艺与杂技（杂技与竞技）	**少林功夫**	河南省登封市	2006年
	太极拳（陈氏太极拳）	河南省焦作市	2006年
	八极拳（月山八极拳）	河南省博爱县	2008年
	心意六合拳	河南省漯河市、周口市	2008年
	苌家拳	河南省荥阳市	2008年
	东北庄杂技	河南省濮阳市	2008年
	撂石锁	河南省开封市	2011年
	太极拳（和氏太极拳）	河南省温县	2014年
传统美术（民间美术）	**朱仙镇木版年画**	河南省开封市	2006年
	泥塑（浚县泥咕咕）	河南省浚县	2006年
	石雕（方城石猴）	河南省方城县	2008年
	玉雕（镇平玉雕）	河南省镇平县	2008年
	木版年画（滑县木版年画）	河南省滑县	2008年
	汴绣	河南省开封市	2008年
	剪纸（灵宝剪纸、卢氏剪纸、辉县剪纸）	河南省灵宝市、卢氏县、辉县市	2008年
	灯彩（洛阳宫灯、汴京灯笼张）	河南省洛阳市、开封市	2008年
	泥塑（淮阳泥泥狗）	河南省淮阳县	2014年
	麦秆剪贴	河南省清丰县	2014年
民俗	**太昊伏羲祭典**	河南省淮阳县	2006年
	马街书会	河南省宝丰县	2006年
	民间信俗（关公信俗）	河南省洛阳市	2008年
	打铁花	河南省确山县	2008年
	洛阳牡丹花会	河南省洛阳市	2008年
	黄帝祭典（新郑黄帝拜祖祭典）	河南省新郑市	2008年
	民间社火（浚县民间社火）	河南省浚县	2008年
	药市习俗（百泉药会、禹州药会）	河南省辉县市、禹州市	2008年
	重阳节（上蔡重阳习俗）	河南省上蔡县	2011年
	庙会（浚县正月古庙会）	河南省浚县	2014年

续表

类别	名称	申报地区或单位	核准时间
传统舞蹈（民间舞蹈）	**麒麟舞**	河南省兰考县	2008年
	灯舞（苏家作龙凤灯舞）	河南省博爱县	2008年
	跑帷子	河南省汤阴县	2008年
	官会响锣	河南省项城市	2008年
	狮舞（小相狮舞、槐店文狮子）	河南省巩义市、沈丘县	2008年
	高跷（高抬火轿）	河南省沁阳市	2008年
	龙舞（火龙舞）	河南省孟州市	2011年
	麒麟舞（睢县麒麟舞）	河南省睢县	2011年
	耍老虎	河南省焦作市	2014年
传统技艺（传统手工技艺）	**钧瓷烧制技艺**	河南省禹州市	2008年
	唐三彩烧制技艺	河南省洛阳市	2008年
	蒸馏酒传统酿造技艺（宝丰酒传统酿造技艺）	河南省宝丰县	2008年
	真不同洛阳水席制作技艺	河南省洛阳市	2008年
	汝瓷烧制技艺	河南省汝州市、宝丰县	2011年
	窑洞营造技艺（地坑院营造技艺）	河南省三门峡市	2011年
	登封窑陶瓷烧制技艺	河南省登封市	2014年
	当阳峪绞胎瓷烧制技艺	河南省焦作市	2014年
	宝剑锻制技艺（棠溪宝剑锻制技艺）	河南省西平县	2014年
	绿茶制作技艺（信阳毛尖茶制作技艺）	河南省信阳市	2014年
传统医药	**中药炮制技术（四大怀药种植与炮制）**	河南省焦作市	2008年
	中医正骨疗法（平乐郭氏正骨法）	河南省洛阳市	2008年
	中医诊疗法（买氏中医外治法、毛氏济世堂脱骨疽疗法）	河南省周口市、新蔡县	2014年

编制：冯俊杰

河南省14个红色旅游景点

景点名称	景点地址
兰考县焦裕禄烈士陵园	兰考县城关北黄河堤顶
确山县竹沟革命纪念馆	确山县西30公里的竹沟镇延安街
信阳市红色旅游系列景区	
新县鄂豫皖苏区首府革命博物馆	新县首府路文博新村004号
鄂豫皖苏区革命烈士陵园	新县县城南白马山东麓
中共中央鄂豫皖分局旧址	新县首府路与航空路
将军故里	新县田铺乡许家洼
商城县金刚台红军洞群	商城县城东南20公里金刚台主峰
罗山县铁铺乡红二十五军长征出发地	罗山县铁铺乡何家冲
新县箭厂河革命旧址	新县箭厂河乡
四望山新四军第五师师部旧址	信阳市浉河区浉河港镇胡岗村龚家湾
叶家大庄桐柏英雄纪念馆	南阳市桐柏县城南叶家大庄
郑州市二七纪念堂	郑州市钱塘路中段82号（德化街）
林州市红旗渠	林州市
永城市淮海战役陈官庄战斗遗址	永城市东北25公里陈官庄
镇平县彭雪枫故居及纪念馆	镇平县城南约3.5公里的雪枫街道办事处七里庄村
清丰县单拐革命旧址	濮阳市清丰县双庙乡单拐村

“中原文化”系列讲座视频

名 称	来 源
中原文化（哲学篇）	郑州大学
中原文化（文学篇）	郑州大学
中原文化（武术篇）	郑州大学
中原文化（行为篇）	郑州大学
中原文化（历史篇）	郑州大学

下载知到 app
收看《中原文化》系列讲座

总序

不忘本来　开创未来

《诗经·小雅·吉日》曰：“瞻彼中原，其祁孔有。”

中原，本意为天下至中的原野，后来逐渐演化为泛指黄河中下游地区，也称中土、中州、华夏。在某些特定的语境中，中原又是“中国”的代名词。

中原文化是中原地区，主要是河南省的物质文化和精神文化的总称。中原文化是中华文化的母体和主干，在漫长的中国历史中长期居于正统、主流地位，中原文化一定程度上代表着中国传统文化。

河南人爱说“中”。一个“中”字，尽显中原文化的正大气象和源远流长。

中原这块沃土，不仅是东亚现代人类的主要起源地，而且自上古时期就形成了发达的农业文明，并率先跨过了“文明的门槛”。

从夏代到北宋的3 000多年间，先后有22个朝代、200多位帝王在河南建都。全国十大古都河南有其四。河南曾长期是全国政治、经济、军事、文化的中心，中国古代创造发明的中心，向全国和世界传播交流文明的中心。

中华文明丰富的文化景观、文化遗存、历史文物、文化典籍和艺术珍品在中原大地比比皆是，使河南如同一座浩瀚的历史博物馆，一本看得见、摸得着的中国历史文化教科书。河南的馆藏文物、国家历史文化名城和全国重点文物保护单位数量，均居全国前列。甲骨文在这里发现，四大发明与河南关系密切，连接东西享誉世界的丝绸之路从这里起步。

水有源，树有根，人有姓。河南是中国姓氏的重要发源地，依人口数量排名的100个大姓中，有70余个起源于河南。中华传统文化通过姓氏家族延续传承，跟随姓氏漂洋过海。“贵姓”“仙乡何处”的寻常问候常常引起游子无限的乡思乡愁，也成为近年来河南根亲文化的“重头戏”。

天下名人，中州过半。在《二十四史》中，立传的名人共5 700余人，仅汉、唐、宋、明四个朝代，河南籍名人就达912人。在耳熟能详的文化圣人当中，出生于河南或长期在河南活动的近30位。谋圣姜太公、道圣老子、墨圣墨子、商圣范蠡、医圣张仲景、科圣张衡、字圣许慎、诗圣杜甫、画圣吴道子、律圣朱载堉，等等，都是中华文化发展史上的不朽丰碑。

中原文化门类齐全，博大精深。文学星空，河南人星光璀璨；中华武术，少林太极称双雄；婚丧嫁娶，人生礼仪在斯；梆弦声里，地方戏风靡大河南北。洋洋洒洒，中原书风千载传承；丹青妙手，河南画苑代有佳作……

中原文化之于中华文化，就内容讲，是最基础、最基本的部分；就特点讲，是最具代表性的部分；就历史发展过程讲，是最具贯穿性的部分；就地域讲，是最具影响力的部分。中原文化具有根源性、原创性、包容性、开放性等诸多特质，开放与包容使得中原文化具有绵绵不绝的生命力与创造力。

中原地处“天地之中”、华夏腹地，九州通衢的独特地理位置决定了中原文化始终处于与外部文化的交流融合当中，这种交流与融合影响到中原文化的方方面面。

早在新石器时代，中原文化便成为推动中国境内各种文化交汇的强大动力，加快了中华文明的进程。

夏、商、周三代是中国历史上的重要时期，其时中原和周边地区交流融合、相互促进，奠定了中华文明形成和发展的基础。汉代，中外贸易频繁，形成了后人熟知的丝绸之路，洛阳成为丝绸之路的东方起点。隋唐时期，洛阳是当时的国际性大都市之一，成为东西方文化、贸易交流和传播的中心。以开封为中心的北宋文化，以丰厚的底蕴、深邃的思想、恢宏的气势、绚丽的色彩，把中原历史文化推向高峰。唐宋之际，中原文化通过丝绸之路、大运河及海上丝绸之路跨出国门，影响波及亚洲乃至世界。

古往今来，无数中原的思想家，用自己的思考深刻地影响着历史的进程，成为中国思想文化的主干，并对世界文化产生了很大影响。西方许多杰出人物如伏尔泰、狄德罗、托尔斯泰等都曾受到《道德经》的影响。而在中原的腹地嵩山脚下，儒、释、道“三教合流”，经过千百年的融汇发展，儒、释、道三种文化已经深深熔铸在我们民族的生命力、凝聚力和创造力之中。

中华文化革故鼎新、生生不息的生命力，源于中华文化与周边文化持续不断的碰撞和融合。

梁启超先生曾指出，中原的中国经过秦汉一统，成为中国的中国；中国的中国经由与印度、日本等接触，成为亚洲的中国；近世以来，中国进入世界舞台，与欧美竞争，而成为世界的中国。

从世界范围来看，不同文明之间的碰撞与交流成为世界历史发展的主要动力；从中国范围内来看，中原文化与周边文化的互动奠定了中华文化的根基；从中原范围内来看，以嵩山周围为核心的河洛文化与周边文化的融合助推中原文化茁壮成长。

八方风雨会中州。目前河南共有17个省辖市，1个省直管市，每个市都有其独特的文化，尤其是一些与外省接壤的省辖市，更是中原文化与周边文化交流碰撞的前沿。南阳的“楚风汉韵”、信阳的“豫风楚韵”久负盛名，三门峡与秦晋文化的交汇，安阳、鹤壁与燕赵文化的融通，濮阳、商丘与齐鲁文化的交融，周口、驻马店与江淮文化的互动，焦作、济源与三晋文化的交流等，都形成了地域文化的独特小环境。这些区域文化之间的开合、融通铸就了中原文化的生命力。

冠八枢而奠中原，得中原者得天下。

中原文化，出彩千年！

习近平总书记提出，让中原更加出彩。

河南在全面建成小康社会的快车道上，始终不忘提升中原文化的整体实力和影响力。从“加快文化资源大省向文化强省跨越”，到“加快建设文化强省”，再到“加快构筑全国重要的文化高地”，这种渐次提升既契合党中央关于强化文化发展的新理念、新思想、新战略，又体现了河南省委对文化建设的高度重视。

从中原崛起到建设经济强省，博大精深的中原文化始终是河南最为倚重的资源之一；从华夏历史文明传承创新区到全球华人精神家园和心灵故乡的打造，中原文化已经、正在，而且还将要以更加丰富多彩的形式、手段被挖掘、整理，传承和创新。

党的十九大报告指出：推动中华优秀传统文化创造性转化、创新性发展，继承革命文化，发展社会主义先进文化，不忘本来、吸收外来、面向未来，更好构筑中国精神、中国价值、中国力量，为人民提供精神指引。

多年来，依托厚重的中原文化，河南的文史研究、新闻出版、广播影视等部门进行了卓有成效的工作，取得了丰硕的成果。经过充分调研，中共河南省委宣传部决定组织全省各省辖市市委宣传部编纂大型精品文化普及读物“记忆中原丛书”，一套19卷，分为《品读中原》以及18个地市卷。丛书围绕中原文化精华这条主线，选择各地文化经典和精要，系统梳理河南地域文化特色，全面展示中原文化风貌，讲好中原故事，传播中华文化，凝聚中国力量。“记忆中原丛书”作为一种融媒体出版物，融合多种媒体形式，书籍与文创产品并重，文化与旅游资源嫁接，这种创新的出版方式是中原文化更加出彩的一种生动体现，也为中原更加出彩提供精神力量。

天下中原，老家河南。

中原是一座“文化的活态博物馆”。河南堪称全球华人的根亲文化圣地。与其在远处仰望，不如到中原走访。真诚希望读者朋友能从书中感受到中原文化的魅力，更期望朋友们以这套丛书为“路标”，到河南走走，回老家看看。厚重河南欢迎您，壮美中原欢迎您。

“记忆中原丛书”编委会

2018年7月

序

到中原来寻找正宗的中国

张新斌

随着《最早的中国》《何以中国》的出版，学术界出现了对早期中国探寻的热潮。2010年登封“天地之中”历史建筑群申遗的成功，因其集中反映了中华民族对“中”文化的厚爱、信仰与崇拜，由此提出并回答了一个问题：中国为什么叫中国与中华？毫无疑问，最能体现和代表“中央之国”与中华文化者，应该是中原以及相关的中原文化。

一

1. 中原文化的内涵

中原是个地域概念。与中原相关的词汇，如中国、中土、中州、中夏等，在早期文献中具有极为相似的意义。“中”字，在甲骨文、金文中均已出现，初义是指空间上居“中”的位置；“国”字则最早见于金文，即有天子所居之城的意义。“中国”作为一个词，见于文献者，如《尚书·周书·梓材》所言：“皇天既付中国民越厥疆土于先王。”意指上天将中国的国民与疆土交给周的先王治理。《诗经·大雅·民劳》亦有“惠此中国，以绥四方”的记载。属于西周初年的青铜器“何尊”，其铭文“余其宅兹中国”，则明确将建都的选址确定在以洛邑为中心的“河之南”一带。《史记·周本纪》则提出周初“营周居于洛邑”的原因，是因“此天下之中，四方入贡道里均”。“中原”作为词语见于文献，如《诗经·小雅·吉日》云“中原有菽”“瞻彼中原”，这里所指为“原野之中”。但此后，中原也即成为与中国相关的地理概念。从文献所记中原的地理范畴，也可以看出，中原有广义与狭义之分。广义的中原，是以河南为核心的黄河中、下游地区，其范围为今河南省，以及山西、山东、河北和陕西的部分地区；狭义的中原，也即今河南。

中原文化，即中原地区物质文化与精神文化的总和。中原文化还包括两个层面：一是从时间上讲，中原文化有一个从古至今的发展过程，其由史前时期孕育，直到今天还在传承与发展，但一般来说，中原文化指古代中原地区的文化，或称中原历史文化，又可直称为中原文化。二是从形态上讲，历史时期为中原文化，即从夏商至宋金，中原地区为中国古代的政治中心，中原文化与中华文化有着极大的关联性，中原文化实际上也是中华文化的象征。

2. 中原文化的时段

中原文化发展经历了六个阶段。第一，为中原文化的孕育期。主要是夏代之前的史前时期，尤其是进入新石器时代，经历了裴李岗文化、仰韶文化、河南龙山文化等阶段。这一阶段，农业较为发达。上古时期的代表人物如伏羲、炎帝、黄帝、颛顼、帝喾等“三皇五帝”大都在中原生活，建功立业。第二，为中原文化的形成期。主要是夏、商、周三个时期。这一阶段，中原地区政治中心的地位得到确认，青铜文化与甲骨文为代表的文化繁荣，成为当时最具先进性的核心文化。第三，为中原文化繁荣期。主要是东周、秦汉、魏晋南北朝三个时期。这一阶段，道、儒、法、杂家等元典文化在中原地区形成以及佛教文化传入，中原地区政治中心的地位得以强化，南北文化的融合促进了中华民族主体的形成。第四，为中原文化的鼎盛期。包括隋唐、五代、宋金三个时期。这一阶段，中原地区的政治中心实现了由洛阳到开封的转移，但中原作为全国政治中心的地位依然没有改变。北宋时期，城市繁荣，文化发达，已达到了当时世界的先进水平。第五，为中原文化的衰微期。包括元明清、民国二个时期。这一阶段，政治中心转移到中原之外，河南丧失了作为都城的优势。黄河泛滥，战争不断，形成了持续不断的天灾与人祸。人才缺失，文化落后，丧失了话语权。第六，为中原文化的振兴期。为中华人民共和国建国至今。自1949年，尤其是1978年以来，改革开放的中原大地，各个方面都呈现了振兴与发展的大好局面，中原文化的振兴也是中华民族振兴的具体体现。

二

1. 中原文化的第一个亮点：古都名城文化

上古时的“三皇五帝”时代，伏羲、炎帝都陈（今淮阳县），黄帝都于有熊（在今新郑市），颛顼与帝喾都于帝丘（在今濮阳县）。河南也发现了黄河流域年代最早的史前古城，即郑州西山古城，其年代距今5300年。中国的十大古都中河南有郑州、安阳、洛阳、开封四个。郑州作为大古都，主要是商都，郑州商城为“夏商周断代工程”所推定的“汤所居之亳”，郑州小双桥遗址为“仲丁迁隞之都”，前后累积为商都共历十二王，约180年；与之相关的新郑郑韩故城，为割据时的诸侯国都城。考古发现表明，郑州商城不仅发现了都城城垣、宫殿、手工业作坊，以及大型窖藏坑等，所出杜岭铜方鼎，具有“王者之气”。安阳为七朝古都，尤其是自商代盘庚开始历八代十二王，历时254年，为商代后期都城。在殷墟发现的建筑基址、王陵、精美的青铜器和15万片甲骨文，代表了当时人类文明的最高水平。洛阳号称十三朝古都，在洛阳盆地东西长仅50公里的狭小空间分布了二里头夏都、偃师商城、东周王城、汉魏洛阳故城、隋唐洛阳城共五大都城遗址。东周时，洛阳文化发达，孔子专程到洛阳“入周问礼”，向老子请教学问。东汉时，洛阳为当时的政治文化中心，蔡伦在这里多次试验，成功发明了造纸术；张衡在这里发明了浑天仪与地动仪，他和一批文人写就不少汉赋名篇，大家争相抄读。北魏为都时，孝文帝在此完成改革伟业，这里成为民族融合的焦点。唐代为东都的洛阳，吸引了来自西亚中东的客商，他们在这里采购中国商品，由此将中国文明传播到遥远的异国他乡。洛阳的历史，可以说是一部浓缩版的中国中古历史。洛阳在中国古都的东西轴线中，居于中心地位，为其他大古都无法替代。开封为七朝古都，大古都积年达366年。早在战国时期，魏惠王迁都大梁，拉开了开封大古都的序幕，但开封历史的辉煌，无疑应属于北宋都城汴京时期。虽然有影响深远的汉唐文明，而汉唐长安却无法与北宋汴京的繁华程度相比。打破了围墙布局的开封，临街开起了许多店铺，吃的、玩的应有尽有，这里无疑是当时世界最繁华的城市。中国的“四大发明”在这里完善提高；形象逼真的针灸铜人也在这里研制成功，使人们最为直观地感受到人体穴位的奥秘；“包青天”在开封府秉公执法，演绎成流传至今的一段传奇佳话。这就是河南的四大古都，一个代表中国最高文明的“河南时段”，长达3000余年的河南建都史。

河南历史的特殊性，造就了河南的古都群。河南有国家历史文化名城8个，中国历史文化名镇（村）12个；省级历史文化名城（镇）63个。除了四大古都外，在河南的许多地方都保留有古城址，它们都会和一个古都、一个重要事件连在一起。在南阳、许昌、商丘、浚县、新郑、偃师、卫辉、邓州、沁阳、息县等均还保留有名城风韵。开封的朱仙镇、淅川的荆紫关镇、卫辉的小店河、郏县的临沣寨、博爱的寨卜昌、巩义的吴家山庄等遍布全省的古村小镇，仍是人们寻古探幽的最佳去处。

2. 中原文化的第二个亮点：名人圣贤文化

河南的历史名人，在中国古代圣贤群体中闪烁着耀眼的光彩。在二十四史中，有列传的名人共5700余人，仅汉、唐、宋、明四个朝代，河南籍名人达912人，占总数的15.8%，名列各省第一。卫辉人、“谋圣”姜太公，辅佐周武王取得了天下，建立了周朝。他的雄才大略，早已被《封神演义》传播至民间，为大众所熟知。

“姜太公钓鱼——愿者上钩”，也成为家喻户晓的歇后语。“运筹帷幄之中，决胜千里之外”的张良，手握羽扇、具有传奇色彩的诸葛亮等历代谋略大师，也都将姜太公作为宗师顶礼膜拜。鹿邑人、“道圣”老子，在灵宝函谷关著述了仅有五千言的《道德经》，代表了中国最高的思想智慧，铸就了整个民族的文化个性，成为世界顶级文化名人中的佼佼者。鲁山人、“墨圣”墨子，为东周元典思想家墨家的代表性人物，他的哲学思想丰富了中国思想文化的宝库，是与老子、孔子等齐名的思想家。南阳人、“商圣”范蠡，辅佐越王勾践卧薪尝胆，实现了灭吴兴越的历史重任。他急流勇退，弃政经商，成为当时最富有、最成功的商人，他的经商理论为历代商贾尊崇与效仿。南阳人、“医圣”张仲景，为东汉时的名医，他著的《伤寒杂病论》为学习中医者必读之书，是中医史上影响最大的三部古典医著之一。同为南阳人的“科圣”张衡，发明了浑天仪与地动仪，代表了中国古代天文与地震科学的最高水平。漯河人、“字圣”许慎，撰著了《说文解字》这部文字典籍，所提出的汉字的“六书”理论，至今仍是研究汉字的权威解读，这部书也成为“千古一书”，许慎也被誉为“文宗字祖”。巩义人、“诗圣”杜甫，他所写作的“三吏三别”等诗词作品，不仅代表了唐诗的最高水平，也成为历代人们传诵的名篇佳作，他和李白，号称 “李杜”，为历代人们所称颂。孟州人、“文圣”韩愈，是唐代古文运动的倡导者和实践者，他的文章笔力雄健，气势磅礴，豪情横溢，神奇奔放。他被尊为“百代文宗”，位居“唐代八大家”之首。沁阳人、“律圣”朱载堉，虽贵为王子，却放弃王位潜心研究乐律，首创十二平均律，并由此引发了世界音乐史上的一次革命，被中外学者誉为“百科全书式的科学家”“真正的世界历史文化名人”。河南的历史名人数量多、档次高、贡献大，是中国名人群体中璀璨之星。

从历史的角度看，宋金及其以前的名人想成大事者，必须到中原，“问鼎中原”成为胸怀大志者的夙愿。诸多影响中国古代历史进程的事件都离不开中原，“逐鹿中原”实际上也是争创伟业的壮举。伏羲、炎帝正是建都淮阳，才被后人尊为人文始祖；商、周二族分别由东、西到中原发展，才成为中国早期文明的主体；

孔子也正是重回祖地周游列国，到洛阳“入周问礼”，才创立了影响世界历史发展进程、影响世界文化发展方向的儒家文化体系；蔡伦从湖南老家来到洛阳而发明造纸术，推动了中国乃至整个世界的文化发展；魏孝文帝果断地决定从雁北迁都到洛阳，实行汉化政策，也因此而成为千古名君；司马光在光山“砸缸”，在开封任职，在洛阳完成了史学名著《资治通鉴》，由此成为文史大家；苏洵、苏轼、苏澈父子千里迢迢从四川来到开封，开始知名天下，苏轼的文章也成为当时文人传诵的流行文章，尽管他平生坎坷，死后仍葬河南，眷恋中原。中原对当时的人才有极强的吸引力与汇聚力，人们谋大业要到中原，干大事要到中原，成大家要到中原。换句话说，宋金及以前的重量级名人都会与中原联系，都可能有中原阅历。即使到现代，中原仍是人们创大业、干大事的福地。

3. 中原文化的第三个亮点：姓氏根亲文化

中华姓氏是中国文化中特殊的文化资源。从古至今，中国人所使用的汉字姓氏多达24000个，当代仍在使用的姓氏不足4000个，但在占当今人口80%以上的100个大姓中，全部源头或部分源头在河南的姓氏有70多个，另有20个姓氏的起源过程与河南有关。在排名前300位的大姓中，起源于河南的姓氏达171个，还有许多姓氏的郡望地在河南。

李姓为中国第一大姓，《新唐书》述及李姓的始祖为殷纣王时的“利贞”，“至纣之时，理征字德灵，为翼隶中吴伯，以直道不容于纣，得罪而死。其妻陈国契和氏与子利贞逃难于伊侯之墟，食木子得全，遂改理为李氏。利贞亦娶契和氏女，生昌祖，为陈大夫，家于苦县”。李姓的祖地为鹿邑县。王姓为中国第二大姓，《姓氏考略》云：“大抵子孙以王者之后，号曰王氏。”王氏来源复杂，但主要源头为姬姓之王、子姓之王、妫姓之王三支，源头均在河南。其中最重要的王姓之祖为东周灵王太子王子晋，其后代称为太原王氏与琅邪王氏。王子晋的居地在今偃师市，当地还保留有“升仙太子之碑”等遗存。张姓为中国第三大姓，《元和姓纂》载，“黄帝的第五子青阳生挥”。挥公为颛顼时的弓正，是弓箭的发明者，他的居地在颛顼之都帝丘，即今濮阳县。刘姓为中国的第四大姓。刘姓的来源也较复杂，但主支刘姓为帝尧的后代，帝尧之后有刘累，《左传》记载他是夏代孔甲帝的御龙师，前半生住在当时的都城，即今偃师市，后半生则“潜于鲁”，即今鲁山县。而在台湾及海外最有影响的陈、林、郑、黄四大姓，陈姓祖地在今淮阳县，林姓祖地在今卫辉市，郑姓祖地在今荥阳市，黄姓祖地在今潢川县，这些地方都已成为吸引海外华人到河南寻根的热门地区，成为连接豫台两地、连接河南与海外的最为牢固的纽带。

河南之所以成为姓氏根亲文化大省，与河南的历史文化关系密切。一是古姓起源于母系氏族社会，而此时河南的文化最为发达。如河南新石器时代形成裴李岗文化—仰韶文化—河南龙山文化完整的文化链条，还有更为具体的文化类型，河南文化链条的完整性在一般省区较为少见。二是与姓氏有关的中华人文始祖大都与河南有关。“三皇之首”的伏羲，首创风姓，他的都城在淮阳县。炎帝之后有一定的姓氏，炎帝的都城也在淮阳县。“五帝之首”的人文始祖黄帝，故里故都在今新郑。颛顼、帝喾的后裔在300大姓中占204个，占总人口的60%。三是现代姓氏衍生最多的夏、商、周三代，都城与古国多分布于河南。如禹都阳城在登封市，帝予所居之原在济源市，桀都斟鄩在偃师市。商汤都亳、仲丁迁隞，亳、隞在郑州市；河亶甲居相，相在内黄县；祖乙迁邢，邢在温县；盘庚迁殷，殷在安阳市。两周时期河南有封国100余个，其中东周时迁都洛阳。其他诸侯国，如宋都在商丘市、陈都在淮阳县、卫都在淇县、许都在许昌市、蔡都在上蔡县、黄都在潢川县、江都在正阳县、蒋都在淮滨县、郑都在新郑市、虢都在三门峡市、赵都在鹤壁市、韩都在新郑市、魏都在开封市等，仅郑、卫、宋三国衍生的姓氏多达500余个。四是汉族在发展过程中融合了较多的少数民族，融汇的中心也在河南。如北魏拓跋族等少数民族汉化改为汉姓的姓氏多达114个，这些姓氏多与洛阳有关。汉唐之间设置的颍川郡（治禹州市等）、河内郡（治武陟县等）、河南郡（治洛阳市）、荥阳郡（治郑州市）、汝南郡（治汝南县等）、陈郡（治淮阳县）、南阳郡（治南阳市）等，多已成为中华姓氏的郡望所在。五是因战乱而形成的中原士民南迁，也以河南为中心。如西晋末年的南迁移民，与南方客家族裔有关。唐代的固始移民与闽台族裔有关。宋末的开封珠玑巷移民与岭南族裔有关。如此总总，在中国的汉族人口中，如果翻开家族的迁移史，人们就会发现，他们大多数人的根在中原，“老家河南”，河南是他们最早的原乡。

三

1. 影响巨大的河南物质文化遗产

翻开河南的物质文化遗产的家底，人们便会惊讶地发现，这是一个不断增加的宝库，河南的全国重点文物保护单位数量在全国数第二，而且谁也无法预知河南的地下还会有什么惊人的发现。

河南不可移动的文物有65519处，包括世界文化遗产5项，全国重点文物保护单位358处，河南省文物保护单位1575处，市、县级文物保护单位数量更多，由各级政府公布的文物保护单位的数量，在全国名列前茅。在评选出的20世纪中国100项考古大发现中，河南有17项入选；自1990年至2017年评选的全国年度十大考古发现，河南达45处；馆藏文物河南有300余万件。

龙门石窟于2000年正式列入世界文化遗产名录，从北魏历隋唐到宋代的400年间，在仅长1公里的龙门山的峭壁上密布着窟龛2345个，碑刻题记2780品，浮雕石塔40余座，造像10万躯。可以说，这是中古时期的佛教艺术宝库，代表了盛世中国的最高艺术水平。安阳殷墟2005年正式列入世界文化遗产名录，从1928年至今进行了长达80余年的考古发掘，揭露了洹北商城，发现了50余处商代宫殿，发掘了13座殷商王陵，及2000余座陪葬墓和祭祀坑，出土了后母戊大方鼎等大量精美的青铜器，尤其是出土了约15万片甲骨，发现了殷商时期刻写的5000个单字，从而较为完整地向世界展示了中国的早期文明。殷墟无疑是中国早期文化的圣地。

2010年正式被列入世界文化遗产名录的登封“天地之中”历史建筑群，包括具有较高知名度的观星台、中岳庙、太室阙、少室阙、启母阙、会善寺、嵩阳书院、嵩岳寺塔、少林寺常住院、塔林、初祖庵等8处11项古代建筑精华，时代历经汉、魏、唐、宋、元、明、清，构成了中原地区上下2000年形象直观的建筑史，是中国时代跨度最长、文化内涵最丰富的建筑群，是中国先民独特宇宙观与审美观的真实体现。河南文物的级别之高，影响之大，系列之完整在全国仅见。

2. 丰厚庞大的河南非物质文化遗产

河南的非物质文化遗产，也是一个文化大宝库，河南南现有国家级非物质文化遗产96项。民间文学中，汝南的梁祝传说，武陟等地的董永传说等，在国内有较高的知名度。民间音乐中，沁阳的唢呐艺术、南阳的板头曲等独具特色。民间舞蹈中，孟州的大龙舞、灵宝的齐天圣鼓等，极具魅力。传统戏剧与曲艺是河南的强项，其种类之全，数量之多在全国数第一。豫剧、曲剧、宛梆、越调、河洛大鼓、目连戏、四平调、大弦戏、道情戏、怀梆、大平调、河南坠子等，各有千秋，百花争艳。杂技与竞技中，以少林武术、陈氏太极拳为代表，它们是中国功夫的化身，已成为河南靓丽的名片。民间美术中，朱仙镇的木版年画，淮阳县的泥泥狗、浚县的泥咕咕，都是在国内叫响的民间艺术品。手工技巧中，杜康的酿酒工艺、钧瓷的烧制技术、镇平的玉雕工艺、洛阳的唐三彩、开封的汴绣工艺等，历史悠久，在海内外都具有一定的知名度。民俗与文化空间中，则以淮阳太昊伏羲祭典和宝丰马街书会最具代表性，“担经挑”是伏羲庙会中最有特色的民间表演活动，是上古文化的活化石。马街书会，则是全国曲艺艺人的年度盛会，也是百姓最开心的艺术大宴。民间饮食中，以洛阳水席、开封第一楼小笼灌汤包子、郑州羊肉烩面、信阳土菜、西华逍遥镇胡辣汤最具特色，也是每位来到河南的游客必尝的美味佳肴。中医则以洛阳正骨、百泉药会最有代表性，《大国医》电视剧的热播，也让洛阳的中医正骨世家名扬全国。中药则以焦作的四大怀药种植与炮制，以及禹州中医中药炮制技艺最为知名。

3. 秀美的河南自然风光

河南不但文化厚重，且山川秀丽。在山地丘陵占44%的国土面积上，分布着太行山、伏牛山及桐柏山—大别山。

河南的山，各有特色。北有太行山，山以苍劲、雄浑为特征。受地质作用隆起的地质板块在挤压中弯曲，太行山在河南由南北向变成东西向，形成了精美的峡谷，形成了南太行钟灵毓秀、山水相依的风景。林州市的太行大峡谷，其壮观，代表了太行山的大气。辉县市的宝泉、关山，其灵秀，代表了太行山的风韵。修武县的云台山，博爱县的青天河，沁阳市的神农山，其多姿，代表了太行山的婀娜妩媚，彻底改变了人们对北方山水的看法。王屋山为道教圣山；中岳嵩山，是中国文化与山水美景有机结合的最佳代表。伏牛山似一盘卧于中原大地的黄牛，大气、秀美、灵巧，嵩县、栾川、鲁山、西峡、内乡等县都已成为体验山水、休闲度假的旅游目的地。信阳的鸡公山、金刚山、南湾湖，也成为大别山景区的最佳代表。洛阳与济源境内的黄河小浪底水利枢纽，则代表了人类治水的最高成就，也以高峡出平湖的雄姿，吸引人们前来游玩。河南的山水，也和文化一样，值得海内外的游客关注。

期待着人们到中国来，到河南来。……

（作者系河南省社会科学院历史与考古研究所所长、研究员，中国先秦史学会副会长，黄河文化研究会副会长兼秘书长，河南省炎黄文化研究会常务副会长、河南省历史学会副会长、河南省科技史学会副理事长。）

目录

第一章 时代：历史长河中的主流时段

在漫长的中华文明起源进程中，可以测定的确切时间是多久？“夏商周断代工程”只是基本确定了夏代以来的历史纪年，由此上溯到上古时代，在一万年以来的文化长河中，属于中原的主流时段，到底有多久？

先秦历史有“三皇五帝”与“三王五霸”。以伏羲、女娲、炎帝为代表的“三皇”，无论他们出生在什么地方，但都在中原建都。“五帝”中的黄帝、颛顼、帝喾，甚至尧、舜也都以“大中原”为政治中心。夏禹、商汤、周武王都有到中原建都立业的光辉历史，“五霸”之所以称霸，其标志是“问鼎中原”。在中国的历史尤其是中国的早期历史上，离开中原这块沃土，任何人都不可能留下痕迹。

考古发现佐证了这样的历史。从距今9000年开始，直到距今4000年，裴李岗文化—仰韶文化—河南龙山文化，文化没有间断，这种体系的完整性，正是中原上古历史的最好佐证。属于中原的主流时段，首先体现在“史前文化”。中国早期的王朝，仅凭文献是无法复原的。考古工作者将河南龙山晚期文化—二里头文化—二里岗文化—殷墟文化，锁定为夏商文化。“河南龙山”晚期的中原城址群，二里头的夏代晚期都邑遗址，郑州商城的早商王都，安阳殷墟的晚商王都……所有这些惊人的发现，都充分反映了中原在此时段无可替代的地位。在历史的斗转星移中，“夏商文化”的荣耀与辉煌，属于中原。汉唐文明以西安与洛阳为中心，二者在历史上共同见证了历史的辉煌，洛阳的“天下之中”的位置，使得“关中王朝”的支点在洛阳，当西安中衰时，便有了以洛阳为中心的东周与东汉。当兵荒马乱、王朝分裂时，便有了以洛阳为正统的“三国鼎立”、以洛阳为中心的南北朝对峙，在这种对峙中，洛阳与中原占了上风，中国的统一也是从这里开始的。由汉唐文化精简而成的汉魏文化，精彩仍然属于中原。

以开封为中心的北宋王朝，是中国文化勃发的伟大时代。文学艺术的发展，城市商业的繁荣，观念与思想的变革与传承，都发生在这个时段。这就是充满矛盾的北宋王朝，以及对南方产生较大影响的大宋文化。当中原辉煌不再时，也标志着黄河文化的衰微，甚至中国文化影响力的减弱。这就是历史。没有了中原，也就没有了国人完整的历史与文化。让我们重温这段辉煌，珍爱这段辉煌，从而铸就新的辉煌。

第一节 史前文化

“史前”一词来自西方，英国学者丹尼尔·威尔逊（Daniel Wilson）1851年在《苏格兰考古与史前学年鉴》一书的标题中，第一次使用了“史前”一词。历史有狭义、广义之分，狭义的历史指有文献记载的那部分人类历史，史前史就是文字产生以前的历史。史前史主要依据考古资料进行研究，其建立以丹麦学者汤姆逊按生产工具划分的三期说为基础，即石器时代、青铜时代和铁器时代。后来学者们进一步把史前时代划分为旧石器时代、中石器时代、新石器时代、铜石并用时代、青铜时代和铁器时代。

史前史的概念传入中国始于清末的梁启超，1901年，梁启超作《中国史叙论》，其中专门有“有史以前之时代”一节，介绍汤姆逊的“史前三期”说。随着1921年瑞典学者安特生在河南渑池发现闻名中外的仰韶文化，越来越多的中国史前文化遗存被揭露出来。1983年，《史前研究》创刊，标志着我国史前考古学研究进入了一个繁荣的阶段。

中华人民共和国成立后，随着郑州商城、偃师商城、二里头文化的发现和发掘，有关中国史前史下限的讨论也逐渐热烈起来。中国现代两位最著名的考古学家李济和夏鼐分别在20世纪70年代和80年代对这一问题发表了自己的见解。李济把中国史前史的下限定在商的先公先王时代。夏鼐将整个夏代纳入文明史范畴，他把二里头文化视为中国史前史的下限。

因为有文字记录以前的历史就是“史前史”，这里所说的文字记录是指历史时期当时的文字记录，并非后代的追述。中国迄今发现的成系统的文字是安阳殷墟的甲骨文，甲骨文最早可以上溯到商王盘庚时代，所以，中国在商王盘庚以前的历史都应划在史前史的范围之内，因此西方史学家的某些著作至今还把商代当成中国的史前时期，但是这显然大大低估了中国文明出现的时间。现在学者一致认为二里头文化一、二期都属于夏代文化，并且趋同于认为夏王朝最早建立于龙山文化晚期，并认为中国文明史开始于龙山文化晚期。

为了叙述的方便，我们仍然把二里头文化作为中国史前史的下限；早于二里头文化的龙山文化，虽然出现了诸多文明因素，依旧把它列入史前文化的范畴。

一、河南史前文化的概况

河南古称“豫州”，因居“九州”之中，故又称“中州”，因大部分为广袤的平原，又有“中原”之名。远古时代，这里气候适宜，河湖密布，沃野千里，凭借其优越的地理位置和得天独厚的自然条件，成为中华民族祖先生息繁衍之所，形成发达的史前文化，并由此成为中华民族和中华文化的重要发祥地。

1978年9月，考古学家在南召县云阳镇附近的杏花山下发现了一颗猿人牙齿化石和一批动物化石，经人类学家鉴定，这颗猿人牙齿化石为20余岁青年直立猿人口腔右下第二前臼齿，他生活的时代与北京猿人时代相当，距今约50万年。这说明，早在50万年前，我们的祖先就生活在河南这块土地上，他们穴居而野处，主要靠采集和狩猎生活，不仅会打制并使用石制工具，还学会了用火。在豫西的淅川县、三门峡市附近和卢氏县，也发现有古人类化石。此外，旧石器时代早、中、晚三个时期的文化遗存亦有多处发现，最为著名的有属于中期的黄土层中连续出土石器的洛阳北窑遗址，晚期的郑州织机洞、安阳小南海洞穴遗址，许昌灵井、舞阳大岗的中石器文化遗址等。截至目前，河南境内发现的旧石器地点和古人类化石地点共计44处，除豫东外，遍布全省各地，其中豫西、豫西南各县是主要分布区。

到了距今1万年左右，人类发明了磨制石器，学会了烧制陶器，发明了农业和畜牧业，逐步进入新石器时代。河南的新石器时代文化异常发达，迄今共发现新石器时代遗址2000余处，经过数十年的发掘和研究，已弄清了河南新石器时代的发展谱系、遗址分布和内涵，证明河南新石器时代文化不仅渊源有自、自成体系，而且直接开启了中国文明的历史。

裴李岗文化是河南发现的新石器时代早期文化，距今7600余年至6900余年，以新郑市裴李岗遗址命名，以手制陶器和石磨盘、石磨棒为其特征，迄今在豫中、豫南、豫北已发现同类文化遗址120余处，其中最重要的还有新密莪沟和舞阳贾湖等遗址。尽管裴李岗文化时期生产力还相当低下，但已经出现了原始的农业、家畜饲养业、原始制陶和纺织手工业。裴李岗文化时期尚处于原始社会的低级阶段——母系氏族社会时期，即以母系为世系。

继裴李岗文化之后，河南进入仰韶文化时期。仰韶文化以1921年发现于渑池县的仰韶村遗址命名，距今7000年至5000年，以轮制彩陶为主要特征，曾被称为“彩陶文化”，主要分布在河南西部、陕西中部和山西南部一带的黄河中上游地区。迄今仅河南发现的仰韶文化遗址就已超过800处，遍布全省，尤以三门峡、洛阳、郑州三市最为集中，重要遗址除仰韶村遗址外，还有郑州大河村、汝州阎村、濮阳西水坡、汝州洪山庙、郑州西山、洛阳王湾、淅川下王岗、安阳后岗、三门峡庙底沟等。仰韶文化时期的经济在裴李岗文化的基础上有了长足的发展，农业发展到锄耕农业阶段，磨制的石制农业工具数量和种类成倍增多，农作物的种类和产量增加，家庭畜牧业进一步发展，制陶手工业和纺织手工业趋于成熟，石骨器制造技术、建筑技术已非常先进；出现了一夫一妻的对偶婚家庭和大批聚落，私有制开始萌芽，其社会已发展到原始社会的高级阶段——父系氏族社会时期，即以父系计算世系，男性在生产生活中处于绝对主导地位。

在河南，紧接仰韶文化的是河南龙山文化，龙山文化以1928年发现于山东省章丘县龙山镇城子崖遗址而得名，距今4800年至4300年，以精美的黑陶为其主要特征，曾被称为“黑陶文化”。河南的同类遗存称“河南龙山文化”，其特点是灰陶居多。重要遗址有安阳后岗、三门峡三里桥、洛阳王湾、汝州煤山、永城王油坊、辉县孟庄等。河南龙山文化发现了为数众多的城址，如登封市告成镇王城岗、淮阳县平粮台、漯河市郾城区郝家台、辉县市孟庄、安阳市后岗、焦作市徐堡及新密市古城寨、新砦，在这些古城遗址中，往往发现有夯土城墙、城门、高台建筑、陶排水管道、房基、窖穴等，呈现出野蛮与文明之交，方国林立、协和万邦的政治图景。在河南龙山文化中还发现了不少铜器，如在郑州市牛砦龙山文化遗址中发现有炼铜用的坩埚；在郑州市董砦龙山文化遗址中，也曾出土有铜片；汝州市煤山龙山文化遗址中出土有炼铜用的坩埚残片；登封市王城岗龙山文化城址的窖穴内出土了一件青铜器残片；淮阳县平粮台龙山文化城址一座灰坑内发现了铜炼渣。河南龙山文化遗址中也发现了文字，如登封市王城岗龙山文化城址出土的陶器上发现有刻画文字“共”字，结构与商代甲骨文相似。在龙山文化中晚期，中原地区出现了城市、发明了文字、开始使用青铜器等文明因素，透露出中国社会由野蛮向文明演进的信息，标志着中原史前文化的式微和文明社会的勃兴。

综观河南的史前文化，始自50万年前的南召猿人，旧石器早中晚三期没有缺环，从中石器时代的舞阳大岗到新石器时代早期的裴李岗文化，再到仰韶文化、龙山文化、二里头文化，其间均发现有地层叠压关系，说明河南的史前文化不仅历史悠久，而且环环相扣，前后一脉相承，是中华文化的源头活水，中华文明的曙光正是在这里闪现出夺目的华彩。

二、河南史前文化的亮点

河南史前考古取得了丰硕的成果，为河南史前文化的丰厚做了最好的注脚。连续不断的重大发现，屡屡成为学术界关注的焦点，为中国史前史谱写了一篇篇绚烂的华章。

中国北方规模最大的古人类遗址——荥阳织机洞遗址。织机洞遗址位于荥阳市崔庙镇王宗店村北，1985年初在文物普查中首次被发现，1990年开始发掘。织机洞遗址文化层堆积达24米以上，可以分为五大段24层，出土了新石器时代裴李岗及仰韶文化遗物、动物化石和石制品。其上部第4层为距今10万年的第一埋藏土；其下的20米堆积层应早于10万年。织机洞是中国北方地区目前发现的规模最大、遗存最丰富的2万年到10万年间古人类居住的洞穴遗址，被誉为“河南第一洞”。同时，一个洞穴遗址内既有旧石器时代文化，又有新石器时代早中期文化，这在中国也是首次发现。

年代久远的安阳小南海洞穴遗址。小南海遗址位于安阳市西南25公里的北楼顶山之腰，乃一溶岩洞穴。1960年、1978年先后进行了两次试掘。文化层厚6米左右，可分五层。出土有石器7078件、多种动物化石及用火灰烬。石器一般器形较小，绝大部分为人工打制的石片。此遗址在中国旧石器时代晚期占有重要地位，其年代和北京周口店山顶洞人相当。

中石器时代遗址代表——许昌灵井遗址。灵井遗址位于许昌市建安区灵井镇西侧，是中国数量不多的中石器时代的代表遗址。1965年古人类学家周国兴发现了灵井遗址，并采集到一批动物化石、细小石器及打制石器，认为灵井遗址是中石器时代的代表遗址。2005年再次进行抢救性发掘。遗址内出土的动物化石主要有牛、野马、野猪、赤鹿、啮齿类、鸟类的化石等20余种，并首次发现大熊猫化石；出土细小石器及打制石器、骨器制品4000余件，其中磨制石器和骨器15件，并首次发现旧石器时代晚期的磨制雕刻器，出土的骨骼多有人工痕迹，另外，还筛洗出大量制作工具的骨渣、碎片。灵井遗址是河南经过正式发掘的唯一的一处中石器时代遗址，是全新世气候转暖的产物，距今8万年至10万年，是华北地区文化遗物和包含信息最丰富的遗址之一，记录着中国旧石器文化向新石器文化过渡的那段遥远的历史。

三个最早发现的贾湖遗址。贾湖遗址位于舞阳县北舞渡镇贾湖村东，发掘于20世纪80年代。属于裴李岗文化早期遗址。出土了一批七孔骨笛，已具备七声音阶结构，现在仍可以吹奏出美妙的旋律。贾湖遗址的发现还显示当时人们可以人工栽培水稻，这和神农氏教民稼穑、发明农业的传说可以相互印证。贾湖遗址发现的骨笛、水稻和酒类残留物，都是迄今中国最早的发现。可以说，中国的音乐、农业、酿酒业都可以在贾湖遗址找到渊源。

中国史前规模最大的瓮棺葬丛葬墓址——洪山庙遗址。1989年发掘的洪山庙仰韶文化遗址位于汝州市，共出土了136具瓮棺，它们被分为13排，每排有10具左右，瓮棺内的人骨都是二次捡骨葬，其规模之大可谓全国之最。这不仅记录了中国史前中原地区一种特有的葬俗，也记录着中原先民的某种宗教信仰。在洪山庙遗址中出土的陶缸上，发现了大量的浮雕和彩绘图案，其中彩绘图案大都是用黑彩绘出图案，有弧线纹、三角纹、宽带纹、鸟纹等。最具特色的是一批男性生殖器形象，有泥塑，也有彩绘，反映了先民生殖崇拜的观念，这在中国史前文化中是仅见的。

中原迄今发现最早的史前城址——郑州西山城址。位于郑州市惠济区古荥镇孙庄村西，是罕见的仰韶文化时代城址。发掘始于1992年，面积约34500平方米。发现遗迹包括夯土城墙、城门、道路、房基、窖穴、墓葬等，已发现窖穴与灰坑2000余座，出土各类文物3000多件。西山城址距今约5300—4800年，把中国发现古城的年代提早了1000年，是国内发现年代最早、建筑技术最为先进的早期城址。西山古城在中国古代建筑发展史上具有里程碑意义，它开启了后代大规模城垣建筑规制的先河，其建筑方法、形制结构无疑对中国古代城址的建筑产生了深远的影响。

天下第一壶——大河村彩陶双连壶。1972年郑州市北郊大河村仰韶文化遗址房基内出土，高20厘米。两壶并列，腹部相连处有一圆孔相通。连壶两侧各附一耳，圆腹平底。泥质红陶，红衣黑彩，器表满布平行线条。造型别致，构思新颖，彩绘线条古朴流畅，风格独特，对研究原始社会的生活习俗和制陶艺术有重要价值，被誉为中国彩陶之冠。此壶有可能是史前两大族群联盟的写照，寓意平等、沟通、友谊、和谐。

濮阳西水坡遗址出土的“中华第一龙”。1987年，在濮阳市西水坡仰韶文化墓葬中出土了中国最早的龙的形象蚌塑龙。该墓墓主居中，骨架右侧是蚌塑龙，左侧为蚌塑虎。龙前虎后，龙虎形体由大小不一、形状各异的蚌壳砌塑而成。龙身长达1.78米，形制巨大，活灵活现。周身龙鳞结络。西水坡蚌塑龙距今6400年左右，被誉为“中华第一龙”，似乎佐证了中华民族是“龙的传人”这一古老传说。

发现仰韶文化特大房址和罕见大墓的灵宝西坡遗址。近年来发掘的灵宝西坡遗址坐落于黄帝铸鼎原南部，先后发现了属于仰韶文化的几座中型房子和两座面积超过200平方米的大型房址，其中一座更达到惊人的500平方米。房屋分半地穴、木结构和地面上墙体三部分。设计严谨，结构复杂，气势宏伟，技艺精湛，是迄今为止在整个仰韶文化中所见年代最早、面积最大的房屋基址。此外，还发现了仰韶文化中晚期墓葬11座，其中一座长5米，宽3.4米，深2.4米，是目前全国发现同时期最大的墓葬。灵宝西坡遗址对于中华文明起源研究意义重大，已被列入中华文明探源工程六大首选遗址。

集史前南北文化于一身的邓州八里岗遗址。八里岗遗址位于邓州市东约3公里处的湍河南岸，1991年至2000年考古工作者对其进行了7次发掘。该遗址是一处包含仰韶文化早期、中晚期，屈家岭文化中后期，石家河文化–龙山文化晚期的相对稳定的聚落遗存堆积而成的新石器时代遗址。遗址面积5万平方米，文化层厚3—5米。发现房基66座，墓葬150座，灰坑和窖穴千余个。其中仰韶文化遗存中有近百人葬于一穴的特大型二次葬墓，由多套单元套房相连而成的“长屋”和排房式村落布局，以及单侧推拉式房门，都是极为重要的考古发现，对研究仰韶文化的聚落形式、埋葬习俗及社会形态等具有重要的学术价值，被评为1994年全国十大考古新发现之一。

新石器时代技法最精湛的彩陶画——《鹳鱼石斧图》。1978年，在临汝县（今汝州市）阎村出土了一件彩陶缸。其器形为敞口、圆唇、深腹，器高47厘米，口径32.7厘米，底径19.5厘米，沿下有四个对称的鼻钮，腹部彩绘《鹳鱼石斧图》。这是迄今中国发现最早的绘画作品之一，也是新石器时代画面最大、内容最丰富、技法最精湛的彩陶画，以其淳朴的想象、形象的描绘、神秘的色彩、恢宏的气势展现了中国史前美术创作的最高成就。

史前文化在中原的交汇融合——大汶口文化。河南境内发现了大批大汶口文化遗存，其分布以豫东的周口、商丘为中心，涵盖黄河以南的9个地市，范围已达豫西、豫南地区。河南大汶口文化遗存大约相当于仰韶文化中晚期至龙山文化早中期。山东大汶口文化和湖北屈家岭文化都深入河南境内，并在河南中部交汇，此后的龙山文化各地区的文化面貌逐渐趋于一致，这一现象透露出重大的历史信息：在仰韶文化向龙山文化的传承过程中，周边的大汶口文化、屈家岭文化等新石器时代文化在中原交汇融合，初步形成中国统一的民族文化，并促进了中原地区的古代文化率先进入文明时代。

父系氏族社会结构的写照——龙山文化村落遗址。发掘于1976年的汤阴白营的龙山文化村落遗址，发现小型房屋40余座，纵横排列成行，布置有序，是父系社会一夫一妻个体家庭的写照。汝州煤山龙山文化遗址1970年、1979年两次进行发掘，发掘出数十座房基，多为两间或多间的连间房屋，成排分布，还有陶窑、水井和窖穴环布左右，让人可以想到当时的家庭结构和社会组织状况。

拥有中国最早的地下排水管道的淮阳平粮台龙山文化城址。平粮台城址位于淮阳县城东南4公里大朱村的西南角，1979年进行了专门的发掘。古城建立在高5米的台地上，占地面积5万多平方米，俗称“平粮台”。城址的平面呈正方形，边长185米，城墙残高3米，宽10米，用小板堆筑而成，夯层清晰，夯窝明显。南北各辟一门，南门埋设有陶质的排水管道。平粮台古城遗址距今约4300年，是目前考古发现的中国最早的古城址之一。

第一次发现著名“三叠层”的安阳后岗遗址。后岗遗址位于河南省安阳市洹河南岸。1931年进行首次发掘，1934年著名学者梁思永在这里第一次发现了仰韶文化、龙山文化和殷代文化的“三叠层”地层叠压关系，首次理清了三种文化的关系。新中国成立后，多次对后岗遗址进行调查和发掘。在遗址中有一座龙山城，南城墙长82.4米，西城墙长92米。在后岗的龙山城址周围，已发现同类型的遗址100多处，均分布在后岗龙山城的周围，证明后岗龙山城应是一处邦国中心地。

遗迹遗物丰富的郝家台龙山文化城址。郝家台城址位于漯河市郾城区东3公里石槽赵村东北的台地上。南北长约222米，东西宽约148米，面积为32856平方米，现存城墙宽5米，残高0.8米，夯筑而成。城址平面呈长方形。东墙中部有一宽近9米的缺口，可能是城门所在。城墙外侧有壕沟。城址年代为龙山文化的偏早阶段。城内遗迹遗物甚为丰富，发现有成排的房基，还有水井、窖穴、陶窑和墓葬等。在郝家台龙山城周围发现有十多处龙山文化遗址，证明它在当时应当是邦国的政治、军事中心。

三城叠压的孟庄城址。孟庄城址位于辉县市孟庄镇孟庄村东侧，发掘于1992年，后来又进行了部分发掘，是一座龙山文化、二里头文化及商晚期三座相叠压的城址，这在中原是仅见的。其中龙山文化城址平面约呈平行四边形，东城墙保存较好，长375米，北墙复原长度340米、西墙330米，面积达16万多平方米，墙体宽约14米，包括城垣、城门、护城河和城内一批房基、灰坑、水井等遗迹。孟庄龙山文化、二里头文化、晚商三叠城的发现，为研究原始社会晚期向阶级社会过渡、探索中国文明起源提供了重要资料。

中原地区面积最大的龙山文化城址——新密古城寨城址。古城寨城址位于新密市曲梁镇大樊庄村，发掘于2000年。城址建在溱水东岸河滨台地上，为东西长方形，现存三面城墙和南北相对的两座城门缺口，周围环绕护城河，面积达17.65万平方米。城墙以小板块板筑法夯筑。城址东北部发现了大面积龙山时代夯筑建筑群，已清理出大型房基两座。一号房屋为南北长方形，长28.4米，宽13米，南、北、东三面有回廊，这是中国迄今发现的龙山文化时期面积最大、结构最复杂的宫殿式建筑，与二里头遗址一、二号宫殿建筑有许多相似处。一号房屋遗址北面的四号房屋遗址，由三道墙基槽、柱洞、门道、门卫房等组成，是一座廊房式建筑。该城址是中国迄今发现保存最好、城防设施最完整、中原地区面积最大的龙山文化时代城址。

第二节 夏商文化

夏朝是黄帝后裔、夏部族首领禹所建立的中国历史上第一个王朝。中国之所以称“华夏”，与夏朝息息相关。夏朝存在于公元前21世纪至公元前16世纪，据文献记载自禹至桀共传17世，历时400多年。尽管夏朝的历史本为传说，疑古派曾否认夏朝的存在，但现代考古学已经证明夏代历史为信史。夏朝的建立，标志着中国漫长的原始社会的结束，数千年阶级社会的开始。

商朝是继夏朝之后，中国历史上第二个奴隶制王朝，是古代青铜文化发展的高峰时期。商朝约从公元前16世纪延续到公元前11世纪，从商汤立国到殷纣灭亡，共历17世30王。由于安阳殷墟的发掘，特别是殷墟甲骨文的发现和研究，拂去了遮蔽商代历史的神秘面纱，越来越明晰地展现出其灿烂辉煌的本来面目。

依据著名考古学家夏鼐对夏文化所做的科学概括：夏文化应该是夏王朝时期的夏部族的文化，我们可以给夏商文化做如下界定：夏商文化是夏商时期夏、商及相关部族所创造的文化。就王朝而言，夏王朝在先，商王朝在后。在夏王朝时，商部族是其重要的方国，商文化是夏文化的继承者。反映在考古学文化上，既有各自鲜明的特点，又不乏相通之处。伴随着族群的迁移、王朝的更替，夏文化和商文化相互影响、相互融合、相互促进，形成了用同一种语言、同一种文字在同一个地域内创造的同一种民族这一独特的历史文化现象。本文所讲的夏商文化主要指河南地区的夏商文化。

一、河南夏商文化的概况

夏王朝初都阳城，即今登封市告成镇。河南嵩山周围的伊、洛、颍、汝河河谷平原地带是夏部族的发祥地、夏文化的中心地带。在夏朝的17王中，除相、廑两王外，其余诸王的都城和大部分领地均在河南境内。到了商代，无论是早期的偃师商城、郑州商城，还是晚期的殷墟仍均在河南境内。西周虽定都于镐京，但建国初年便营建洛邑，以控制关东地区。到公元前770年，周平王迁都洛邑，是为东周。所以司马迁在《史记》中说：“昔三代之居，皆在河洛之间。”

夏商的历史文献记载非常简略，这成为疑古派否认其存在的理由，但是经过数十年来的考古发掘，已可以确定历史上确实存在着夏、商两个朝代，并非子虚乌有。

自20世纪50年代开始，学者们依据文献记载的夏人的活动区域，用考古学手段寻找夏文化，最终发现了二里头文化。二里头文化是中国早期青铜时代的文化，因偃师二里头遗址而得名，时间大约从公元前21世纪到前17世纪，地域范围为河南中、西部的郑州附近和伊河、洛河、颍河、汝河等流域以及山西南部的汾河下游一带。1953年，登封的玉村遗址被发现，这是最早发掘的二里头文化遗存。1959年起发掘二里头遗址以后，由于其更具典型性，因此这种类型的遗存便被更名为“二里头文化”。自1959年起，考古工作者对二里头遗址进行了持续不断的发掘，发现了始建于二里头文化晚期偏晚阶段的大型宫殿基址、大型青铜冶铸作坊、制陶制骨遗址、与宗教祭祀有关的建筑，以及400余座墓葬，出土了成组的青铜礼器和玉器，证明了二里头遗址是中国最早的都城遗址。

目前二里头文化已经发现近百处遗址，河南境内著名的遗址有登封玉村、郑州洛达庙、洛阳锉李和东干沟、偃师灰嘴、三门峡陕州七里铺、汝州煤山、巩义稍柴、新密新寨等。二里头文化可分为四期，上承河南龙山文化，下接郑州二里岗文化，中间没有缺环。二里头遗址为夏王朝的一处都邑、二里头文化的主体为夏人遗存的观点逐渐为大多数学者所接受。

20世纪80年代在偃师尸乡沟发现了商代早期城址；50年代在郑州发现了二里岗文化和郑州商城，发现了大量商代前期的遗迹和遗物；90年代发现于郑州小双桥的郑州商城晚期王室祭祀遗址；始掘于1928年的安阳殷墟商代晚期都城遗址，新中国成立后，考古工作者对其进行了持续不断的发掘和研究，发现的甲骨卜辞、青铜器、玉器等遗物汗牛充栋，重要遗迹也是层出不穷。90年代末还在安阳洹河北岸发现了早于殷墟晚于郑州商城的规模庞大的洹北商城。所有这些发现使人们对于被湮没已久的商代历史有了越来越丰富而明晰的认识。

1996年，被誉为20世纪中国最大的学术盛事之一，举世瞩目的“夏商周断代工程”启动，历史学、考古学、天文学、测年技术等领域的200余位专家，经过5年联合攻关，终于拨开了历史迷雾，基本理清了夏商系年：

夏代年代为公元前2070年至前1600年；商代前期年代为公元前1600年至前1300年。商代后期，从盘庚到帝辛，共历12王，其中：盘庚迁殷后到小辛、小乙，年代为公元前1300年至前1251年，共50年。武丁在位年代为公元前1250年至前1192

年，共59年。从祖庚、祖甲、廪辛到康丁，年代为公元前1191年至前1148年，共44年。武乙在位年代为公元前1147年至前1113年，共35年。文丁在位年代为公元前1112年至前1102年，共11年。帝乙在位年代为公元前1101年至前1076年，共26年。帝辛（纣）在位年代为公元前1075年至前1046年，共30年。

二、河南夏商文化的亮点

最大的河南龙山文化晚期城址——王城岗遗址。王城岗城址位于登封市告成镇西北，1976—1981年发掘，为两座并列的河南龙山文化晚期的小城堡。两城均近方形，面积各约1万平方米。王城岗所处的位置恰恰与文献上所记载的禹都阳城在“嵩山之阳，箕山之阴”相吻合，还出土不少印有“阳城”戳记的战国陶器，因此被学术界一致认为是禹都阳城。自2002年起，对王城岗遗址新一轮的发掘重新开始，发现了龙山文化晚期的大城与城壕。大城面积据现有资料推算有30万平方米左右，成为目前在河南境内发现的最大的河南龙山文化晚期城址，为王城岗是“禹都阳城”之说提供了有力证据。此外，还在离城墙和城壕很近的地方发现了埋有人骨的祭祀坑，在城壕底部发现有用于祭祀的人头骨，以及很能反映使用者身份的玉器（琮等）、绿松石器和白陶器等高规格遗物，还有几处大面积夯土基址，都说明这一遗址是古代中原地区重要的中心聚落之一。

唯一一座地面保留有城垣的二里头文化城址——大师姑遗址。大师姑遗址位于郑州市西北郊，2002年开始发掘，确认是一处二里头文化中晚期大型城址。城址由城垣和城壕两部分组成，所发现的二里头文化遗存全部集中在城垣和城壕以内，总面积约51万平方米。此外还发现了早商时期大型环壕。大师姑夏代城址是中国迄今发现的唯一一座地面保留有城墙的二里头文化城址，它的发现填补了中国夏代城址考古的空白，为进一步研究古代的城市发展、夏商文化关系、夏商交替年代等一系列夏商考古研究中的重大学术问题提供了珍贵的资料，是2003年的全国十大考古发现之一。

偃师二里头遗址出土罕见绿松石“中国龙”。2002年春，考古工作者在清理二里头遗址宫殿区3号大型建筑基址南院墓葬时，在其中一座贵族墓中发现了一件大型绿松石龙形器。该墓葬属于二里头文化二期，距今至少3700年。这件器物全长64.5厘米，中部最宽处4厘米。它共由2000余片形状各异的细小绿松石片组合而成。龙形器巨头蜷尾，龙身起伏有致，形象生动传神，出土时色彩绚丽。龙头为扁圆形，置于梯形托座上，鼻、眼则充填以白玉和绿松石，被学者誉为“中国龙”，它的出土为中华民族的龙图腾找到了最直接、最正统的根源。

规模庞大的商代早中期都城——郑州商城。郑州商城位于郑州市市区。1955年发现并开始发掘，全国重点文物保护单位。城平面为长方形，面积25平方公里。夯土城墙，周长近7公里，有11个缺口，其中有的可能是城门。城内东北部有宫殿区，发现宫殿基址多处，其中心有用石板砌筑的人工蓄水设施。城中还有小型房址和水井遗址。城外有居民区、墓地、铸铜遗址及制陶、制骨作坊址等。小型墓的随葬品以陶器为主；中型墓多随葬青铜礼器、玉石器及象牙器。在南城外侧还发现一段外郭城墙。此外，发现两处铜器窖藏。遗址中还出土原始瓷器、少量陶文、刻辞卜骨等。郑州商城时代属于商代前期，有人认为是商汤所都之亳，也有人认为该城是商代中期仲丁所迁之隞都。

夏商文化的界标——偃师商城遗址。偃师商城遗址位于偃师市区西南隅。1983年发现并开始发掘。城平面呈长方形，南北长约1700米，东西宽约1200米。城墙的外围是护城河、夯筑城垣两道屏障，城墙上至少有6座城门；城内先后建有宫城、大城、小城三重城垣，宫城内分布着大量宫殿建筑、祭祀场所、池苑；宫城附近有府库；宫城位于小城的中轴线上，拥有完善的人工水系。发现的墓葬均为中小型，城中出土的遗物有陶、石、骨、蚌、铜器等大量文物。偃师商城始建于商代初年，是商汤灭夏之后建造的都城。多数学者认同把偃师商城的始建作为夏商文化的分界。

商代早期城址——府城遗址。府城遗址位于焦作市西南郊10公里处的府城村西北部的台地上，1999年发掘，遗址面积近10万平方米。分布于遗址中部的早商文化遗存为其重要内容，发现有城址、宫殿基址、房基、灰坑等。城址平面呈方形，周长约1200米，西城墙和北城墙保存尚好，残高2—3米，夯层明显。城东北部发现四处宫殿基址，四者有叠压打破关系。一号宫殿基址平面呈长方形，南北长70米，东西宽50米，分南北两院落，由南、中、北三殿与东、西回廊构成封闭组群，此种建筑结构在商代考古中首次发现。府城商代早期城址的发现，为解决夏商关系及商代历史的研究提供了新的资料，被评为1999年度全国十大考古新发现之一，府城遗址后被公布为全国重点文物保护单位。

疑似隞都的郑州小双桥遗址。位于郑州市西北的石佛镇小双桥村。20世纪90年代经过大规模发掘，面积达144万平方米。发现有夯土墙、大型高台夯土建筑基址、宫殿建筑基址、小型房基、大型祭祀场、祭祀坑、奠基坑、灰沟、与冶铜有关的遗存等文化遗迹及大批质料各异、种类繁多的文化遗物，出土了陶器、铜器、原始瓷器等丰富的文化遗物。其中尤以两件青铜建筑构件和与甲骨文一脉相承的陶缸表面朱书文字最为引人注目。有人认为，小双桥遗址具有都邑遗址的规模和性质，可能是历史上的隞都，也有人认为是属于郑州商城晚期的王室祭祀遗址。小双桥遗址入选1995年全国十大考古发现。

规模最大的商代城址——洹北商城。1999年发现于安阳洹河北岸花园庄。城墙墙基宽约10米，城址平面近方形，四面城墙都超过2000米，面积超过400万平方米。城内发现了房屋基址、水井、灰坑、墓葬等遗迹，鼎、爵等青铜礼器，以及大量陶片等遗物，还有少量甲骨刻辞出土。与著名的殷墟相隔一条洹河，该遗址年代早于殷墟文化，晚于郑州商城，绝对年代约距今3300年以上。洹北商城1号宫殿基址位于洹北商城南部偏东，整体结构呈“回”字形，东西长173米，南北宽90米，总面积约1.6万平方米，是迄今发现的商代规模最大的单体建筑遗址。其时代属于商代中期。

商朝后期的都城遗址——安阳殷墟。安阳殷墟位于安阳市小屯村，1928

年开始发掘至今。总面积约24平方公里。遗址规模宏大、遗存丰富、分布密集。包括宫殿区，宗庙区，铸铜、制骨、制陶等手工业作坊区，居民区，王陵区和平民墓地等部分。出土有大量青铜器、玉器、骨角器、陶器等遗物，其中包括后母戊鼎等著名的青铜礼器。此外，遗址内还出土了甲骨卜辞，包括单字5000多个，这是中国迄今为止发现的最早成体系的文字，今天已经形成了一门国际性的显学——甲骨学。殷墟遗址是商代晚期的都城遗址，从商王盘庚迁殷到商亡延续使用近300年。2006年被列入世界文化遗产名录。

保存最完整、随葬品最丰富的商王室墓——妇好墓。妇好墓位于安阳西郊小屯村西北。1976年发掘。该墓墓圹为长方形土坑竖穴，南北长5.6米，东西宽4米，深8米。墓内有一棺一椁，有殉人16个，殉狗6只。出土1600多件文物，包括铜器、玉石器、骨牙器等，还有贝6800余枚，分别放在棺、椁之中和填土内。青铜礼器共210件，有的两两成对，有的数件一套，多带有妇好铭文。其中三联甗、偶方彝、妇好鸮尊和后母辛四足觥等为罕见的青铜器珍品。另有两件妇好大铜钺，是死者生前拥有军权的象征。为数众多的精美随葬品，反映了武丁时期高超的文化艺术成就。根据随葬铜器铭文可以确定墓主为商王武丁配偶妇好。该墓是迄今发现唯一能与甲骨文相印证，可以确定年代与墓主身份的商王室成员墓。

第三节 汉魏文化

汉魏文化是一个时间概念的文化。本文中的汉魏，包括东汉和魏晋南北朝两大历史时期，始自东汉光武帝建武元年（25），终于隋文帝开皇九年（589）隋灭陈，历时560余年。按照传统史观，东汉和秦、西汉一起被统称为秦汉时期，但考虑到东汉、曹魏、西晋以及北朝的后赵、前燕、北魏、东魏、北齐等政权的统治中心均在河南，这一时期的文化在河南乃至中国历史的发展进程中都占有极其重要的地位，因此，在讨论河南的地域文化时，姑且将它们合在一起，简称为“汉魏文化”。

汉魏时期，同此前的秦汉时期与此后的隋唐时期相比，总体特征差异很大。那两个时期，分裂总是短暂的，统一是时代的主流。而汉魏时期，自从东汉末年统一国家走向瓦解开始，其间虽有西晋昙花一现式的统一，但混战与分裂却成为时代的主题。西晋之前是汉末三国的动乱分裂，晋王室南迁后，北方进入长达百余年的五胡十六国时期，之后是南北分裂、南北对峙的局面，政权更替异常频繁。南方先后经历了宋、齐、梁、陈四个政权；北方先是北魏政权统一北方，后来被分裂为东魏、西魏，东魏、西魏又先后分别被北齐、北周取代。历史上把南方的四个王朝称为南朝，把北方的五朝称为北朝，二者合称南北朝。

汉魏时期的文化，按其特征可分为东汉和魏晋南北朝两个时段。东汉，在政治、经济、文化等各方面大多因循西汉。文化上，独尊儒术，主要是今、古文经学的斗争。今文经谶纬化的趋势继续发展，古文经学者注重训诂，解经举其大义。熹平四年（175），蔡邕参校诸体文字的经书，用隶书书写五经经文，刻于石碑之上，立于太学，是中国最早的官定经本，对于反对今文经、维护文字统一都起了积极作用。此外，佛学已经传入，道教也已形成。魏晋南北朝时期，是中国历史上空前的民族大流动和大融合时期，与之相应，也是全国范围经济文化大交流和大发展的时期。相对于纷乱的社会，文化呈现出繁荣多样的特征，玄学盛行，佛教迅速发展，道教走向成熟，三教虽有激烈的争论，但同时又相互交流、彼此吸收，中国文化经历了一个交流、融合、更新、充实的过程，显得相当活跃，最突出的表现即是由儒术独尊发展为三教并立，由中原一脉发展为南北分明。可以说，没有这个阶段文化的积累，就没有之后隋唐盛世的出现。

一、河南汉魏文化的概况

汉魏时期，河南是王朝统治的政治中心。东汉时的都城洛阳和帝乡南阳均位于河南，开国元勋“云台二十八将”大多是河南人，甚至出现了著名的“汝半朝”现象，河南在当时政治中的地位由此可见一斑。曹魏长期立足于许昌，后都于洛阳，许多重大的政治制度诞生于此，如屯田制、九品中正制等。屯田制促进了北方经济的恢复和发展，九品中正制是人才选举的新标准。西晋都于洛阳，其王族故里在今温县，史书的一大类型、专门记录帝王言行的起居注在此时定型。北魏是北朝最有影响的一代王朝，结束了北方的混战割据局面，孝文帝的汉化举措加速了民族的融合，均田制以及与之相适应的租调制度，在限制豪强、恢复和发展农业、增加税收等方面起到了一定的作用，并被齐、周、隋、唐所继承。

这一时期，河南也是文化发展的中心。佛教于两汉之际传入中国，首先于洛阳建白马寺，设译经场，直至北朝，中原均是其活动的中心。道教于东汉末年正式形成，王屋山的小有清虚之天是道教的十大洞天之首。玄学作为儒学的异化，由何晏、王弼于正始年间正式创立，至西晋郭象《庄子注》的出现，玄学得到进一步发展和完善，终于成为一种时代精神。文学上，东汉的张衡不仅是大科学家，还与司马相如、扬雄、班固合称为汉赋四大家。东汉末年的陈留圉（今杞县西南）人蔡邕，是著名的文学家、书法家，直接影响了其后的建安文学和六朝文学。建安时期，以三曹和七子为代表，涌现出了大批的作家和作品，形成了著名的“建安文学”。晋代干宝的《搜神记》是中国早期笔记小说中最成功的一部。《木兰诗》是北朝时北方乐府民歌杰出的代表作。庾信的诗赋，融合了南北诗风，代表了南北朝的最高成就，对其后的唐代诗歌有重大影响。书法上，《熹平石经》集汉隶之大成，以龙门石窟造像题记和北魏墓志铭为代表的“魏碑书体”开一代书风。另外，在中医药、科学技术等方面，也较以前大有提高。

二、河南汉魏文化的亮点

中兴之君刘秀和他的“云台二十八将”。刘秀（前6—57），南阳人，刘邦九世孙。新莽末年，刘秀与其兄刘縯一起，以恢复汉室的名义发动起义，后加入绿林军，于昆阳一战立下大功。后来刘秀利用在河北作战的机会，摆脱了更始政权，于公元25年六月，在鄗城（今河北柏乡县北）称帝，年号建武。同年十月，定都洛阳，史称东汉。至建武十六年（40），东汉帝国终于消灭各地割据势力，完成统一。刘秀建立东汉后，在政治上加强中央集权，精简地方机构，合理安置功臣，限制外戚权力；经济上，实行度田，提倡垦荒，发展屯田，安置流民；在思想上力倡儒学，推行教化，表彰名节。这些措施，使当时的生产得以恢复和发展，社会趋于安定，史称“光武中兴”。刘秀在建立东汉政权过程中，主要依靠的是“云台二十八将”，这二十八将中有十八将是南阳（治所在今南阳）、颍川（治所在今禹州）人；像邓禹、吴汉、冯异、岑彭、祭遵等都是彪炳史册的云台将领。新中国的缔造者和领袖毛泽东对刘秀有过高度评价，称其为“最有学问，最会打仗，最会用人”的皇帝。

誉满天下的“汝半朝”。两汉尤其是东汉末年的桓、灵时期，汝南籍的官员充盈朝廷，时人有“汝半朝”之称。据清代《重修汝宁府志》记载，汝南郡在两汉时有名可考的著名人物达46人，立传的32人。其中，父子、兄弟以至累世为官的居多，如宰相袁安族中四世三公，汝坟侯周仁五世孙周燕的五个儿子均为官，号曰“五龙”。司徒许训的儿子许相为司空。还有应奉、应劭父子，范显、范滂父子，周防、周举父子，宰相翟方进父子，许靖、许劭兄弟等。其他如党人领袖陈蕃，经济思想家桓宽，水利专家许杨，经学家戴凭，文字学家许慎，等等。汝南籍的仕宦，不仅数量多，而且人物品第高，涉及的范围也广，对当时经济文化产生了深刻的影响。“汝半朝”现象的出现，固然与汝南文化教育的发展水平较高有关，同时与察举征辟的选举制度也有着密切的联系。

《汉纪》被奉为封建正统编年断代史典范。《汉记》是史学家荀悦编纂的。荀悦（148—209），东汉颍川颍阴（今许昌西）人。汉献帝时做过侍讲，著有《申鉴》等。献帝觉得班固《汉书》文繁难省，于建安三年（198）诏荀悦根据《左传》的体例改写成《汉纪》供他参阅。荀悦历时三年，终于写成《汉纪》30

卷，约18万字，仅为《汉书》的五分之一。荀悦的治史目的主要体现在《奏记》和《史论》部分，即“达道义”“彰法式”“通古今”“著功勋”“表贤能”的立典五志。唐代杰出的历史学家刘知几将这立典五志奉为史家不易之法，并将其补充发展，成为历代正统学者义不容辞的责任。《汉纪》可视为史家自觉利用史学为政治服务这一特征形成的正式标志。荀悦在编纂学上的创新主要是采用类叙、追叙、补叙等多种叙事方式使记事相对集中，改善了编年流水账式的记事方式，并发展了“论”“赞”，使编年体逐渐完善起来，成为和纪传体并重的基本史书体裁。《汉纪》和《汉书》在体例上的正统化和规范化，是正统史学形成的两个重要标志，在中国史学史上占有重要地位。

彪炳文坛的建安文学。建安文学指自建安元年（196）至魏明帝景初三年（239）这一时期的文学。主要作家以曹氏父子曹操、曹丕、曹植即“三曹”为中心，包括集中于他们周围的孔融、王粲、刘桢、陈琳、阮瑀、徐幹、应玚等“建安七子”以及女作家蔡琰等一批作家。建安文学继承了汉代乐府民歌的现实主义精神，描写了当时动荡乱离的社会现实，如曹操的《薤露行》《蒿里行》、陈琳的《饮马长城窟行》、王粲的《七哀诗》、蔡琰的《悲愤诗》、曹植的《送应氏》等。建安文学也抒发了个人的抱负与情感，如曹操的《短歌行》、刘桢的《赠从弟》、曹植的《白马篇》等。建安文学的主要成就在于诗歌，尤其是五言诗的创作，从而形成了中国文学史上第一次文人创作的高潮，也使五言诗成为中国古代诗歌的一种重要体裁形式。建安文学开创了文学史上后人称之为“建安风骨”的文学传统。

玄学创立者何晏、王弼。何晏（约190—249），汉魏之际南阳宛（今南阳）人，汉末大将军何进之孙。于正始年间倡导玄学，并成为清谈领袖。主要著作有《道德论》和《论语集解》，以老、庄立论，主张儒道合同，引老以释儒，主要内容表现在“贵无”“无为”，重自然而轻名教等方面。何晏是魏晋玄学的开创者之一，是“贵无论”的主要代表之一，在当时的思想界地位很高。王弼

（226—249），魏国山阳（今焦作）人。“建安七子”之一王粲的侄孙，著有《老子注》《周易注》《周易略例》 等。王弼在何晏贵“无”本体论玄学的基础上，运用本末体用方法成功地解释了有与无、有为与无为、名教与自然等一系列难题。正始玄学的奠基者当首推王弼，后人也皆以王、何并称。

中国历史上最放荡不羁的文人群体——“竹林七贤”。“竹林七贤”是指魏晋之际的嵇康、阮籍、山涛、向秀、阮咸、王戎、刘伶等七位名士。其中，阮籍、阮咸为叔侄，陈留尉氏（今属河南）人，山涛、向秀为河内怀（今武陟县西南）人，其他三位，虽不是河南人，也游居在今河南云台山一带。“竹林七贤”继承并发展了正始玄学，形成了竹林玄学，是魏晋玄学的一个重要阶段。他们主张越名教而任自然，强调摆脱礼法名教的羁绊，追寻个性自由。生活中，他们也走向山林，隐逸于大自然的怀抱。两晋名士旷达放任、不拘礼法、隐逸山水的风气，由此开端。

玄学巨擘郭象。郭象（252—312），字子玄，洛阳人，西晋时玄学家。“独化论”是郭象玄学的主要特征，综合了贵无和崇有，是玄学理论发展的完善。郭象从形式上反对“贵无论”有生于无的观点，认为万物都是孤立地生成、变化，又用“崇有论”“自生”“自有”“自为”的口号，来说明“有”和“有”之间也是绝对的，不能转化的。在名教与自然的关系上，提出名教即自然的观点，认为名教合于人的本性，人的本性也应符合名教。郭象的玄学思想是玄学发展中的一个重要环节，所著《庄子注》，是代表魏晋玄学思潮的一部重要著作。

北魏孝文帝的汉化举措加速了中国历史上最具影响的民族大融合。北魏孝文帝的汉化举措，首先是将都城迁到洛阳。其次是实行了一系列改革鲜卑旧俗的措施：禁胡语胡服，要求说汉语穿汉装；改鲜卑姓为汉姓，规定姓氏等第，加速鲜卑贵族的门阀化；禁止鲜卑同姓相婚，改善鲜卑贵族和汉人士族的婚姻关系；规定迁洛的鲜卑人死后不得归葬旧京平城；礼乐刑法也均采用汉制；等等。这些改革促进了北方各少数民族的封建化，对当时民族的大融合起了积极的推动作用。

“前四史”之一的《后汉书》。编纂《后汉书》的是史学家范晔（398—445），南朝宋顺阳（今淅川县）人。《后汉书》与《史记》《汉书》《三国志》并称“前四史”，是纪传体史书的代表作，包括十纪、三十志、八十列传，记载了东汉一朝的史事。《后汉书》着力探讨东汉的社会问题，贯彻了“正一代得失”的宗旨。《后汉书》在编撰上有许多创新，特立《皇后纪》，新立了《宦者传》《党锢传》《文苑传》《独行传》《逸民传》《方术传》和《列女传》等，从不同角度反映东汉的政治、学术、文化和社会风气，不仅使东汉二百年间的历史得到比较完整的反映，也进一步扩大了纪传体史书记述史事的范围。范晔未来得及撰写志，就遭到杀身之祸。南朝梁人刘昭为《后汉书》作注时，取晋司马彪《续汉书》中的十志，补入范书。

卓尔不群的范缜及其《神灭论》。范缜，字子真，齐、梁时南乡舞阴（今泌阳县西北）人，齐竟陵王萧子良的西邸文士之一。范缜生活于玄学、佛学合流的南朝，灵魂不死之说弥漫于社会。范缜反对佛教因果报应说，于天监六年（507）正式发表《神灭论》。《神灭论》第一次明确地把精神看作形体的作用和属性，提出形神相即、形质神用、不同的质有不同的用、人的生理器官是精神活动的物质基础等论点，并否定形留而神逝，断定人死之后精神活动也就停止了，人不可能成佛，因果报应纯属无稽之谈。范缜以比较系统的唯物主义哲学思想，从理论上摧毁了有神论的基础神不灭论。范缜与佛教徒的这场神灭论争，在中国思想史上具有极为重要的意义。

第四节　北宋文化

学术界讲宋代，习惯称“两宋”，即：从宋太祖赵匡胤公元960年在陈桥驿

（今河南封丘县东南陈桥镇）称帝，到公元1127年徽、钦二帝被俘，开封陷于金国，史谓“北宋”；宋高宗赵构易都临安（今浙江杭州），到公元1279年宋后主沉海，临安陷于元，史谓“南宋”。

所谓北宋文化，是指发生在公元960—1127年这一特定时间的历史文化。北宋延续167年，始终以东京为国都。在同时代的中国版图上，北部有与北宋以兄弟相往来的辽朝。宋称辽为“北朝”，辽称宋为“南朝”。西北部还有时而臣服、时而分庭抗礼的西夏王朝。北宋的地方建制为路、府（州）、县三级，相当于今天的省、市、县。不过，历经900多年数代王朝的区划调整，其间的辖区、地名等时有更易。现在的河南省，在北宋时主要分属京畿路（有开封市周边县）、京西北路（有郑州、洛阳、许昌等地）、京西南路（有许昌、汝州、唐河、邓州等地）、京东西路（有濮阳、商丘等地）、淮南东路（有周口市的鹿邑等县区）、淮南西路（有豫南的固始等县）。北宋时期，中原地区是政治、经济、文化、军事的中心所在。北宋的控疆之地不及汉唐广阔，但北宋时期所创造的辉煌文化不仅可与汉唐比肩，甚至还逾越汉唐盛世。综观当时的世界，欧洲还处在黑暗的中世纪，而北宋时期的中国文化则处于无可辩驳的领先地位。世界著名英籍学者李约瑟在评判中国文明史时，深有感触地说：“谈到十一世纪，我们犹如来到最伟大的时期。”其“文化科学都达到了前所未有的高峰”。由唐至宋，中国社会发生深刻巨变，史家称之为“变革期”。日本汉学家更是把唐代作为中国“中世社会”的终结，宋代作为中国“近世社会”的开端。

一、河南北宋文化的概况

在北宋统治的160余年里，河南政治活跃，经济繁荣，文化发达，在全国处于举足轻重的地位。

河南是北宋王朝政治中心。东京开封为北宋都城，容纳了皇室宫禁及中央政府的全部权力机关，立法施政，统御四方。东京开封知府地位很高，宋朝宰辅多由知开封府选拔，其政治地位仅次于宰执、三司使。北宋四个京城除北京大名府在河北大名外，其余东京、南京、西京都在今河南境内，即现在的开封、商丘、洛阳。北宋的河南万众瞩目，人才云集，众多政治名人在此闪亮登场，诸多重大历史事件与此息息相关，像赵匡胤陈桥兵变、范仲淹“庆历新政”、王安石“熙丰变法”等都发生在这里。

河南是北宋王朝的经济重心，京畿周边路的经济复苏与发展均走在前列。北宋初期的中原大地还呈现着一片凄凉景象，经过宋太祖的屡屡劝导，并承诺“永不通检”，就是说不额外增加赋税。百姓开垦荒田，植桑种粮。太宗中期以后，京畿周边诸路每年上供的钱粮等物已名列前茅。北宋时期，河南手工业和商业也获得了充分的发展空间，以契约租佃经济关系为主导地位的确立，使人身依附关系减弱，解放了生产力，促进了新的经济关系的发展。这个时期河南官营手工业人数多、规模大、分工细，官私酿酒名家辈出，造瓷质量上乘，纺织印染、文具制造、粮食加工、金属铸造、煤炭开采等技术均较前代有了较大发展。这里还是全国最早的制船中心，早在乾德元年（963），宋太祖就在东京设造船务，造船以供水师之用，“凿池于朱明门外，引蔡水注之，造楼船百艘，选卒，号水虎捷，习战池中”。这个造船厂规模虽然不大，但三四年造船数百艘，在宋初统一战争中发挥了很大作用。此时期的东京，经济发展，人口激增，是当时中国也是世界上最繁华的城市，人口总数超过了150万。经商者已经可以在城内大街上临街开店，甚至通宵营业，并形成了同类商业集中组织——“行”，市场的分工更为明确，已经开始向近代转型，具备了近代都市的各种特点。

河南是北宋王朝的科研中心，京城的中央机构将作监、司天监、御药院等机构，既有行政管理职能，也有专业研究职能，北宋在科技领域有突出贡献的沈括等人均在这些部门长期任职过。就科技成就而言，北宋的贡献不仅从量上多于南宋，从质上看，印刷术、火药、指南针这三项发明及实际广泛应用，均完成于北宋，这在中世纪世界科学技术史上处于绝对领先地位。而这三项发明又都与河南有着密不可分的关系。科学理论方面的创新是多层面的。在“物理”研究领域，思想家邵伯温、程颐等人均有所贡献。在医学领域，汴京太医刘温舒发展了传统中医的运气学说。洛阳王惟一在仁宗朝创制针灸铜人，使医学理论研究进一步形象化、实体化。

河南是北宋王朝思想家的摇篮，范仲淹、欧阳修、王安石、司马光、“二程”（程颢、程颐兄弟）等一大批士大夫都在这里得到成长与锻炼，并最终形成了他们的思想体系和学派。真宗、仁宗两朝，学统四起，百家争鸣，当时的士大夫们“人人耻无己见”，力图跳出传统儒学的樊篱。以范仲淹、欧阳修为代表的思想家开启了疑传疑经之风。以洛阳“二程”为代表的义理之学虽在论坛上还未占据主导地位，但却独树一帜，为新儒学——理学的诞生做好了理论准备。神宗、徽宗、钦宗三朝，思想界革故鼎新，推崇“王学”。神宗从变法需要出发，让宰相王安石重新注解旧经，以统一思想。王安石主持的《三经新义》完成后，很快颁行天下，时谓“王学”。其思想是儒、法、道诸家的集成。直到北宋亡，“王学”基本上是官方哲学思想。宋室南渡后，“王学”式微，“二程”理学逐渐取得了学术上的正统地位，并发扬光大。

此外河南还是北宋王朝的教育中心，东京开封集中了国家级的各类官学，同时在西京洛阳也设置国子监，管理官学及招收生员。宋代“四大书院”，河南就拥有两座，其教育在全国处于执牛耳地位。

二、河南北宋文化的亮点

北宋一朝的历史远不及汉唐久远，但其在中华文明发展史上却创造了一个全新的鼎盛时期。河南在这一时期亦发展迅速，各方面成就突出，文化亮点绚丽多姿。

宋太祖黄袍加身处陈桥驿。陈桥驿，位于封丘县城东南，南面紧靠黄河，与开封隔河相望。五代后期，后周在这里设驿站，故称“陈桥驿”，后因宋太祖赵匡胤在这里发动兵变、黄袍加身而闻名海内，所以又称“宋太祖黄袍加身处”。陈桥驿兵变，是中国历史上的一个转折点，从此中原由乱到治，由分裂走向统一，历史意义重大。宋徽宗赵佶为了显扬祖宗功绩，把驿站改建成“东岳庙”，志书上也称东岳庙至今。

北宋杨氏忠烈府邸天波杨府。天波杨府，位于开封西北隅天波门的金水河旁，是北宋抗辽民族英雄杨业的府邸。杨家一门世代忠良，一心报国，深受宋太宗赵光义的喜爱。太宗敕令在天波门的金水河边建无佞府一座，作为杨氏府邸，赐钱500万，修“清风无佞天波滴水楼”，并亲书“天波杨府”匾额，下旨凡经过天波府门前的满朝官员，文官落轿，武官下马，以示对杨家的敬仰。天波府临近宋皇宫，殿堂宏伟，楼台瑰丽，蔚为壮观。府内建筑，由东、西、中三个院落组成。中院是杨府官邸，西院是杨家花园，东院是校场。

大型综合性兵书《武经总要》。《武经总要》是中国封建王朝用国家力量来编辑的一部大型综合性兵书，也是第一部由官方主持编修的兵书。仁宗赵祯朝，宋立国60余年，统治者为防武备松懈，将帅“鲜古今之学”，下令曾公亮、丁度等编纂该书。书成历时5年，仁宗亲自核定并作序。全书分前、后两集，每集20卷。前集20卷详细介绍了宋代军事制度，并配有插图，是研究中国古代兵器史的极宝贵资料。后集20卷辑录有历代用兵故事，保存了不少古代战例资料，并多有品评分析。《武经总要》在科学技术史尤其是军事技术史上占有十分重要的地位，对于我国古代文化史的研究也有着重要作用。其作者曾公亮（999—1078），字明仲，号乐正，泉州晋江（今福建泉州）人，长期居住汴京，任知制诰兼史馆修撰和枢密使、同中书门下平章事等职。丁度（990—1053），字公稚，开封人，官至参知政事。

理学宗师、象数学派创始人邵雍。邵雍（1011—1077），字尧夫，自号安乐先生，谥康节。其先范阳（今河北涿州）人，幼随其父迁共城（今辉县），隐居于苏门山百源，故又称百源先生。后居洛阳。著名理学家，“北宋五子”之一，与周敦颐、张载、“二程”都是两宋理学的创始人。他建立的象数学体系，试图用一个完整的图式来说明宇宙演化和社会、人生的全部运动程式，虽由主观推演而成，但有一定合理成分。邵雍是第一个把象数学理论和方法同理学思想相结合的理学大家，在理学史上的地位很高。其象数之学虽属唯心主义，但据近人研究，其卦序与卦位图符合数学原则，甚至经得起二进制数学的检验。

河洛文化发展之结晶的洛学。洛学是伊洛之学或河洛之学的简称，又称“中州正学”，是北宋时期生活在洛阳的“二程”所创立的一种新儒学形态，是河洛文化发展演变的结晶。程颢（1032—1085），字伯淳，世称明道先生，担任过县主簿、县令、太子中允、监察御史里行等职。程颐（1033—1107），字正叔，世称为伊川先生，曾任汝州团练推官、京西国子监教授、崇政殿说书等职。洛学以儒家道统人物自居，以儒为宗，兼采佛、道，为中唐以来儒学复兴之真正奠基者，促进了以儒家为主干的中华文化的薪火相传，慧命相续。洛学原本是一个地方性学派，但因其义理之学的普遍性、哲学系统的开放性，从而具有多方发展的可能性，自北宋以降，经门人后学发扬光大，洛学稳居中国社会之学派主流。

书院兴盛，弥补官学不足之遗缺。从五代到北宋前期的七八十年间，因政治动荡，官办地方教育近乎停废。书院是私人创办的讲学之地，宋代的书院已纳入官府的视野，趋于官学化。宋人称道的“四大书院”为嵩阳书院、岳麓书院、应天府书院、白鹿洞书院，嵩阳书院和应天府书院均坐落于今天的河南境内。嵩阳书院在今登封市太室山南。书院历史久远，宋仁宗景祐二年（1035），由官府资助重新修葺，始命名“嵩阳书院”。主持工作的“山长”由官府选任，并划拨田地一顷。应天府书院在今商丘市。真宗大中祥符二年（1009），增建学舍150间，广招生徒，赐额“应天府书院”。仁宗景祐二年，赐书院为应天府学，给10顷学田。庆历三年（1043），又改府学为南京国子监。

巍巍铁塔，凝结北宋建筑工艺水平。铁塔，位于今开封市西北隅，本名叫“开宝寺塔”。宋初由著名工匠喻皓设计施工，始修为木塔，仁宗庆历四年（1044）被雷击毁，后按原型重修为琉璃砖塔。因塔身为铁色，故称为“铁塔”。此塔素称“天下第一塔”，塔身峻拔壮观，结构严谨合理，历经900多年的风雨及地震灾害等，仍然比较完整，矗立依旧，显现出宋人的建筑技术水平是经得起历史考验的。

划时代的建筑工程学杰作《营造法式》。李诫（1035—1110），郑州人，中国古代伟大的建筑学家。《营造法式》是其在京城任职时编著的一部学术价值极高的建筑工程学典籍。该书从神宗时已开始编写，几易其稿，徽宗崇宁二年（1103），正式由官方印书发行，前后历时30年。书中的“材分制”，规定材料高与宽的比例为3：2，与用现代科学方法测算的截面最强抗弯强度只低0.23%，误差极小。17世纪的欧洲科学家伽利略也得出了相似的结论，但他的成果比李诫却晚了5个世纪。

知府名录《开封府题名记》碑。《开封府题名记》碑，现存开封市博物馆。碑高2.14米，宽0.96米，厚0.24米。原立于开封府衙署内，上刻北宋建隆元年（960）至崇宁四年（1105）的历任开封府知府的题名和任职年月，共计183人，是记载这一时期开封府知府的最完整资料。碑文中有些名字不见于正史，因此可补史书之阙。另外，该碑还对研究宋代一些官职的设置时间和开封知府的任职时间有一定的参考价值。值得一提的是，《开封府题名记》碑“包拯”名下有一条深深的凹痕，这是人们观赏碑刻时在其名下指点抚摸，天长日久而形成的，它正是历代人民尊敬爱戴包公的见证。

宋代四大印刷中心之一开封。宋代有四大印刷中心：四川成都、浙江杭州、福建建安、河南开封。开封印刷技术质量上乘，已经超过了成都和福建，可与杭州媲美，只不过纸张稍逊。北宋开封的国子监、崇文院、秘书省、祀天监等机构都刻印书籍，其中国子监印量最多，刻印的书籍既有儒家经典，也有史籍乃至子部、集部之书。此外开封城内还有许多私家印书作坊，也称书铺。他们雇有写工、刻工、印工及校雕等，还有出售书籍的店铺，产销一条龙，经营灵活，印刷精良，因此所刻书籍流布京城内外。

千里汴河——北宋王朝的经济动脉。汴河从东京开封城内穿过，东南直下江浙。这条水路在当时比陆路更为重要，说它是北宋的生命线一点也不为过。京师的100多万人口，仅粮食一项每年都要从东南诸路调运600万石，河上商船首尾相接，络绎不绝。两岸商铺林立，车水马龙。其繁华景象从张择端的传世画卷《清明上河图》可见一斑。

规模庞大的北宋皇陵。北宋皇陵，位于巩义市西南部的黄土丘陵上，南北宽12公里，东西长13公里。自宋太祖乾德二年（964）开始修建，至宋钦宗靖康二年（1127）北宋灭亡，前后历经163年。北宋9个皇帝，除徽、钦二帝客死漠北外，其余7个皇帝及赵匡胤之父赵弘殷的陵寝均在这里，统称“七帝八陵”。另外还有20余座皇后陵和诸多宗室亲王、王孙及高怀德、寇准、包拯、杨延昭、赵普等功勋的陵墓，计有近千座，形成一个规模庞大、气势雄伟的皇家陵墓群，堪称露天艺术博物馆，是研究宋代典章制度和石刻艺术十分珍贵的实物资料，为全国重点文物保护单位。

葬于京都附近的北宋名臣墓。北宋有个不成文的规定，朝中文武官员亡故后必须葬于京都附近500里内。比如汾州西河（今山西汾阳）人狄青墓在舞阳县，庐陵吉水（今属江西）人欧阳修墓在新郑，庐州合肥人包拯墓在巩义，四川眉山人苏轼、苏辙墓在郏县，华州下邽（今陕西渭南）人寇准墓在巩义，苏州吴县（今江苏苏州）人范仲淹墓在伊川县，等等。

第二章　寻根：凝聚海内外华人的根脉与纽带

“遥远的东方有一条河，它的名字就叫黄河”；遥远的东方有一片故土，它的名字叫“中原”。

当远居在东南、岭南，甚至散播在五大洲的华人翻开他们的家谱时，一个个熟悉而陌生的地名，永远地印记在他们的脑海中：荥阳、汝南、南阳、颍川、固始……这些地方都在中原，这便是他们永远割舍不开的中原情结。

当来自海内外的华人齐聚在新郑黄帝故里参加拜祖大典时，他们激动，作为炎黄子孙，他们终于找到了自己的根。伏羲、女娲、炎帝、黄帝、颛顼、帝喾、帝舜，这些中华人文始祖当年都曾在中原这块源头沃土繁衍生息。由这些始祖衍生出了数以千计的姓氏，与之相关的族群都曾在这里生产生活，都曾以中原沃土为根，在历史的流逝中留下了不朽的印记。他们的身影，不仅永远地活跃在中原文化的长河中，更因其迁徙和其他种种原因，流布在全国乃至全世界的每一个角落。“赵、钱、孙、李……”每个人都有一个与血脉相连的姓氏符号，古今中国使用的姓氏成千上万，当代排名的300大姓中，祖根地在河南者达到171个，其中最新公布的100大姓中，根在河南者达70余个，这些加在一起占去了当代中国人口的近80%。这就是中原的魅力，这也是中原雄厚的人力资源。当这些根在中原的人群中的佼佼者荣归故里，来中原寻根时，这种独特的姓氏资源，便转化成为中原崛起中的重要优势。这就是中原文化的恒久魅力。

姓氏与名人连在一起，因为每一个姓氏的始祖都是一个名人。姜太公、周公、比干、关龙逄、叶公、冯简子、苏忿生、刘累、李耳、张挥、王子晋等，他们每个人都有一段故事，都与一段辉煌的历史连在一起。河南的历史名人有3700余人，仅在汉唐宋明时期，见于史传者达912人，在全国各省占第一。可以说在宋代及以前的历史上，任何名人，如果剥离掉与中原的渊源关系，那么其辉煌都将湮没于历史的尘埃之中，绝对不会如此这般熠熠生辉。

21世纪，当国人担负起和平统一的历史重任时，凝聚海内外华人的力量，团结一切可以团结的力量，是我们神圣的历史使命。古老的中原，可以承载起这一使命而责无旁贷。因为，中原有人文始祖，有姓氏之根，有名人文化，这些是中国人的根脉，也是联结海内外华人的纽带。

中原与沿海，中原与海外，因为有了根文化，而变得不再遥远。

第一节　始祖文化

始祖就是最早的先祖。《仪礼 · 丧服》：“诸侯及其大祖，天子及其始祖之所自出。”注：“始祖者，感神灵而生，若稷、契也。”原指最初得姓的祖先，后称可考的最早祖先。

在中国人的观念中，特别重视乡土之情，依恋本源，讲究重生报本、尊祖敬宗。“落叶归根”“越鸟南栖”“狐死首丘”等，充分表明了这种情怀：古人认为即便是动植物，也眷念故土、追怀先祖，那么作为万物之灵的人，就更不必说了。数千年来，中国形成了浓重的始祖文化。在传统社会，人们对始祖的敬畏十分虔诚，国有国庙，家有宗祠，供奉先祖牌位，定期进行隆重的祭祀。这里所说的始祖文化，主要指以三皇五帝为代表的中华人文始祖群体。人文始祖以他们的赫赫事功和深远影响，不仅在我们的民族血脉中遗传下了优良的品质，还流传下了丰富多彩的优美传说，并存留大批名胜古迹。始祖文化成为我们今天弥足珍贵的文化遗产。

一、河南始祖文化的概况

河南是中国上古时代英雄人物的主要活动区域。毛泽东说过："自从盘古开天地，三皇五帝到如今。"盘古开天辟地、伏羲画八卦、女娲抟土造人、神农尝百草、黄帝战蚩尤、仓颉造字、尧舜禅让等历史典故，以及大禹治水、夸父追日、后羿射日、愚公移山等不畏困难、自强不息的优良品性，早已化作中华民族的文化基因和民族精神，代代相传。

上古时代英雄人物留下的不仅是民族记忆中的这些史影，还存留了大量物化的人文景观。比如桐柏盘古山、盘古庙、盘古墓等，淮阳伏羲陵，荥阳、上蔡伏羲庙，西华女娲城，灵宝女娲陵，商丘燧皇陵，淮阳五谷台，新郑黄帝故里，灵宝铸鼎原与黄帝陵，南乐仓颉陵及仓颉庙，内黄二帝陵，登封启母阙等，这些地方都是今天海内外中华儿女寻根谒祖、瞻仰始祖的圣地，正是一种来自祖先遥远血脉里的神秘力量，把亿万炎黄子孙凝聚在一起，使我们心中充满了共同的自豪和荣光。

"三皇五帝"所指为哪些帝王呢？各类文献中所指不一，列表如下：

三　皇	出　处
伏羲、神农、黄帝	《世本》、西汉孔安国《尚书序》、晋皇甫谧《帝王世纪》
伏羲、女娲、神农	《风俗通义·皇霸》引《春秋纬·运斗枢》
伏羲、神农、燧人	《尚书大传》、东汉班固《白虎通德论》
伏羲、神农、祝融	东汉班固《白虎通德论》
伏羲、神农、共工	北宋刘恕《资治通鉴外纪》
天皇、地皇、泰皇	《史记·秦始皇本纪》
天皇、地皇、人皇	《艺文类聚》卷十一引《春秋纬》

五　帝	出　处
伏羲、神农、黄帝、尧、舜	《易·系辞下》、宋胡宏《皇王大纪》
黄帝、颛顼、帝喾、唐尧、虞舜	《世本·帝系篇·五帝谱》《大戴礼·五帝德》
少昊、颛顼、高辛、唐尧、虞舜	西汉孔安国《尚书序》、晋皇甫谧《帝王世纪》
太昊、炎帝、黄帝、少昊、颛顼	《礼记·月令》《吕氏春秋·十二纪·月令》
黄帝、金天氏、高阳氏、高辛氏、陶唐氏、有虞氏	东汉郑玄《诗谱疏》《书序疏》："……实六人而称五帝者，以其具合五帝座星也。"

综合上述文献对"三皇五帝"的记载，可得下述12位有事迹和遗迹可循的历史人物，即：伏羲、女娲、燧人、炎帝、黄帝、祝融、共工、少昊、颛顼、帝喾、尧、舜。

分析上边两个列表，各种文献对"三皇五帝"的记载除了组合各有不同，"三皇"和"五帝"之间还有一些交叉，比如伏羲、神农、黄帝就在不同的文献中既被列为"三皇"，又被列为"五帝"。此外，有些不同文献对"三皇五帝"的组成的记载虽然一致，但排序先后也有很大差别。所以，文献对于"三皇五帝"的记载是相当纷繁杂乱、纠结莫辨的。《旧唐书·玄宗本纪》载：天宝六载（747），"于京城置三皇、五帝庙，以时享祭"。清赵翼《陔余丛考》卷十六"三皇五帝"条云："唐天宝中祀三皇则伏羲、神农、黄帝；五帝则少昊、颛顼、高辛、唐尧、虞舜。"自唐代形成的这种"三皇五帝"的说法，得到后世较为普遍的认可，成为"三皇五帝"最为流行的一种说法。

历史唯物主义认为，历史是人民群众集体创造的。的确，历史上有很多创造发明、丰功伟绩都是古代人民集体智慧和集体劳动的结晶，但古代传说中把这些事功大都归在"三皇五帝"名下，其实在这里"三皇五帝"便成为一种文化符号，成为古代广大人民的代表，他们是中华民族血脉和文化的木本水源，我们可以称之为中华民族的人文始祖。他们大都出自或主要活动于今天的河南。

二、河南始祖文化的亮点

盘古开天辟地。盘古是中国历史传说中开天辟地的祖先。传说在天地开辟之前，宇宙不过是混混沌沌的一团气，里面没有光，没有声音。这时候，出了一个盘古氏，用大斧把这一团混沌劈了开来。轻的气往上浮，就成了天；重的气往下沉，就成了地。以后，天每天增高一丈，地每天加厚一丈，盘古氏本人也每天长高了一丈。这样过了18000年，天就很高很高，地就很厚很厚，盘古氏当然也成了顶天立地的巨人。后来，盘古氏死了，他的身体的各个部分就变成了太阳、月亮、星星、高山、河流、草木等。这就是开天辟地的神话，它象征着人类征服自然的伟大气魄和丰富的创造力。盘古山，位于豫南巍峨的桐柏山北陲，也叫九龙山。以山顶为界，北属泌阳县，南归桐柏县。传说此山就是当年盘古开天辟地的地方。如今有盘古庙及盘古庙会闻名四方。在山周围31.5平方公里内，还广泛分布着与盘古有关的诸多人文历史景观。济源市也有盘古的传说和遗迹。

燧人氏钻木取火。燧人氏又称“燧皇”，是中国上古神话中火的发明者。远古人“茹毛饮血”，燧人氏钻木取火，教人熟食，发明人工取火，促进了人类的进步。关于他的神话反映了初民从利用自然火进化到人工取火的情况。商丘市是中国历史文化名城，素有“火的故乡”之称，燧人氏就葬在这里。据《归德府志》和《商丘县志》记载：“燧皇陵在阏伯台西北，相传为燧人氏葬处。”燧皇陵位于商丘古城南1.5公里处。原有大殿、东西厢房、石像等，古柏参天。后毁于战火。1992年进行了重修。占地4万多平方米，长达5000米的围墙和墙瓦古色古香，陵门三楹，十分壮观。陵园大门内正对一条神道，神道两边，有排列整齐的石人、石马、玄鸟、神龙、麒麟、神龟等石像。燧人氏墓冢和雕像矗立于陵区的中心，现存古冢高约10米。燧人造火被称为“中华第一火种”，1990年的河南省第七届运动会和1992年国家旅游局主办的黄河之旅首游式均曾于此采火种。

三皇之首、百王之先太昊伏羲氏。伏羲是中华民族敬仰的人文始祖，居三皇之首，百王之先。伏羲氏出生在今天甘肃省的天水市，后率领他的部落沿黄河东下，定居并建都于陈（今淮阳县），在中原一带建立了他的功业。伏羲氏有许多发明创造，他发明网罟，教民渔猎；教民养牲畜，开创畜牧业；画八卦；作甲历；造干戈、瑟埙；等等。其中“画八卦”是伏羲氏的重要贡献之一，八卦后来经过炎帝神农氏和周文王的不断完善，成为中国文化的源头。淮阳县有太昊伏羲陵，此外，还有画卦台、白龟池等。淮阳县城东南有平粮台新石器时代城址，被认为可能是“太昊之墟”。河南其他有关伏羲的遗存还有荥阳汜水紫金山伏羲庙、上蔡伏羲庙与蓍台、商水伏羲祠、巩义伏羲画卦处、孟津龙马负图寺等。

中华人文始母女娲。女娲是中国古代神话传说中的人类始母，亦称娲皇、女娲娘娘。她是伏羲的妹妹。上古时期，当第一个统一中华民族各部落的酋长伏羲去世之后，女娲被诸侯推为共主，继承伏羲，号“娲皇”。女娲的贡献主要有四：其一，抟土造人。其二，炼石补天。其三，创立了男女婚配制度，所以女娲又有“神媒”“高媒”之称。其四，发明笙簧乐器。因为传说女娲抟土造人，又传说女娲与伏羲是兄妹结婚，繁衍出人类，因此，伏羲和女娲被今人视为东方的亚当和夏娃。西华、沈丘、淮阳等地都有关于女娲的传说，女娲去世后葬在今西华县境。西华女娲城位于西华县城北7.5公里的聂堆镇思都岗村，相传为“女娲氏之故墟”或“女娲之都”，城系女娲补天时所筑。女娲死后，人们在城西修女娲陵，在城内建女娲阁，上供女娲，下供伏羲。后来城、阁被毁，百姓思念娲皇故都，因名“思都岗”。20世纪80年代后期，新建的女娲阁在城中拔地而起，坐北向南，高8米，占地200多平方米。城西女娲陵高13米，陵前建有女娲墓碑。灵宝女娲陵，即“风陵”，在今灵宝市原阌乡县西20公里的黄河中，正值豫、晋、陕三省交界地带，黄河水流经此处，吼声如雷，波浪激天，因此“风陵波浪”为灵宝胜景之一。河南有关女娲的遗迹还有新郑风后（女娲）岭、登封三皇庙、荥阳汜水白玉岭女娲祠与女娲洞、济源王屋山主峰天坛山顶女娲补天五色石、沁阳女娲山与女娲祠、信阳鸡公山上女娲祠等。

农业始祖炎帝神农氏。炎帝是上古时代活动于黄河流域的部落首领，和黄帝同为少典之子，各因其成长的地名为姓，分别为姬和姜，他们是同时代的人，在军事上曾相互配合。炎帝部族主要活动于今河北的中部，河南、山东西部和湖北的北部，即中原地区，并在这一地区和蚩尤部落与黄帝部落发生了长期的冲突与融合，最终形成了中华民族早期的主干部分，炎帝因此和黄帝一起成为中华民族的共同祖先，这也是中国人至今仍自称为“炎黄子孙”的原因。炎帝去世后葬于今湖南省炎陵县。炎帝的发明也很多，如发明医药、首倡交易、制作琴瑟等，但他最重要的贡献是发明了木制翻土工具耒和耜，以垦荒种地。以前人们只能靠打猎和采集野生植物的果实和根块为生，炎帝开始教人们种植粮食作物，发明了农业，所以炎帝又称神农氏。皇甫谧《帝王世纪》载：炎帝神农“初都陈，始教天下种五谷”，陈地即今淮阳县，炎帝神农正是在这里完成了从游猎至农业的伟大转变，以淮阳为中心的黄淮大平原当是中国农业的发源地。炎帝神农氏最初教民稼穑之地淮阳五谷台，位于淮阳县城东北5公里处。传说这是炎帝神农教民稼穑、播种五谷的地方。经考古调查，五谷台为一处新石器时代文化遗址，出土有石锛、石镰、石斧等农业生产工具。此外，沁阳市有神农山、神农坛，并形成了一年一度的神农文化节暨神农坛拜祖大典。

中华文明之祖黄帝。黄帝是少典之子，本姓公孙，长居姬水，因又姓姬，居轩辕之丘（在今新郑市西北），故号轩辕氏，国于有熊（在今新郑市），故亦称有熊氏，因有土德之瑞，故号黄帝。相传黄帝战胜了蚩尤和炎帝之后，成为天下的共主。在大臣风后、力牧、常先、大鸿的辅佐下，一统天下，初步奠定了中国的规模。黄帝有25个儿子，其中14个被分封得姓。相传颛顼、帝喾、尧、舜、禹、汤等均是他的后裔，因此黄帝被奉为中华民族的共同始祖，华夏儿女均称自己为炎黄子孙。据说黄帝在位百年，死于荆山（今灵宝市阌乡南）。黄帝的发明创造最多，我国上古时期的衣食住行、农工矿商、货币、文字、图画、弓箭、音乐、医学、药物、婚姻、丧葬、历数、阴阳五行、伞、镜等的创造发明，均始于黄帝时代，这些都是中华文明的重要标志。正因如此，后世尊称轩辕黄帝为“文明之祖”“人文初祖”。新郑是古书记载的有熊氏之墟、少典氏之国所在地，是轩辕黄帝故里故都。新郑、新密一带存留有众多的黄帝遗迹，计有：新郑轩辕丘，新郑、新密南部的大鸿山、轩辕洞，新密的力牧台、云岩练兵处、养马庄、轩辕黄帝宫（云岩宫）、黄帝问道处修德观、黄帝葬女处天仙庙，等等。“三月三，拜轩辕”是当地旧俗，自春秋战国时民间就有祭拜黄帝的活动。从2006年起，一年一度的黄帝故里拜祖大典已成为河南最重要节会之一，成为凝聚海内外炎黄子孙的纽带。灵宝铸鼎原位于灵宝市区西20公里的阳平镇荆山上，据《史记·封禅书》记载，这里是黄帝铸鼎升仙之处。传说黄帝升仙之时，百姓苦苦挽留，留下了他的靴子和龙须，人们把黄帝的靴子埋在他铸鼎之地，是为黄帝陵。陵前有黄帝庙，初为宫，汉武帝建，现仅存唐及后代石碑4通。其中以唐贞元十七年（801）刻写的“轩辕黄帝铸鼎原碑铭并序”最为珍贵。

黄帝元妃蚕神嫘祖。嫘祖是西陵氏之女，黄帝元妃。她发明蚕桑，教民纺织，制作衣服，喜好远游，被后世祀为“先蚕”和“行神”（旅游之神），被誉为“人文女祖”。西平县得名于“西陵平夷”，正是西陵氏女嫘祖的故里。西平境内除保留着大量有关嫘祖的传说外，还有西陵亭、嫘祖庙、嫘坟、九女山等众多遗迹。郑州伏羲山景区有嫘祖庙，当地人亦传此即嫘祖故里。

水神共工。共工是中古代一个强大部族的首领。这个部族主要活动在今辉县市一带的豫北平原。共工是中国第一个治水的英雄，由于他只知防堵，不懂疏导，虽历经艰苦卓绝的奋战，仍归于失败。但后人没有忘记他的历史功绩，尊共工为“水神”。“怒触不周山”的神话故事也出于共工，共工氏力大无比，勇猛剽悍，要与颛顼争夺帝位，但颛顼足智多谋，沉着应战，共工氏最终被颛顼打败，逃往大西北，怒触不周山而死。《淮南子·天问训》记载了这段神话，他的儿子后土也被人们奉为“社神”，即土地神。

钦定颛顼、帝喾公祭之处 —— 二帝陵。二帝陵位于内黄县南约30公里的三杨庄村西，其范围大约有6平方公里，是中国上古时代“五帝”中的两帝颛顼和帝喾的陵墓。“二帝”之功勋，历代为世人传颂。唐、宋之际，每年春秋两季遣官告祭，是历代封建帝王钦定的公祭二帝之处。乡间拜祭，更为频繁，每月逢八必来顶礼拜祭。特别是每年农历三月初八，群众往来参祭者，难以计数。二帝陵占地350余亩，现有碑林、拜殿、配殿、寝殿、山门、棂星门、陵冢等十多处遗迹遗物。

舜帝故里濮阳县瑕丘村。舜长期活动于濮阳一带，他早期活动的重要文化遗存“负夏遗址”就位于濮阳县瑕丘村。近年来，濮阳县加强了对帝舜文化的研究、开发和保护，其研究成果得到了国家有关专家的认可，认定帝舜文化的发祥地在濮阳。其中瑕丘村被确认为“舜帝故里”。

大禹的伟业。禹，又称大禹、夏禹、戎禹、帝禹，是夏后氏部落酋长。相传生于西羌，后迁至嵩山下。当时洪水泛滥，野兽横行。他的父亲鲧因治水失败被杀，帝舜命令禹继续治理洪水。他吸取其父失败的教训，采取疏导的办法治水，栉风沐雨，奔波忙碌，历时13年，最终制服了洪水。在这13年中，他一心扑在治水上，曾三过家门而不入，作为公而忘私的典范，成为千古美谈。大禹治水的精神和业绩，使他成了人人敬仰的英雄，舜去世时把帝位禅让给了禹。禹死后，他的儿子启继位，建立了中国历史上第一个朝代夏朝，开创了王权世袭和帝王家天下的先河。今天在登封市还保存有禹都阳城遗址，以及启母石和汉代的启母阙等有关夏禹的文物遗迹。近年发现的西周中晚期的遂公盨，上铸98字铭文，开篇即讲“天命禹敷土，随山浚川”。遂公盨的发现，将有关大禹治水的文献记载一下子提早了六七百年，证明大禹治水传说是可信的。

第二节 姓氏文化

姓氏，原本是姓与氏的合称，是人类文明发展的产物。先秦时期的姓与氏是两个不同的概念，但它们之间也有着十分密切的关系。姓起源于原始社会的母系氏族制时期，由先民们所崇拜的图腾演化而来。原始的信仰产生于生产力极不发达的氏族社会早期，人们对自然界的万事万物都充满了神秘感和敬畏，因此，先民们会认为自己所处的氏族与自然界的某种物种有超越人们所能把握的神秘关系，于是以该物种作为本氏族的名称，也可以称为氏族的徽号，也就是我们现在所说的图腾（“图腾”一词，系印第安语，意为“属彼亲族”）。一部分图腾，由于历史的变迁，逐渐转化为人的姓。由于图腾是具有共同血缘关系的族群的符号，所以由图腾转化而来的姓就是代表有共同血缘关系的氏族称号，即一个氏族名下的成员都出自一个母系祖先。“姓”属于会意字，古体“姓”字是由“人”和“生”组成，意为人所生，因生而为姓。而用“女”与“生”组合成“姓”字，最早见于秦国刻石《诅楚文》，意思是女子所生为姓。因此，许多上古时期的姓，如姬、姜、嬴等，都带有“女”字。再说氏，它的出现较晚，起源于父系氏族社会，为姓所衍生的分支，是古代贵族标志宗族系统的称号。“氏”属于象形字，在甲骨卜辞中就有该字，解释为木本，也就是植物之根，后来转注为姓氏的氏，取水之源头、木之根本的意思。

姓与氏除了产生的时间和过程不同，其社会职能也不一样。姓是决定族群之间能否互通婚姻的依据，氏则是用来区别族群的身份贵贱的。宋代史学家郑樵在《通志·氏族略》中有比较明了的解释：“氏所以别贵贱，贵者有氏，贱者有名无氏…… 姓所以别婚姻，故有同姓、异姓、庶姓之别；氏同姓不同者，婚姻可通，姓同氏不同者，婚姻不可通。”

战国时期，由于姓和氏当时产生的历史环境已经发生变化，其原始的意义已经逐渐弱化和消失，姓与氏逐渐合而为一。姓氏由大的族群符号演变为家族符号，郑樵对此也有很好的解释：“三代（夏、商、周）之后，姓氏合而为一，皆所以别婚姻，而以地望明贵贱。”文献记载中正式将姓氏混用的，是司马迁，他在《史记》中写秦始皇曰“姓赵氏”，写汉高祖则曰“姓刘氏”。自此“姓氏”

二字的确切含意逐渐模糊，两者单称或兼称均可，其实际意思都是专指姓。区分贵贱的标志由氏变成了“郡望”。所谓郡望，就是指魏晋至隋唐时某郡显贵的家族，意思是世居某郡为当地所仰望。

姓氏与社会历史的关系非常密切。在中国五千年的文明史中，用来区分人群或等级贵贱的标志逐渐形成为一种独特的文化——姓氏文化。时至今日，这种姓氏文化成为中华民族凝聚力中的一个重要因素，越来越受到人们的重视。

一、河南姓氏文化的概况

河南是中华姓氏的主要发源地之一。根据著名姓氏专家袁义达、谢钧祥等的研究，中国从古至今产生过上万个姓氏。而在这1万多个姓氏中，经初步统计，起源于河南的有1500姓，其中单字姓1014个，双字姓484个，3字姓两个，占古今姓氏总数的13%。其中前五大姓中的李、张、陈均源于河南，王姓和刘姓最早的一支也是在河南形成的。宋代成书的启蒙读物《百家姓》中收录有438姓，明代《增广百家姓》中所收姓氏达到504个，其中郡望在河南的有115姓，居各省的首位。

河南地处中原，历史悠久，古文化积淀深厚，许多姓氏形成于此具有得天独厚的优势条件。中华民族的人文始祖炎黄二帝活动的中心区域在河南，其后代枝繁叶茂，派生出许多姓氏。新编百家大姓中，属于黄帝族的有70姓：王、张、刘、陈、杨、周、吴、孙、朱、胡、郭、林、何、郑、罗、宋、唐、韩、曹、邓、萧、冯、曾、程、蔡、彭、潘、袁、于、董、余、苏、叶、魏、蒋、田、杜、范、傅、钟、汪、戴、陆、姚、夏、韦、贾、邹、石、熊、孟、阎、薛、侯、龙、段、孔、邵、史、毛、常、万、顾、赖、武、康、严、钱、施、牛；属于炎帝族的姓氏有方、雷、吕、许、文、申等6姓；兼属黄帝族和炎帝族的有10姓：高、谢、吕、丁、卢、方、邱、贺、洪、龚；兼属黄帝族和东夷族的有8姓：梁、沈、任、廖、金、秦、白、尹。直接由黄帝而得的姓氏有姬、熊、轩辕等。黄帝的文臣武将们也有龙、方等姓。据《史记·三代世系表》载，在中原地区各代居于统治地位的部族，如颛顼、帝喾、尧、舜，以及夏、商、周等，全都是黄帝后裔。

夏商时期，是中华姓氏逐渐繁盛的发展时期，夏朝建都于嵩山一带，它的很多属国也在河南，如许（今许昌）、斟灌（今淮阳）、顾（今原阳）、葛（今宁陵）、韦（今滑县）、莘（今开封陈留镇）、观（今清丰）等。周至秦，产生的姓氏较多。公元前770年，周平王东迁洛邑（今洛阳），洛阳便成为周朝的统治中心。周朝有很多重要的诸侯国在河南境内，如郑、卫、蔡、虢、宋、陈、吕、许、申、息、黄、蒋等，后来这些国名都演变成姓氏。总之，周代上千个方国、部落、氏族有相当一部分居于中原地区，其后演化出近千个姓氏。秦汉以后，历代定都于中原的王朝多达20多个，其中通过赐姓、改姓又形成了一部分姓氏。古代西北地区少数民族入居中原者也很多，他们与汉族同化而使用汉字姓，如北魏孝文帝的汉化改姓。

自汉代以后，中原地区战乱频仍，中原人民被迫背井离乡，向其他地方迁徙。大规模的迁徙有：西晋末年，大批中原士族随晋王室南迁，其中有林、黄、陈、郑、詹、丘、何、胡等被称为“入闽八族”，其中的林、黄、陈、郑等四姓如今成为东南地区的大姓。唐代初年，为平定闽地的山民骚乱，光州固始人陈政、陈元光父子率兵入闽，带去了大量的中原士卒，计有陈、许等共84姓。唐末固始人王潮、王审知兄弟率领农民起义军入闽，随同前往的固始籍百姓有王、陈、李等34姓。宋元以至明清，中原士民南迁的仍然很多，至明清之际还有很多由中原迁往南方的人移居东南亚各国。以上的数次移民浪潮形成了著名的客家文化、固始寻根、珠玑巷、河洛郎等独具特色的中原姓氏寻根文化。

以下是按人口数量排名的前100大姓中起源于河南或郡望在河南的分布情况：

次序	姓氏	起源地	郡望地	次序	姓氏	起源地	郡望地
1	**李**	鹿邑		2	**王**	卫辉 偃师	陈留、河南
3	**张**	濮阳	河内、南阳、汲郡、梁郡	4	**刘**	偃师 鲁山	弘农、梁郡、南阳、顿丘、河南
5	**陈**	淮阳	颍川	6	**杨**	洛阳	弘农、河内
7	**黄**	潢川		9	**周**	洛阳 汝州	汝南、陈留
10	**吴**		濮阳、陈留、汝南	11	**徐**		濮阳
12	**孙**	濮阳 固始 淮滨 淮阳	汲郡	13	**朱**	柘城	永城（谯郡）、太康、河南、义阳
15	**胡**	淮阳 漯河	淮阳、新蔡、洛阳	16	**郭**	三门峡	
17	**林**	卫辉 淇县 洛阳	西河	18	**何**	禹州	新郑
19	**高**	禹州		20	**梁**	汝州	河南
21	**郑**	荥阳 新密 新郑	荥阳	23	**宋**	商丘	河南、弘农
24	**谢**	南阳 唐河	陈留、陈郡	25	**唐**	淅川 方城	
26	**韩**	禹州 新密 新郑	颍川、南阳	27	**曹**	灵宝	
28	**许**	登封	许昌、汝南	31	**冯**	荥阳	颍川、弘农
32	**曾**	方城		33	**程**	洛阳	
34	**蔡**	上蔡 新蔡	陈留、济阳	36	**潘**	固始 洛阳	河南、荥阳
37	**袁**	太康	陈郡、陈留、汝南	38	**于**	沁阳	河南、河内
39	**董**	唐河		41	**苏**	辉县 温县 洛阳	河内、河南

续表

次序	姓氏	起源地	郡望地	次序	姓氏	起源地	郡望地
42	**叶**	叶县	南阳	43	**吕**	南阳	阳翟、濮阳
44	**魏**	开封		45	**蒋**	固始	
46	**田**	淮阳	河南	47	**杜**	鲁山 洛阳	南阳
48	**丁**	安阳 卫辉 商丘		49	**沈**	平舆 沈丘	
51	**范**	范县	南阳	52	**江**	正阳	济阳
54	**钟**	商丘	颍川	55	**卢**	洛阳 卫辉	河南
57	**戴**	商丘 民权		58	**崔**	南阳	
59	**任**		陈留、南阳	60	**陆**	嵩县 洛阳 淮阳	河南、河内、颍川
61	**廖**	固始 唐河	汝南	62	**姚**	濮阳	
63	**方**	禹州 洛阳	河南	66	**夏**	登封 禹州 淮阳	
71	**石**	淇县 商丘 洛阳		72	**熊**	新郑	
73	**孟**	濮阳		75	**阎**		河南
76	**薛**		新蔡	77	**侯**	南乐 偃师 洛阳	
78	**雷**	禹州		79	**白**	息县	
80	**龙**	新郑 鲁山		81	**段**	荥阳 尉氏 辉县	
83	**孔**	夏邑		85	**史**	南乐 洛阳	河南
86	**毛**	宜阳	荥阳、河阳	87	**常**	新郑	河内
88	**万**	洛阳		89	**顾**	范县	
90	**赖**	息县	颍川、河南、河内	91	**武**	商丘 洛阳	
92	**康**	淇县		93	**贺**	洛阳	河南
95	**尹**	宜阳		100	**龚**	辉县 荥阳	

二、河南姓氏文化的亮点

中华姓氏大半源于河南，华人的祖根大半在河南。追根溯源是人类的天性，寻根谒祖是中华民族的传统美德。内容丰富、内涵深刻的姓氏文化使得河南成为海内外华人魂牵梦萦的故土。近年来固始、淮阳、濮阳、卫辉等地的寻根热潮再一次把华夏儿女紧紧地团结在一起。

万姓同源，根在淮阳。淮阳，古称宛丘、陈国、陈县、陈郡、陈州，是中国远古时期太昊伏羲氏定都和长眠之地。6500多年前，太昊伏羲率领他的部落自甘肃成纪（今甘肃省天水市）出发，沿黄河东下，定都淮阳后，“正姓氏，制嫁娶”，使社会从群居无序的状态，形成一个个以姓氏为共同体的人群，发展成中华民族的一支支血脉。伏羲死后，葬于淮阳，现在淮阳县保存有完好的太昊伏羲陵墓，被称为“天下第一陵”。中华民族万姓，追根溯源都出于太昊伏羲氏“正姓氏，制嫁娶”之人道，伏羲氏是中华民族文明之根、万姓之根。伏羲时代以龙命官，以龙为尊，中华民族有了“龙的传人”之称，伏羲氏也被誉为中华民族的“人文始祖”。中国历史上曾使用过的姓氏有10000多个，现在常用的姓氏有3000多个，其中直接源于周口的大姓有李、陈、王、孙、胡等100多个。

帝舜后裔根在濮阳。舜帝生于今濮阳县徐镇镇（古称姚墟），姓姚，名重华，号有虞氏，史称虞舜。舜以孝而闻名天下。他开创了中华传统道德文化的先河，被后人尊称为道德先祖、百孝之首和文明之首。他的德孝思想成为华夏儿女几千年来所遵循的道德风范。源于帝舜的姓氏有103 姓，其中较大的姓有10个，即陈、胡、袁、田、姚、虞、王、孙、车、陆，大部分分布在内地，一部分移民海外，分散在世界数十个国家和地区，总人口有两亿之多。

六十余姓共尊百代宗师姜太公为祖。姜太公吕尚，为周初著名的政治家和谋略家，他源自姜姓，为炎帝裔孙伯益之后。因辅佐武王兴周有功受封于齐，其后世人丁兴旺，于是他被奉为高、吕、丁、卢、姜、邱等六十多个姓氏的血缘始祖，所以卫辉太公庙和太公祠成为这些姓氏海内外后裔尊祖朝拜的圣地。位于卫辉市西北处太行山脚下的太公泉村是姜太公故里，村内有太公庙和太公祠，村外有姜太公墓。

比干的后裔遍布中华大地。比干是商朝末年的著名谏臣，源于他的两个姓氏是林姓和王姓。林姓之一支来源于帝喾之后裔商王子比干，是林姓源头的主流。王姓，源自子姓。商末纣王之叔比干以天下为己任，冒死进谏，被纣王残害致死。比干是王子，后人为了纪念比干，便以王为姓。在淇县黄洞乡仙人梯安乐窝有长林石室，相传是林姓始祖林坚出生的地方。此外，在淇县县城西北隅有朝歌摘心台，在淇县城关镇有三仁祠，在卫辉市有比干庙。

中华第一大姓源于鹿邑。中华第一大姓李姓的始祖李利贞和老子李耳的故里均在今鹿邑县。据《新唐书·宗室世系》记载，商纣王时期，李利贞的父亲理徵（字德灵，伯益后裔）因直言进谏，获罪而亡，其妻陈国契和氏与儿子利贞逃难于伊侯之墟，食木子得全，遂改理姓为李氏。利贞娶契和氏女，生昌祖，为陈大夫，世代居住在苦县，地在今鹿邑。李利贞即是李姓得姓始祖。相传老子李耳是李利贞之后。李姓姓源还有一说。据有关史料记载，李耳之前没有李姓，李姓从老子李耳开始。老子，姓李名耳，楚国苦县（今鹿邑东）人，先秦道家学说的创始人。李姓主要郡望有陇西郡、赵郡、顿丘郡、中山郡、广汉郡，堂号有“陇西堂”“赵郡堂”“平棘堂”等，

夏姓与华夏文明的开启相关。夏姓，源自古姒姓。尧时洪水泛滥，颛顼之孙崇伯鲧受命治水失败之后，由其子大禹继续治水，他采用与父亲不同的治水方法而取得了成功，舜封他于夏，并将帝位传给他，由此开始了长达400余年的夏王朝的统治。夏朝先后在阳城（在今登封市）、安邑（在今山西夏县）等地建都，终因夏桀无道而为商汤所灭，其族裔以国为氏，这就是夏姓的由来。夏朝是中国历史上第一个真正意义上的国家，也是中华民族进入文明社会的开始，所以说夏姓开启了华夏文明之门。

殷、汤二姓与古都郑州、安阳的不解之缘。郑州和安阳是中国青铜文明的鼎盛时期——商代前期和后期的都城，以商文化衍生的姓氏有殷、汤等。这也从一个侧面说明了中国姓氏文化与历史发展演变的密切关系。殷姓出自子姓，黄帝后裔契被封于商，契的第十四代孙汤灭夏建立商朝。商之第十九代王盘庚将都城迁到殷（今安阳小屯村），自此商又称为殷。殷商灭亡以后，其后裔也有称为殷氏的。汤姓的来源有几支，其中一支是商族首领商汤的后代。汤，名天乙，又名履，夏朝时担任方伯之职，夏末成为商族的首领，他经过数年征战，灭了夏，建立商朝，定都于亳（今河南境内）。他死后被尊称为“成汤”，其子孙以先祖的名字为姓，称为汤氏，此后便发展繁衍开来。

固始：东南人民眼中的祖根地。固始是中原的一个重要的姓氏迁出地，在东南沿海和台湾等省的许多华人的旅籍上都写有“光州固始”的字样。历史上不断的天灾和人祸迫使固始人多次举族南迁，异地入籍，他们的后裔繁衍生息至闽、粤、台、港及东南亚地区。固始人第一次南迁始于唐代。唐总章二年（669），陈政、陈元光父子先后率兵3600名赴福建地区镇抚山民骚乱，并在当地屯垦建宅、大兴水利、劝课农桑、兴办文化教育，开建漳州。陈政父子所率入闽将士及眷属8000余人，计有80余姓，落籍闽地。第二次南迁始于唐光启年间。光启元年（885），固始人王潮、王审知兄弟率乡民随农民义军入闽，后梁开平三年（909），王审知被封为闽王，所率将士50余姓，也在闽地落户。入闽的固始姓氏有王、尤、邓、丘、卢、刘、吕、孙等46姓。如今的固始，被誉为“唐人故里”“闽台祖地”，散居在闽、粤、台、港、澳的居民及东南亚地区的许多华人华侨，都把固始看作他们的根，他们心目中永远的“大槐树”。

粤港人寻梦珠玑巷。珠玑巷，位于广东南雄市北9公里沙水村，宋时开封府祥符县（今开封市祥符区）亦有此地名。《广东新语》载：“吾广故家望族，其先多从南雄珠玑巷而来。盖祥符有珠玑巷，宋南渡时，诸朝臣从驾入岭，止至南雄，不忘枌榆所在，亦号其地为珠玑巷；如汉之新丰，以志故国之思也。”由此可知南雄珠玑巷，是由于南宋时移居此地的官吏士民眷恋故土而得名。据曾昭璇、曾宪珊对家谱、方志等有关资料的统计和实地调查显示，珠玑巷移民家族有797支之多。今天，这些移居南雄的中原人的子孙已经遍布粤、港，从广东方志和许多姓氏族谱中我们可以追寻到其祖先自宋都开封到南雄珠玑巷，再辗转各地的踪迹。

根在中原的“客家人”。所谓客家人，是指原籍为河南地区的中原汉族，在西晋灭亡后南迁，开始成为具有“特殊身份”的一群居民，在后来的几次大的迁徙行动中，逐渐形成今天具有独特风貌的客家民系。客家民系是中华汉民族的一个支系。客家人最为明显的特征是讲客家话，客家语系是汉民族八大方言之一。历史上，客家人有五次大的南迁，前后延续达1500年之久。国内主要分布在广东、福建及港、澳、台地区，在海外的客家人分布很广，较集中的是东南亚一带。客家人因为顽强地保留着古代中原文化传统，因此，除语言上由于历史和环境的原因有所变异以外，其生产和生活习惯，多数仍保留着浓厚的中原遗风。在福建泉州和今洛阳，都有洛阳桥，洛阳桥见证了客家文化的形成与辉煌。直到今天，不少台湾人和海外华人都称自己是“河洛郎”。

源于中华图腾“龙”的刘姓。龙是中华民族的象征，而刘姓就是中华姓氏中和龙有关的姓氏之一。刘姓始祖刘累是远古部落陶唐氏首领尧的后裔，是中国有史可考的第一位刘氏人物。据《左传》《史记》等文献记载：刘累出生时手中有“刘累”纹样，以为吉祥，遂以此为名。刘累以御龙、驯龙著称，受命为孔甲驯养龙，被赐为“御龙氏”，后因雌龙死去，刘累因恐怕孔甲治罪而携家眷潜逃到鲁县（今鲁山县昭平湖风景区邱公城遗址），主动放弃了夏王朝赐给他们的“御龙氏”称号，遂改姓“邱”，人称 “邱公城”。孔甲知道后，不再追究责任，“邱公”便复更刘姓，其后代子孙都以“刘”为姓，刘累便成为有史记载的中华刘姓第一人，被尊为刘姓的始祖。刘累在鲁山终老，死后葬在邱公城东侧，鲁山就是刘姓的祖根地。

由天下第一隐士许由发端的许姓。隐士向来是中国文化中的一个特殊的群体，而许姓的始祖许由就是隐士的鼻祖。这位中国第一隐士为尧时人，尧有意把天下让给他，他为避让君位而隐居于登封箕山；尧又让他做九州长，他到颍水洗耳，表示不愿听命。死后葬于箕山。周初，周武王封炎帝裔孙伯夷之后于许由旧地，建立许国，至战国初年为楚国所灭，子孙以国为氏。许氏在长期的播迁繁衍中形成高阳、汝南两大望族。

河南郡囊括天下大姓。河南郡在西汉时设置，治所在今洛阳市东北，辖境相当于今河南黄河以南，洛水、伊水下游，双洎河、贾鲁河上游，黄河以北地区。卜、于、万、门、王、王孙、元、云、车、介、方、艾、朱、仲长、伊、向、刘、扶、利、邱（丘）、库、怀、宋、陆、阿、陈、明、和、周、房、屈、封、柯、种、侯、闻人、浑、祝、贺、贺兰、骆、高、堵、阎（闫）、梁、寇、息、嵇、赖、甄、路、鲍、窦、褚、潘、穆等姓氏郡望在此。

大姓郡望荥阳郡。荥阳郡，治所在今郑州市北古荥镇。据《荥阳县志》载：荥阳春秋属郑，战国属韩荥阳邑。秦置县，属三川郡。西汉属河南郡。东汉属河南尹。三国魏正始五年（244），析河南郡置荥阳郡，统领荥阳、阳武、开封等8县，不久即废。晋武帝泰始二年（266），复置荥阳郡，仍辖阳武。北齐天保七年（556），“省卷县入荥阳”。以后荥阳郡辖卷、原武、阳武的隶属关系一直延续到隋朝和唐初，长达500年之久。郡的行政区划沿用至隋开皇三年（583），为隋文帝所废，直到唐肃宗乾元二年（759），荥阳郡才更名郑州。明清以后，黄河数次改道南徙，原武、阳武与荥阳因碍于黄河之隔，才逐渐脱离了辖属关系。张姓、郑姓、毛姓、潘姓、经姓等姓氏的望族聚集在这里，为荥阳郡增色不少。

第三节　名人文化

历史文化名人就是在中国古代历史上做出过重要贡献、在一定历史时期内推动历史发展并为人民群众所接受和广为传颂的一类人物。名人按其历史贡献的大小、地位的高低以及人民群众的接受和传颂程度的不同可以分为圣贤、名流和英雄这几类。在世界四大文明古国中，因为文化背景不同，崇拜的对象也不同，印度崇尚动物，希腊和埃及崇尚神，中国则非常崇尚圣贤。圣贤在自己所处的时代、自己所从事的领域内都应该是首屈一指的人物，他们对于社会的贡献是里程碑式的，是前无古人的。名流的范围大于圣贤，包含着圣贤，圣贤是名流中的卓越和杰出者。也就是说，圣贤必定是名流，但名流不一定都是圣贤，名流所涵盖的范围远远大于圣贤。名流作为一个特殊的社会群体，他们具有深厚的文化修养和人格魅力，他们创造新的文化，领导着新的文化趋势和潮流。这个群体所创造的文化财富成为后来者阐释、解读和模仿的对象。英雄是每一个时代的翘楚，在民族存亡和百姓安危的紧要关头，英雄们都能够挺身而出，“挽狂澜于既倒，扶大厦之将倾”，功业彪炳史册，名垂万古千秋。但因三者在具体的划分上不便操作，故我们仍统以名人称之，并将名人以及所有与名人相关的文化现象，统称为名人文化。

一、河南名人文化概况

中原历史名人辈出。根据丁文江对“二十四史”中立有列传的历史人物的籍贯进行的考证和统计，共有5700余人。西汉时期，河南籍名人为39人，占全国总数的19%，名列各省第二；东汉时期，河南籍名人为170人，占全国总数的37%，名列第一；唐代，河南籍名人为219人，占17%，名列第三；北宋时期，河南籍名人为324人，占全国总数的22%，名列第一；南宋时期，河南籍名人为37人，占6%，名列第四；明代，河南籍名人为123人，占全国总数的7%，名列第四；汉、唐、宋、明时期河南籍名人为912人，占总数的15.8%，名列第一。另据王天兴等主编的《河南历代名人辞典》，收录自传说时代至现代的河南名人共3730人，其中清代以前（含清代）305人。历代的情况分别为：先秦时期120人，秦汉时期422人，魏晋南北朝时期365人，隋唐五代时期548人，宋辽金元时期756人，明清时期846人。据姚泽清在《古代河南历史名人》中收录的在中国历史上有重要影响与杰出贡献的198位河南名人，其中春秋战国时期有老子、庄子、墨子、韩非、商鞅、吕不韦等18人，与此时期的历史大背景相适应，以思想家居多，政治家次之，其余各类则比较少；秦汉时期有李斯、陈胜、陈平、张苍、贾谊、杜诗、邓禹等5人，这一时期是中国历史由分裂走向统一的时期，所以政治家和军事将领居多，其余诸如文学和科技等方面的名人也有一些；魏晋南北朝时期有司马懿、阮籍、向秀、干宝、谢安、谢灵运、范晔、范缜等39人，这一时期以文化界名人居多，其余各方面分布比较均匀；隋唐五代时期有张巡、玄奘、姚崇、僧一行、杜甫、吴道子、韩愈等44人，这一时期以文学领域内的名人最为众多，显示了隋唐时期文化的发达；宋元明清时期有吕蒙正、韩琦、程颢、程颐、郭熙、李诫、岳飞、许衡、史可法等43人，这一时期是中国由封建社会的鼎盛逐渐走向没落的时期，名人的类型分布没有特别集中的特点，显示了各个领域的繁荣和共同发展的态势。

河南的历史名人众多，而且在历史上具有重要地位的名人也非常多。近年来，河南的许多学者提出了“中原圣贤”的概念，并详细列出多位圣贤的名号，如下表：

圣贤	姓名（或名号）	圣贤	姓名（或名号）	圣贤	姓名（或名号）
帝圣	伏羲、黄帝	字圣	仓颉、许慎	道圣	老子、庄子
文圣	韩愈	商圣	范蠡	法圣	韩非
科圣	张衡	医圣	张仲景	诗圣	杜甫
律圣	朱载堉	画圣	吴道子	酒圣	杜康
厨圣	伊尹	谋圣	姜尚、鬼谷子	僧圣	玄奘
武圣	岳飞				

以上20位历史名人都是在历史上做出过杰出贡献的河南名人，他们在各自的领域中都是首屈一指的佼佼者，在历代还有大量的河南历史名人虽不及圣贤知名，但也在中原文化乃至中华文化史上产生过较大的影响，他们是下表中的人物。

时 代	人 物
先秦	阏伯、丹朱、共工、舜、禹、许由、太康、少康、伊尹、比干、箕子、召伯、刘累、伯夷、叔齐、管仲、卜商、子路、子贡、墨子、蘧伯玉、叶公、毛公、子夏、子产、邓析、子羽、列子、苏秦、孙叔敖、张仪、魏无忌、吕不韦、聂政、申不害、商鞅、惠施、白圭、宋钘、范雎、尉缭、荆轲
秦汉	李斯、陈胜、吴广、周文、武臣、张良、郦食其、张耳、陈平、灌婴、申屠嘉、张苍、贾谊、晁错、张释之、韩安国、汲黯、桑弘羊、虞初、黄霸、桓宽、翟方进、褚少孙、祭遵、铫期、冯异、侯霸、吴汉、杜诗、邓禹、马武、祭肜、袁安、许慎、郑众、邓太后、许杨、虞诩、左雄、张衡、陈蕃、杜密、陈寔、服虔、应劭、袁术、李膺、袁绍、蔡邕、荀悦、许劭、张仲景、应玚、阮瑀、蔡文姬
三国魏晋南北朝	钟繇、黄忠、荀彧、荀攸、郭嘉、司马懿、魏延、陈群、邓芝、何晏、邓艾、阮籍、钟会、司马昭、王弼、司马炎、山涛、荀勖、向秀、阮咸、潘岳、王濬、司马彪、郭象、干宝、庾亮、冉闵、支遁、谢安、袁宏、谢玄、郑道昭、谢灵运、范晔、范缜、范云、钟嵘、阮孝绪、庾信、江淹、江总
隋唐五代	韩擒虎、智觊、贺若弼、翟让、李延寿、长孙无忌、褚遂良、刘仁轨、神秀、上官仪、陈元光、朱敬则、杜审言、孙过庭、姚崇、沈佺期、上官婉儿、张说、一行、祖咏、崔颢、郑虔、岑参、张巡、元结、独孤及、刘希夷、王建（唐）、刘禹锡、姚合、元稹、李贺、李商隐、吴兢、司马承祯、卢仝、王仙芝、王建（五代前蜀）、毋乙、马殷、高季兴、王审知、王晏球
宋辽金元	薛居正、赵普、王审琦、石守信、王怀隐、苏舜钦、邵雍、吕蒙正、宋庠、宋祁、向敏中、富弼、韩琦、程颢、程颐、种师道、谢良佐、郭熙、李唐、贺铸、张叔夜、牛皋、岳云、韩侂胄、岳珂、王应麟、张从正、许衡、王恽、姚枢、姚燧、郑廷玉、马祖常、胡闰儿、迺贤、钟嗣成
明清	李贤、高拱、滑寿、刘通、王廷相、何景明、马文升、李化龙、卢镗、师尚诏、沈鲤、吕坤、杨东明、史可法、李岩、侯方域、王铎、周亮工、汤斌、张伯行、李文成、吴其濬、李棠阶、武亿、蒋湘南、李绿园、苌乃周

二、河南名人文化的亮点

河南名人文化是河南古文化最重要的组成部分，由河南历史文化名人群体所创造的中原古文化曾经长期在中国历史上熠熠生辉。时至今日，这些谱写了河南历史绚丽篇章的风云人物，仍然是河南人心目中的骄傲。他们所留下的宝贵文化遗产是我们最值得珍惜的精神财富。

千古谏臣比干。比干是商代最后一个帝王纣王的叔父，为殷商贵族商王文丁之子，子姓，名干，沫邑（今淇县）人。比干幼年聪慧，勤奋好学，20岁就以太师高位辅佐帝乙，又受托孤之重辅佐帝辛（殷纣王）。比干从政40多年，主张减轻赋税徭役，鼓励发展农牧业生产，提倡冶炼铸造，富国强兵。商朝末年，纣王暴虐荒淫，横征暴敛，比干至摘星楼强谏三日而不去，被纣王剖视其心，终年63岁。比干的悲壮事迹使之成为后世忠臣的楷模。

兴周八百年之姜尚。姜尚，殷商末年汲（今卫辉市）人，姜姓，吕氏，字尚父，一说字子牙，是中国古代著名的政治家和军事家。西周初年，他因辅佐武王成就大业，官居太师，所以又称他为师尚父。民间俗称姜太公。由于姜子牙在兴周灭商中建有奇功，武王姬发把他封到了齐地，成为周代齐国的始祖。姜子牙励精图治，将齐国治理得非常强盛。而由于姜太公的雄才伟略，更被后人称为中国谋略家的开山鼻祖。从公元前11世纪开始，整个有周一代（包括春秋战国）延续了八百年，这样的伟业开拓，姜子牙功不可没，所以说他是“兴周八百年之姜尚”。

酒圣杜康。杜康，字仲宁，为夏代国王，因政变流落民间。中国古代粮食酒酿造的创始人。传说杜康幼年为人放羊，把吃剩的米饭放在一棵桑树的空洞中，时间一长，食物发酵，便闻到一股香气，也就是我们现在所说的酒香。杜康从中受到启发，经过反复试验和改进，终于酿造出原始的粮食酒——林酒，被后世称为“酒神、酒圣”和“酒祖”。曹操的“慨当以慷，忧思难忘；何以解忧，唯有杜康”为杜康酒文化的传播，起到了巨大的推动作用。

秦名相李斯。李斯（？—前208），楚国上蔡（今属河南）人，是秦代著名政治家。公元前247年，李斯来到秦国，利用机会给秦王上了《论统一书》，劝说秦王抓紧“万世之一时”的良机，“灭诸侯成帝业”，实现“天下一统”。秦王政欣然接受了李斯的建议，先任命他为长史，后又拜为客卿，命其制定吞并六国、统一天下的策略。李斯受到秦王政的重用后，以卓越的政治才能和远见，顺应历史发展的趋势，辅佐秦王政仅仅用了十年的时间，就先后灭了六国，于公元前221年建立了中国历史上第一个中央集权制的封建国家，完成了统一大业。秦朝建立以后，李斯升任丞相。他继续辅佐秦始皇，在巩固秦朝政权、维护国家统一、促进经济和文化的发展等方面做出了重大贡献。

中国第一次农民大起义的领袖陈胜和吴广。陈胜（？—前208），字涉，阳城（今商水西南）人。吴广（？—前208），字叔，阳夏（今太康）人。秦二世元年（前209）七月，朝廷征发民夫屯戍渔阳，陈胜、吴广为屯长。他们行至大泽乡（今安徽宿州东南），为大雨所阻，不能按期到达。按照秦法，过期要杀头。陈胜、吴广便发动戍卒起义，提出“大楚兴，陈胜王”的口号。陈胜自立为将军，以吴广为都尉，用已被赐死的秦始皇长子扶苏和楚将项燕的名义号召群众反秦。后来，陈胜、吴广相继牺牲，但各地起义军仍继续进行斗争。

西汉政论家晁错。晁错（前200—前154），颍川（治今禹州市）人，西汉文景时期的政论家。历任太常掌故、太子家令，很得当时的太子刘启（后来的汉景帝）的赏识，被称为“智囊”。当时外有匈奴侵扰犯边，内有商人兼并农民土地，可谓内忧外患。晁错曾先后上书言兵事和守边备塞，主张重农抑商、与民休息的政策，得到汉文帝的采纳。景帝即位后，晁错任内史，不久，升为御史大夫。他受到景帝的重用，竭力主张削夺同姓诸侯王的封地，以巩固中央集权。汉景帝三年（前154），吴楚七国借口“诛晁错，清君侧”，发动叛乱。曾任吴相的袁盎和外戚窦婴等人与晁错素来不睦，趁机建议景帝杀晁错以退诸侯之兵。景帝于是腰斩晁错于长安东市，但此举并未平息七国之乱。

小说鼻祖虞初。虞初（约前140—前87），号“黄车使者”，洛阳（今洛阳东）人，西汉小说家。汉武帝时为方士侍郎。其所作《周说》，共计943 篇，原书失传。据东汉人应劭所说“其说以周书为本”，就是说虞初是根据《周书》写成小说《周说》。因此有人估计《周说》很像是一部通俗的周史演义。由于《周说》的失传，虞初在中国古典文学中的地位没有得到确立，只在《汉书·艺文志》有记载。几乎所有的文学史都很少记载虞初的事迹和他的小说创作，鲁迅《中国小说史略》略有提及，其内容接近于《汉书·艺文志》。但实际上虞初对小说创作的贡献是不可磨灭的。后世称虞初为小说创作的鼻祖。《文选·西京赋》中说：“小说百家，本自虞初。”后人有以虞初为小说命名的，如《虞初志》《续虞初志》《虞初新志》等。虞初的《周说》对中国古代小说创作的影响由此可见一斑。

“大树将军”冯异。冯异字公孙，颍川父城（今宝丰县东）人，东汉名将。他精通兵法，治军严谨。为人谦虚退让，不与众将争功，行军驻扎的时候，众将坐在一起讨论谁的功劳大，冯异经常独自坐在树下，并不参与争论，军中称他为“大树将军”。东汉建国之初，冯异设计打败了赤眉军，光武帝亲赐诏书，褒奖冯异，称他“始虽垂翅回溪，终能奋翼黾池。可谓失之东隅，收之桑榆”。在渑池县仰韶乡回溪河北岸有冯异城，用黄土夯筑，传说是冯异当年平定赤眉军时所筑的城堡。据说冯异城是一夜修成，因此又讹传为“鬼修城”。

东汉名士陈寔。陈寔（104—187），字仲弓，颍川许（今许昌市东）人。少为县吏，后为郡西门亭长，转功曹。司空黄琼闻其品德高尚，荐为闻喜长，又任太丘长，为官清正。在“党锢之祸”中受到牵连，后遇赦，从此闲居乡间。陈寔论事公正，待人平等，乡间每有争论不决的事，便请他出面裁决。当时人说：“宁为刑罚所加，不为陈君所短。”一天晚上，有一小偷溜到他家里，藏在梁上，想趁机行窃。陈寔暗中发现，并未喊人捉拿，只叫了子孙来，训勉说：“人不可不自勉，不善之人未必本恶，习以性成，遂至于此，梁上君子者是矣！”小偷感愧交并，下地叩头请罪。陈寔勉励他改恶向善，并赠绢两匹。“梁上君子”的典故就出于此。汉灵帝中平四年（187）病逝，赴吊者达三万余人，谥“文范先生”。大文学家蔡邕亲自撰写了《陈太丘碑文并序》。

承魏启晋司马懿。司马懿（179—251），字仲达，三国时期河内温（今温县西南）人，出身于士族地主之家。他多谋略，善权变。初为曹操主簿，后为曹丕器重。曹丕临终前，令司马懿和曹真、陈群、曹休为辅政大臣，共同辅佐魏明帝曹叡。司马懿“受遗二主，佐命三朝”，对曹魏政权做出了重大贡献。后来他的孙子司马炎以晋代魏，统一了中国，建立晋朝，追尊司马懿为宣帝。今温县县城西南13公里处的安乐寨，是司马懿的故里。

东晋政治家谢安。谢安（320—385），字安石，陈郡阳夏（今太康）人，东晋时期的政治家。他年轻时多次谢绝朝廷征召，与王羲之等人纵情山水，论赏诗文音律。40多岁才出仕，历任征西大将军、吴兴太守、吏部尚书、中护军等职。大臣桓温专擅朝政，擅行废立，后率大兵入朝准备发动政变，慑于谢安等人的威望，未能得逞。孝武帝（司马曜）继位，桓温又求加九锡，并准备接受孝武帝的禅让，谢安等人故意拖延，直至桓温病死，使东晋统治延长了47年。桓温死后，孝武帝年幼，谢安任侍中，独揽朝政。谢安为相时，施政宽和。太元八年（383），前秦苻坚以号称百万之众伐晋，京师震恐。谢安任征讨大都督，坐镇建康，运筹帷幄，指挥谢玄等取得淝水大捷，这是中国历史上以少胜多的著名战例之一。淝水之战后，谢安进位太保、太傅，声望极高。

唐代名臣长孙无忌。长孙无忌（？—659），字机辅，洛阳人。先祖为鲜卑族拓跋氏，北魏皇族支系，后改为长孙氏。他是唐太宗李世民的内兄，文德顺圣皇后的哥哥。隋义宁元年（617），李渊起兵太原，长孙无忌进见，李渊爱其才略，授任渭北行军典签。从此开始辅佐李世民，是唐朝的开国元勋。论功行赏，长孙无忌以功最大，封为齐国公，后迁赵国公。唐武德九年（626），参与发动玄武门之变，帮助李世民夺取帝位。历任尚书仆射、司空。贞观十一年（637），他奉命与房玄龄等人修撰《贞观律》。贞观十七年，在凌烟阁画二十四功臣像，长孙无忌位列第一。

史学家司马光。司马光（1019—1086），字君实，北宋著名历史学家。他虽祖籍是山西夏县，但生于光山县（今属河南），并在中原度过了大半生。宝元进士，治平三年（1066）编撰八卷《通志》上奉英宗，英宗令设局续修，神宗赐书名曰《资治通鉴》。王安石实行新法时，他以“祖宗之法不可变”为由，极力反对，神宗命他为枢密副使，后辞归洛阳十五年，编撰《资治通鉴》。哲宗即位，高太后听政，召他入京主持国政，任尚书左仆射兼门下侍郎，为相八个月病逝，谥“文正”，追封温国公。著有《司马文正公集》《稽古录》等。

精忠报国的岳飞。岳飞（1103—1142），字鹏举，相州汤阴（今属河南）人，南宋初抗金名将。世代务农，自幼喜读兵书，从军后，以恢复中原为己任，屡破金军。历任荆湖东路安抚都总管、河南北诸路招讨使、枢密副使等职。绍兴十一年（1141），大败金军，乘胜追至朱仙镇（在今开封南），黄河南北的军民闻风响应，正待收复失地，宋高宗赵构采用秦桧奸计，一日连发十二道金牌迫其退兵。此后不久，即以“莫须有”罪名加以诛杀。孝宗淳熙六年（1179），赐谥武穆，宁宗嘉定四年（1211），追封鄂王。有《岳忠武王集》传世。以爱国主义思想为核心的岳飞精神已成为中华民族的巨大精神财富，“岳母刺字”“精忠报国”的千古佳话代代传颂。

铮铮铁骨史可法。史可法（1602—1645），字宪之，号道邻，河南祥符（今开封）人，其出生地今属中牟县。明末大臣。崇祯元年（1628）进士。历任都察院右佥都御史，巡抚安庆、庐州、太平、池州四府。崇祯十六年七月，升任南京兵部尚书，参赞机务。十七年三月，李自成攻占北京，马士英等人在南京拥立福王朱由崧，任用史可法为礼部尚书兼东阁大学士。清顺治元年，也就是明崇祯十七年十一月，清兵分三路南下，史可法由扬州到白洋河，部署诸镇，以图巩固河防。总兵许定国降清，史可法无奈退保扬州。顺治二年（1645）四月，左良玉以清君侧、讨伐马士英和阮大铖为名，举兵东下，福王急令史可法赴安徽堵截。史可法认为清兵日益逼近，应以护卫南京为要务，福王严加斥责，他只得率兵到达燕子矶。此时左良玉之子左梦庚已经降清，史可法奉命北返，再回扬州，以抵挡清兵。这时清军已渡淮南下，扬州兵寡粮少，保住的可能性很小。史可法决心以身殉国。二十五日，城破，史可法被俘，宁死不屈，在军前被杀害。次年，其子史德威把他的衣冠葬于扬州天宁门外的梅花岭。清乾隆年间，追谥“忠正”。

第三章　地理：山川形胜间的文化与自然遗产

中原是一片古老的热土，说其古老，是因为这片土地到处浸润着文化；说其是热土，是因为这里到处展现着一派勃勃的生机。

人类文化进程中，起重要作用的是聚落。聚落包含有与农耕文明相关联的村落，与商业繁荣相关联的市镇，与政治权力相关联的都邑。在中原，无论村落，无论市镇，无论都邑，以及与之相关的山山水水，都闪耀着文化的灵性。“中原城市群”是一个伟大的构想，这个构想的基础是历史时期的“中原古都群”，这些古都的废墟，或者早已湮没于黄土之下，或者还分布在城市的某一个角落，形成城市发展的文脉。

在河南，主要的城市几乎都有以某种文化作为符号的可能。郑州有商城，特色是早商文化；安阳有殷墟，特色是晚商文化；洛阳是十三朝古都，特色是圣城文化；开封是宋都，特色是北宋文化；许昌是汉都，特色是汉魏三国文化；南阳是帝乡，特色是东汉文化；商丘是商人与商族起源地，特色是商业文化；周口有伏羲都与陵，特色是姓氏文化…… 这就是中原城市的历史与文化的符号。

在河南，还有一些精致的市镇，也浸润着文化。因宋代东京门户而著称的朱仙镇，至今还保留着印制木版年画的传统；因水陆交通便利、发达而著称的周口镇，至今还保留着规模宏大的关帝庙；因商贸而闻名的社旗镇，至今还保留着精雕细刻的山陕会馆；因处于豫、陕、鄂交界而有“一脚踏三省”之称的荆紫关镇，至今还保留有明清一条街的古朴风貌……在中原，这个人类开发最频繁与最悠久的地区，也还保留有古老的村落：卫辉小店河村，依山而建的整体设计风貌，堪与江南村落媲美；郏县红石寨的寨墙，所展现的防卫系统，是战乱时期中原村落自卫的历史活化石；博爱寨卜昌的深宅大院，反映了明清怀庆商人的殷富与生活的精致程度；内乡吴垭的石头村，是人们利用自然，天人合一的见证；还有巩义康百万庄园、商水叶氏老宅、原阳夏家院、三门峡的地坑院……这些特色民居，都是中原村镇文化的风情展示。

在河南的奇山秀水之间，优美的风光与古老的文化交相辉映。神农山的炎帝文化，始祖山的黄帝文化，老君山的老子文化，石人山的尧帝文化，云台山的“竹林七贤”文化，桐柏山的宗教文化，昭平湖的刘累文化，三门峡水库的大禹文化，等等。这就是中原的山水，浸润了数千年的中原文化。

毫无疑问，城乡山水之间的文化与自然遗产，正是中原历史悠久、文化发达的见证。

第一节　都城文化

城是人类社会的重要聚落形态，在历史上是一种文化的象征，是历史文化的特殊产物。中国古代的城是指带有墙垣的聚落中心，是一种防御设施。《说文解字》曰：“城，以盛民也。”段玉裁注：“言盛者，如黍稷之在器中也。”《穀梁传·隐公七年》载：“城为保民为之也。”《吴越春秋》说：“筑城以卫君，造郭以守民。”古都是特殊范畴的城市，是城市制度的最高形式。《释名》说：“都者，国君所居，人所都会也。”《广韵》说：“天子所宫曰都。”《左传·庄公二十八年》载：“邑有宗庙先君之主曰都，无曰邑。”这些记载表明，都城是一个国家的政治中心，君主居住并行使权力的宫殿宗庙建筑是古都的核心和主体。都城文化包括了古都文化和历史文化名城文化两大部分。

古都是指一个不受外来控制的独立王朝的政治中心。古都文化不仅包含了都城形成、发展、繁荣与萧条本身，还包含了都城内政治、经济、艺术等多方面的成就。悠久的历史，众多的民族，几十个朝代和政权的兴替，产生了丰富的都城文化。在我国二百多个古代都城中，每一个都城都是当时政治、经济、文化的中心。不同时期的古代都城，反映了我国不同时期政治、经济和文化的最高成就，在某种程度上，中国古代都城文化也是中国古代文化的缩影。

历史文化名城是指那些曾经是古代政治、经济、文化中心或近代革命运动和重大历史事件发生地的重要城市。古都以其悠久的历史和特殊的文化内涵，基本上也都属于历史文化名城。名城文化也包含了一个城形成、发展、繁荣与萧条的历史轨迹以及该城政治、经济、艺术等多方面的成就。

一、河南都城文化的概况

河南地处黄河中下游，位居九州之中，被视为“中国之处而天下之枢”。自夏商至北宋，帝王之家多在郑州、洛阳、安阳、开封建都，中华文化多以中原文化为中心。

据不完全统计，中华古都有200余个，河南有包括列入中国十大古都的郑州、安阳、洛阳、开封，以及新郑、濮阳、禹州、淮阳、许昌、汤阴、商丘、淇县、南阳、邓州、沁阳等，共计15处。郑州、安阳是有名的商代都城，洛阳号称十三朝古都，开封是七朝京都，新郑先后是战国时郑国和韩国的都城，濮阳是战国卫的都城，沁阳是卫国末年都城，禹州也是韩的都城，淮阳是楚国的都城，淇县是项羽所封殷王的都城，南阳是两汉之际董䜣的都城，商丘睢阳是汉帝刘永的都城，许昌是东汉末年的都城，邓州是隋唐之际楚帝朱粲的都城。迄今考古发现的中国最早的古都是偃师二里头夏代都城。偃师商城文化内涵丰富，在目前缺乏明确文字资料的条件下，被作为夏商文化的界标，其小城和宫城的布局是中国古代城市建设中具有中轴对称格局的最早实例。殷墟是商代晚期的都城，发现的甲骨文是世界三大最古老的文字体系之一，甲骨卜辞中的某些内容，可与文献记载中的商王朝相联系，证实了商王朝的存在，使《史记·殷本纪》等文献所记载的内容成为信史。汉魏洛阳城标志着中国古代城市建设发展的成熟，是中国古代都城规划体系的典范。北宋东京城开放式的布局在中国古代城市发展史上占有举足轻重的地位。中国有十大古都，河南占其四，而且河南古都之早、之多为其他省市望尘莫及。

河南丰厚的文化底蕴，造就了众多历史文化名城，它们大多曾是历史上某个朝代的都城，或是某个朝代的封国之都，大多居于交通要冲，或是著名的商业都会。国务院先后公布了三批及34座增补城市，共计133座。国家级历史文化名城中，河南有8座。河南省级历史文化名城（镇）共63座。众多的古都名城，犹如镶嵌在中州大地上的颗颗璀璨明珠，散发着夺目的光芒。

名　城	文化特征	级　别	名　城	文化特征	级　别
郑州	商都文化	国家级	巩义	宋陵文化、河洛文化	省级
安阳	商都文化、佛教文化	国家级	沁阳	乐圣文化、太行文化	省级
洛阳	十三朝古都、佛教文化	国家级	禹州	钧瓷文化、中药文化	省级
开封	宋文化	国家级	卫辉	比干文化	省级
南阳	汉文化	国家级	邓州	教育文化	省级
商丘	先商文化、商业文化	国家级	新县	红色文化	省级
浚县	宗教文化、庙会文化	国家级	淮阳	伏羲文化、姓氏文化	省级
濮阳	史前文化、龙文化	国家级	淇县	商周文化	省级
许昌	三国文化	省级	汤阴	周易文化	省级
济源	道教文化、济水文化	省级	汝南	名人文化、梁祝文化	省级
新郑	黄帝文化、郑韩文化	省级	睢县	春秋文化	省级
登封	宗教文化、武术文化	省级	社旗	商业文化、会馆文化	省级

二、河南都城文化的亮点

“羲皇故都”淮阳。淮阳位于淮河之北，豫东平原腹部，古称宛丘、陈、陈国、陈县、陈郡、陈州，相传三皇之首太昊伏羲氏和炎帝神农氏先后在此定都。周初，武王封舜帝后裔妫满于陈，为十二大诸侯国之一。战国时期，楚顷襄王迁都于陈城。秦末，陈胜、吴广在这里建立了第一个农民起义政权“张楚”政权。西汉刘邦子刘友为淮阳王。三国时期，曹植被封为陈王。中国第一部诗歌总集《诗经》即载有《陈风》十首，曹植、李白、李商隐、张九龄、苏轼、苏辙等文坛巨匠都曾在这里留下歌咏淮阳的不朽诗篇。厚重的历史文化为淮阳留下了星罗棋布的名胜古迹，其中太昊伏羲陵庙为中国十八大名陵之首，号称“天下第一陵”。淮阳泥泥狗被誉为“真图腾、活化石”。

位于淮阳县城东南4公里的平粮台城址，平面呈正方形，有南、北两个城门，面积达5万多平方米。城门内有对称的门卫房设施。南门门道路之下发现有长约5米的陶排水管道，是先在门道下挖一条北高南低、上宽下窄的沟渠，沟底铺一条陶水管道，其上再并列铺两条陶水管道。管道为直筒形，一端稍细，一端较粗，每节小口套入另一节的大口内，节节套扣，是迄今我国发现的最早的排水设施。平粮台城址中，土坯被普遍使用，门卫房的设置以及陶水管道的铺设，显示了建筑技术的进步，对研究中国古代城市的起源和发展都有重要价值。

黄帝故都新郑。新郑位于河南省中部，北临郑州市，是中华民族人文始祖轩辕黄帝的诞生地和建都地。据记载，春秋时在具茨山风后顶就建有轩辕庙，至迟在汉代轩辕丘即建有轩辕故里祠。至今，新郑有许多地名、山名还是以有熊氏轩辕黄帝和他的父亲少典之名命名的，诸如有熊、少典之墟，轩辕丘、黄帝口、风后顶等。在新郑流传有许多黄帝的传说故事，有30多首黄帝在新郑活动的诗歌。因此，新郑被称为“轩辕故里”“中华第一古都”。战国时，郑、韩也先后在此建都，新郑是当时最著名的都城。新郑是春秋名相子产、明代政治家高拱等历史名人的故里。此地素有“露天博物馆”之称，这里是裴李岗文化的发现地，有东周车马坑、郑韩故城、后周王陵、欧阳修陵园等名胜古迹。

二里头宫城遗迹。遗址位于洛阳盆地的东部，北临洛河，南临伊河，坐落在洛、伊两河的夹河滩上。由外围纵横交错的道路网、宫城四周城墙以及其中成组排列的400平方米以上的大型夯土建筑基址构成的二里头遗址宫城遗迹，面积不小于12万平方米，是目前我国发现的最早的宫城遗迹。其中，居中的一号宫殿建筑基址平面略呈正方形，周长近400 米，面积近1万平方米，由主体殿堂、南面大门、四周回廊及东面、北面侧门等组成，是我国迄今发现的年代最早、规模较大、保存较好的宫殿建筑基址。

先商文化的发祥地商丘。商丘位于黄淮平原西部，豫、皖、鲁三省交界处，为豫东门户。商丘传为上古帝王之都，帝颛顼曾建都于此。帝喾子契佐禹治水有功封于商，为商族人的始祖。约公元前16世纪，契的裔孙成汤，建立了商王朝。所以说，商丘是先商文化的发源地。西周成王封殷商后裔微子启于商丘，称宋国。西汉时，为梁国。宋朝时，商丘称应天府，为陪都南京。这里是庄子、传奇巾帼英雄花木兰的故里，这里有应天书院、芒砀山汉墓群、陈胜墓等众多名胜。

偃师商城是中国迄今发现最早的带有池苑遗迹的都城。偃师商城遗址位于偃师市区西南隅，北依邙山，南临洛河，西南距二里头遗址6公里。池苑遗迹位于宫城祭祀区的北部，其中央的石砌大水池处于宫殿北部正中，平面长方形，东西长约130米，南北宽约20米，现存深度约1.5米，最深达2.1米。中部较深，南北两边稍浅。池底弧凹，未铺石块。水池的四壁用自然石块垒砌，坍塌严重。水池南部中央，有水榭类建筑遗存。在水池的东西两端各伸出一条石砌水渠，通过宫城后往北折，然后又分别向东、西拐折，分别从东一城门、西一城门下通往城壕。

商都郑州。郑州是河南省会，北临黄河，西依嵩岳，东、南两面是黄淮平原，正位于中华民族发祥地的中心地带，曾经书写了中国历史的早期辉煌。据载，黄帝部族的聚居区分布在今天郑州市的区划范围之内，夏、商王朝都曾在这里建都。周初，这里是武王弟管叔的封地管国之都。郑州商城至今耸立在地面，巍峨的城垣、气势磅礴的青铜重器，显示了商城的王都地位。这里还有黄帝故里，有迄今发现的中国唯一一座仰韶文化时代的城址——西山城址，有少林寺、中岳庙、北宋皇陵、北魏石窟寺、杜甫故里等诸多名胜古迹。

殷都安阳。安阳位于河南省北部，晋、冀、豫三省交界处，是豫北门户。自古以来，这里就是中华民族生息繁衍的摇篮之一。这里有被考古界称为“小南海文化”的25000年前的原始人洞穴遗存，有后岗的仰韶、龙山、小屯三层文化的地层叠压，有4000多年前的古帝颛顼、帝喾陵。这里是甲骨文的故乡，有全国第一个甲骨文档案库。商代晚期都城遗址殷墟的发现与发掘，在“中国20世纪100项考古发现”评选中名居榜首，殷墟现已是世界文化遗产。著名历史学家郭沫若曾留下“洹水安阳名不虚，三千年前是帝都”的著名诗句。曹魏、后赵、冉魏、前燕、东魏、北齐时安阳为邺都之地。历史上著名的妇好请缨、文王演易、苏秦拜相、西门豹治邺等重大事件都发生在这里。安阳还是红旗渠精神的发源地，红旗渠被称为“人工天河”“世界第八大奇迹”。

十三朝古都洛阳。洛阳位于河南省西部，地处洛阳盆地的中心，居“天下之中”，素有“九州腹地”之称，地理位置非常重要。“昔三代之居，皆在河洛之间”，自公元前770年周平王迁都洛邑起，先后有东汉、曹魏、西晋、北魏、隋、唐、后唐等13个朝代在此设都。作为国都，洛阳曾经历过几次大规模的营建，迄今已发现的都城遗址包括偃师二里头夏代都城遗址、偃师商城遗址、周王城、汉魏洛阳故城、隋唐洛阳城、北宋西京城等，洛阳盆地也因此成为中国目前古代都城遗址最集中的地区。以洛阳为中心的河洛地区是中华文明的重要发祥地之一，以“河图洛书”为代表的河洛文化是华夏文明的重要源头。佛学首传于此，玄学肇始于此，理学光大于此。丰厚的文化积淀给洛阳留下了众多光彩夺目的文化遗产，如天子驾六博物馆、白马寺、龙门石窟、古墓博物馆、千唐志斋、关林、白园、二程墓等等，数不胜数。

“帝乡”南阳。南阳位于河南省西南部，处于南阳盆地的中心。古称宛，战国时期已是全国著名的冶铁中心。两汉时期，南阳经济文化的发展达到历史上的鼎盛时期。西汉时期，南阳水利与关中郑国渠、成都都江堰齐名，并称全国三大灌区，“商遍天下，冠富海内”。东汉时期，南阳为光武帝刘秀的发迹之地，故有“南都”“帝乡”之称，又由于加强了南方的开发，南阳也成了南北交通的要冲，东西往来的通道，是五都（南阳、洛阳、临淄、邯郸、成都）之一，也是全国设工官的9个地区和设铁官的46个地区之一。汉代南阳人才辈出，光武帝的“云台二十八将”中有十一位出自南阳，还孕育出了“科圣”张衡、“医圣”张仲景等文化名人。丰厚的历史文化积淀，使南阳拥有众多具有深厚文化底蕴的人文景观，如淅川楚墓群、张衡墓及故里、张仲景墓及祠、武侯祠等。尤其是南阳出土有众多的汉画像石和画像砖，被称为“绣像汉代史”，有现今全国规模最大的汉画馆。

汉魏洛阳故城是中国古代都城规划体系的典范。汉魏洛阳城原为成周故城，城近长方形，南北长九里余，与《考工记》“方九里”接近。宫城位于城之中部，城内道路采用经纬涂制。北魏时加建外郭城，并将宫室集中于城中央偏西处。该城以宫城为中心自分布其他功能区，突出了宫城的位置；废弃后市，设置东、西、南三市，扩大了传统的集中市制；采用井田方格网统一里制。汉魏洛阳城继承了《考工记》营国制度宫、城、郭三重环套的传统配置形制，又发展了营国制度强调中轴线主导作用的传统，将此主轴线延伸到洛南圜丘，尤为有力地强化了这条轴线对全局的控制作用。汉魏洛阳城的规划体制为中国封建社会中期社会城市规划体制打下了基础，隋唐长安城就是在此基础上发展而来的。

“中国三国文化之乡”许昌。许昌位于河南省中部。许昌之名始于三国魏黄初二年（221），文帝曹丕因“汉亡于许，魏基昌于许”，而改许县为许昌，是魏五都之一。许昌以三国文化著称，关羽辞曹挑袍、秉烛夜读等三国故事广为流传；“三曹”以及“建安七子”，开创了彪炳史册的建安文学，使许昌成为建安文学的发祥地。许昌三国胜迹颇为有名，有汉魏故城、灞陵桥、春秋楼、曹操射鹿台、练兵台、屯田处、神医华佗墓等，是国家列入“三国文化旅游圈”的重要城市之一，被中国民间文艺家协会命名为“中国三国文化之乡”，挂牌成立中国三国文化研究基地。此外，许昌还是秦国丞相甘罗、西汉御史大夫晁错、唐代“画圣”吴道子的故里。

宋都开封。开封古称汴梁，位于河南省东部，处于豫东大平原的中心位置，是一座具有悠久历史的文化名城。春秋时期，郑庄公在此修筑储粮仓城，取“启拓封疆”之意，定名为“启封”，后避汉景帝刘启之讳改名为开封。战国时期的魏，五代的后梁、后晋、后汉、后周，北宋和金7个王朝定都于此。尤其是北宋时期，开封“人口逾百万，货物集南北”，是当时全国的政治、经济、文化中心，也是国际性的大都会，有着“琪树明霞五凤楼，夷门自古帝王州”“汴京富丽天下无”的美誉。北宋画家张择端的《清明上河图》和孟元老的笔记《东京梦华录》，生动地描绘了开封当时的繁华景象。这一时期的开封，涌现出了清正廉明的包公、满门忠烈的杨家将、变法图强的王安石等一大批具有重要影响的历史人物，对中国历史的发展产生了重大影响。开封是“宋文化”的发源地，各种民间艺术对中原文化产生了广泛而深远的影响。这里是豫剧“祥符调”的发源地，朱仙镇的木版年画是中国四大木版年画之一，汴绣是中国五大名绣之一。

全面反映繁华北宋都城的经典文献《东京梦华录》。《东京梦华录》，宋代孟元老著，是反映北宋都城开封最为全面、完整的笔记体历史名著，其体例为后世许多著作所沿用。《东京梦华录》涉猎的对象上至皇胄贵族，下至黎民百姓，内容包罗手工业、商业、饮食、文化娱乐、社会风俗等各个方面。所载如实地描绘了北宋汴京各阶层人民栩栩如生的物质文化生活画面，记录了当时商品经济发达的繁华景象，为我们留下了大量珍贵的形象史料和文献资料。

“中国陶瓷文化之乡”、全国四大药材集散地之一的禹州。禹州位于河南省中部，地处伏牛山余脉与豫东平原的过渡地带。禹州曾是夏部族活动的中心区域，大禹因治水有功在此受封“夏伯”。禹之子启继位之后，于禹州境内的钧台大宴天下诸侯。战国时，曾为韩国都城。起源于此的钧瓷是我国古代五大名瓷之一，宋代以来即享有“黄金有价钧无价”的盛誉。禹州市中药材种植历史悠久，唐朝时，“药王”孙思邈曾长期游居禹州。到明代，禹州已成为全国四大中药材集散地之一，是名副其实的“药都”。

“茶都”信阳。信阳位于河南省南部，鄂、豫、皖三省交界处。夏、商、西周时期，信阳即已建立了申、息、黄、蒋、蓼等诸侯国，号称千乘之国，北结齐郑，南抗荆楚。信阳有许多引以为傲的历史名人：一代名相孙叔敖，造田兴水，使楚国富甲一方，其设计并主持修建的期思陂，是中国古代最早的一项大型水利工程．唐代“开漳圣王”陈元光、“闽王”王审知，把中原文明传播到福建、台湾等地；倡导“文必秦汉，诗必盛唐”的一代文豪何景明，为明代文学界“前七子”的代表人物；对植物学与矿产学有很深造诣的清朝状元吴其濬；等等。信阳是著名的茶都，唐代“茶圣”陆羽在《茶经》中把全国划分为八大茶区，信阳归淮南茶区，北宋时苏东坡称“淮南茶信阳第一”。

第二节　城镇文化

村镇是乡村和集镇的合称，村镇文化在社会学上是指农村和集镇在长期发展过程中逐渐形成的历史传统、价值观念、村镇精神、伦理道德、社会习俗、宗教信仰、社会心理等意识形态的总和。在此讲的村镇文化，主要是指历史上知名的古村、古镇，历经多年风雨，其环境、建筑、历史文脉、传统氛围依旧得到保存，这些村镇的历史演变、村镇选址、街区规划、建筑构造、民居风格、院落布局、装饰技巧、风土人情等构成了村镇文化的内容。

现代人在追求工业文明时代物质生活的同时，却留恋农业文明时代的情感。那些原生态的古村镇文化对长年生活在都市里的人们有着强大的吸引力。吃农家饭、走乡间路，自由地呼吸着古村镇所散发出的淳朴的田园文化气息，使长期处于快节奏生活的都市人得到极大的满足。近几年，在"黄金周"期间，热衷于古村镇旅游的人数明显增多。一些昔日默默无闻的古村镇，变成了人们向往的地方，这给古老的村镇带来了生机，同时也受到了旅游者和外来文化的冲击。在中原辽阔的土地上，众多的古村古镇如一颗颗闪耀的珍珠，星罗棋布在山川河流、丘陵平原之间，悠远古老的文化和乡土的智慧凝聚其中。随着地理条件、历史变迁、文化传承的不同，这些村镇呈现出多元的建筑和人文特色。

一、河南村镇文化的概况

在河南，有许多保存完整的古镇、古街区、古村落、古建筑、古村寨、古庄园，传承了丰富的经济、社会和文化等方面宝贵的历史信息。

河南古镇：古镇是介于城市和乡村的大型聚居地，是在商贸、政治、军事等因素推动下发展起来的。由商贸因素形成的古镇有的是古码头或渡口，如朱仙镇、荆紫关、逍遥镇、道口镇等；有的是几个行政区交界处的政治、经济、文化中心，如神垕镇、赊店镇、水冶镇；有的是因为工业的发达而形成，如宝丰的大营口镇，是汝官瓷的产地。其中朱仙镇与佛山镇、汉口镇、景德镇合称为明清时期中国四大名镇，而回郭镇、赊店镇、朱仙镇、荆紫关镇则被称为河南四大名镇，神垕镇、荆紫关镇、赊店镇、朱仙镇、竹沟镇、古荥镇、冢头镇、嵖岈山镇、道口镇、白雀园镇又被评为中国历史文化名镇。

河南古村：古村是先民集体生活的地方，以宗族聚居为特色，沿袭古老的文化传统和习俗，坚守自己的伦理和道德规范。由于远离城市和现代文明，古村较多地保存了民居和宗族建筑等的原始风貌，是中原乡土文化的浓缩。中原古村大致分为几种类型：一种是以特色民居见长，如三门峡市陕州区庙上村的地坑院、内乡县的吴垭村；一种是以村落选址、布局见长，如卫辉市的小店河村；一种是以保存完整的特色建筑群见长，如博爱县的寨卜昌以及被评为中国历史文化名村的郏县临沣寨。中原大庄园是富商巨贾、名门望族的宅院，大多有庞大的、布局统一的建筑群，其建筑水平都达到了当时的巅峰，无论是庄园的建筑，还是其中陈列的古代生活遗迹，都向世人展示了古代地主豪族的奢华生活。其中，康百万庄园规模最大，保存最好，是中原庄园的杰出代表。

二、河南村镇文化的亮点

浓缩中国6000年历史的安阳渔洋村。渔洋村位于安阳县西北方向22公里处，隔漳河与河北省相望。村子有一古渡口，古称“三虎津”，清朝至民国渔洋村被称为渔洋镇，那时，河北、内蒙古、陕西等地客商都在这里渡河。这里曾舟船林立，繁华一时。在这个不足千户的小村庄里，完整地记录着6000年不断代的中华文明史。从仰韶文化、龙山文化、下七垣文化，到商、春秋战国、汉代、北朝（东魏北齐）、宋、元、明、清，乃至民国、新中国抗美援朝等各个历史时期的发展、演变，都能在这里找到实物和印记。渔洋村为世人提供了一个中国普通村落6000年演变的标本。

地平线下的古村落豫西庙上村。庙上村位于三门峡市陕州区南20公里处的西张村镇，村里180户，有140户居住在地下数米的地坑院内。地坑院，也叫天井窑院，或称“地下四合院”，距今已有4000年的历史，是人类“穴居”发展演变的实物见证，是黄土源区独具特色的民居，具有坚固耐用、冬暖夏凉等特点。这种“见树不见村，见村不见房，闻声不见人”的独特民居，被誉为“人类穴居的活化石”“地平线下的古村落”。天井民居作为古代穴居方式的遗存，具有“原生态建筑”和“天人合一”的特征，有着较高的历史学、建筑学、地质学和社会学价值。

中国钧瓷之都千年古镇神垕镇。神垕镇位于禹州市城区西南的伏牛山余脉，是钧瓷艺术的发祥地。早在夏、商时期这里就有人类居住，自唐代出现钧瓷以来，神垕逐步发展成为中国北方陶瓷中心之一。宋时称神垕店，明代开始称神垕镇，为禹州、郏县、汝州三县市交界处的经济、文化、商贸中心。目前，神垕镇有省级文物保护单位一处，各种古寺庙、古民居、古祠堂等四十余处，镇上有很多传统建筑和富有地方特色的民宅、胡同。

有“中华御酒之乡”和“天下第一店”美誉的赊店镇。赊店镇位于南阳盆地东北边缘，是社旗县人民政府所在地。据传，刘秀为推翻王莽兴复汉室，率领一批将领到古镇酒馆商议起兵大事，酒兴正浓，忽见“刘记”酒幌迎风飘舞，刘秀拍案大起曰：“天助我也！”遂赊酒幌为帅旗，兴兵南阳。赊店镇也因汉光武帝刘秀曾在此“赊旗访将，起师推莽”而得名。刘秀登基后念酒店老板赊旗有功，封酒馆为“赊旗店”，酒为“皇封御酒——赊店老酒”。自此，天下店，数赊店，名扬古今。赊店镇清代康乾年间最为繁盛。鼎盛时期全镇有流动人口十三万，五百多商号总集百货，七十二道街分行划市，现存较为完整的古街道有十余条。目前，镇内有全国重点文物保护单位山陕会馆和省级文物保护单位火神庙等，并有许多保存完好的清代商业民居建筑、古码头和古城墙，特别是清代七十二道街的布局尚在，是中国清代商业发展史的一个典型缩影。

中国木版年画之乡朱仙镇。朱仙镇位于开封市南。相传战国时此地称为仙人庄，因为名人朱亥在此居住，故称为朱仙镇。朱仙镇自唐宋以来，一直是水陆交通要道和商埠之地，明朝时是开封唯一的水陆转运码头，朱仙镇因此而迅速繁荣。朱仙镇的全盛时期是明末清初。当时全镇人口二十多万，民商四万多户。镇内街道纵横、百货云集。朱仙镇被评为“中国木版年画艺术之乡”。朱仙镇的木版年画，起源于唐代，为中国木版年画的鼻祖。朱仙镇现存有清真寺、岳飞庙、关帝庙、启封城遗址等历史遗迹。

一脚踏三省的商业重镇荆紫关。荆紫关位于淅川县西北边陲，地处豫、鄂、陕三省接合部，素有“一脚踏三省”之称。相传秦汉时期，此地已驻将设关。秦时称“草桥关”，宋代称“荆籽关”，清代改为“荆紫关”，取“紫气东来”的寓意。荆紫关处于汉江上游水陆转运的中心点，背山面水，既是一座水陆码头，又是一处背阴抱阳的风水宝地，其选址十分讲究。明清时期，随着商业贸易的发展，商行之间为了争夺市场，联络客商，各帮会都请本省的能工巧匠在荆紫关修宫建馆，形成了长2.5公里的古街道，使这座古镇的种种建筑异彩纷呈，各有特色。著名的有平浪宫、禹王宫、万寿宫、山陕会馆、清真寺等。荆紫关是中国北方水陆码头最完整、最具规模的一个古代集镇范例。荆紫关建筑的设计、建造及装饰，都表现出南北文化交汇融合的特征。

悬崖上的村庄郭亮村。郭亮村位于辉县市太行山区的沙窑乡，建在悬崖之上，海拔1752米，以奇险著称，号称悬崖上的桃花源。自秦汉开始，晋陕一带人家逃难到此地，西汉末年，逐渐形成村子。新莽时期农民起义领袖郭亮兵败后，逃到此地，后代在此繁衍生息，故名郭亮村。通往郭亮村的有两条路，一是天梯，二是郭亮洞。天梯是百丈悬崖上仅容一人过的绝壁小路，建造于明代，没有拦隔，无比艰险，在1977年之前是村子通往中原的唯一道路。后来村民自发集资在无电力、无机械的恶劣条件下，历时五年，硬是在绝壁中凿出一条高5米、宽4米、全长1200余米的石洞——郭亮洞。这是个现代愚公移山的故事。

中原第一红石寨——临沣寨。临沣寨位于郏县堂街镇西南，始建于明末，重修于清朝同治元年（1862），整个村落被一种浅红色条石砌筑的寨墙紧紧围着，故当地人又称临沣寨叫“红石寨”或“红石古寨”。围长约1100米、高6米多的寨墙上有城垛800个。由临沣寨通往村外的是东、西、南三个寨门，其中西寨门取名“临沣”，东寨门取名“溥滨”，意为此寨濒临沣溪、利溥两水。临沣寨现存布局完整的明清四合院10余处，古建筑100余座，古寨墙、寨河、寨门、祠堂、寺庙、井、桥、墓葬、古树等一应俱全，为中原地区少有的一处保存完好的古代村落，有“中原第一红石古寨”“古村寨博物馆”之称。其洼地聚落、古寨墙、古寨河、明清时期古民居、宗祠、关帝庙等融为一体，是中原民居文化中一块不可多得的瑰宝。

中国三大庄园之一的康百万庄园。康百万庄园地处巩义市北2公里处，始建于明末清初。“康百万”是明清以来对康应魁家族的统称，康家因慈禧太后的封赐而名扬天下。康百万庄园是17世纪、18世纪黄土高原封建堡垒式建筑的代表。它按照“天人合一、师法自然”的原则选址，靠山筑窑洞，临街建楼房，濒河设码头，据险垒寨墙，院院独立，又院院相通，综合了宫廷、庙宇、民房、园林等艺术特点，是一个集农、官、商于一体的大型地主庄园。与四川刘文彩庄园、山东牟二黑庄园并称为全国三大庄园。全庄园由19部分组成，占地240余亩，1300多间房舍。展室摆放的有名人字画和古玩珍宝，其中“留余”匾入选“中国名匾”，是康家教育子弟的家训匾，由清朝翰林编修牛瑄撰写。康百万庄园目前保存下来的有10个部分，共33座庭院、571座窑洞和各式房屋，建筑面积有6.43万平方米。

中原奇特的百年庄园——彭氏山庄。彭氏山庄位于新县的毛铺村，由灵宝县盐官彭颂臣兴建于清光绪年间。建筑面积1.8万平方米，拥有150余间房屋，房间高度达8.2米，拥有亭台轩榭、炮楼、宗祠、戏楼等安全和文化设施，是一个集吃、住、休闲、娱乐于一身的城堡。庄园建筑有徽派民居的影子，如高高的马头墙、青色的蝴蝶瓦；也有赣北建筑的遗风，如在每所院落都有呈“口”状的天井。中国民居，素来传承一个特征：坐北朝南。彭氏山庄偏偏却是坐西朝东。庄园坐落的位置，正暗合了风水里最尊贵的说法：山之阳，水之阴，为宝地。

完美的神龟探水小店河村。小店河村位于卫辉市狮豹头乡，从远处看像一头巨龟，整个村寨建在龟背上，龟的头部伸向沧河，这一自然地势被称为“神龟探水”。当年一个懂风水的山西书生阎榜发现此地，遂奉母携子，搬迁到此，在沧河边开一小店铺为生，因此称为“小店河”。小店河民居，有清末南北建筑融合的特征。小店河民居浑厚的堂房、古朴的门楼，是典型的北方风格；而雅致的绣楼，院落彼此相连，曲径通幽，又显出南方特色。现在该村保存有寨门、寨墙、阎氏家祠、武秀才院、文秀才院、姑娘住的绣楼等10座院落、23进四合院、86座房屋。

中原小故宫——叶家大院。叶家大院位于商水县城西北16公里的邓城镇，是一座仿故宫样式建筑起来的庄园。它有着故宫一样的午门、故宫一样的布局，还有着不同凡响的五门照和精美的徽雕，被誉为中原小故宫。叶家是从外地迁至邓城的，起初并不富裕，后来由于叶家先祖拾金不昧，得一珠宝商帮助，加上勤俭持家，慢慢发达。自康熙年间开始，叶家开始陆续建造楼房，至乾隆、嘉庆时期已经盖成五六座庄园，成为一个长达200米、宽100米的庞大建筑群。后来这些建筑陆续遭到破坏，至今只剩下三个，其中西建筑群相对比较完整，而中建筑群只剩下一个门楼和西厢房，东建筑群只剩下一个高大的门楼。

无处不石头的宛西石头村吴垭村。吴垭村位于内乡县岞岫乡，建于清末，是以石头为原料，依山而建的小山村。在村里看到的几乎都是青色的石头房，石头房平面布局主要呈“凹、日、目”三种字形，大多为院落式三合院，也有两进院、三进院的。卧室、厨房、畜圈、储藏间等功能不同的空间各有分隔。从外面看，墙壁上的缝隙很大；而从里面往外看，一点缝隙都没有，而且冬暖夏凉。石头村无处不是利用石头建的，墙是石块砌的，水缸是石板合的，路是石板铺的，甚至连猪槽和舀米的窝，也是用厚厚的石板一钎一钎凿出来的。石院子里石桌、石凳、石磨、石碾、石厕所随处可见，令人称奇。石头村反映了宛西山区传统村落和居民生活的典型性，具有重要的建筑文化、农耕文明和历史遗产价值。

第三节 山水文化

天人合一，人类自始就与山水相依存，山水构成了人类赖以生存的生态环境的基础。同时，山水又是人们实践的主要对象，人类不断利用和改造自然山水，满足生存、发展、享受等多种多样的需求。因此，所谓山水文化，就是蕴涵在自然山水中的文化沉积，以及由此引发出来的文化现象，也可说是以山水为载体或表现对象的文化，诸如建筑、宗教、石刻、楹联、民俗风情、传说故事、节庆、文学艺术、饮食、景观象征、园林、名人等文化。山水文化是中国传统文化的重要组成部分，也是构成中华民族形象的重要精神支柱。

山水文化分为山水精神文化、山水物质文化和山水科学文化。山水精神文化是指以山水为对象所创造的意识形态的产品，如山水文学、山水艺术、山水哲学等。山水物质文化，是指以实物形式存在于山水的文化，如亭台阁榭、寺观庙宇、坛宫陵墓、路桥廊坊、摩崖石刻等。山水科学文化，是指构成山水机理的自然科学，如山水的地质学、地貌学、生态学、气象学等。

当今世界，山水文化的价值有了更多的含义。它不仅可以愉悦心境，净化心灵，还可以成为当地一张亮丽的文化名片，提高在国内外的知名度；可以改善周边环境，促进旅游业的发展，成为当地新的经济增长点。

一、河南山水文化的概况

河南位于黄河中下游，地域辽阔，地形西高东低，高低悬殊，地貌类型复杂多样。北、西、南三面由太行山、伏牛山、桐柏山和大别山环抱，河南横跨黄河、淮河、海河、长江四大水系，境内1500多条河流纵横交织，因此山水风光千姿百态。河南又是中国古代文明的发源地，历代人文景观荟萃。自然与人文的两大特点，孕育出丰富多彩的河南山水文化。河南山水文化在物态形式上以自然景观与文物古迹的和谐统一为基本特征，构成一个个闪耀着独特风采的风景名胜区。

河南山水资源一个特点是数量多，种类全。既有名山大川、森林湿地，又有河流湖泊、瀑布泉水、地质奇观，还有壮丽的大型水利工程奇迹。山岳名胜北有林虑山、大伾山、云梦山、云台山、王屋山；南有鸡公山、桐柏山、大别山；中有嵩山、浮戏山；东有芒砀山；西有亚武山、伏牛山、白云山等。河流、湖泊、泉水、瀑布等水域景观主要有郑州黄河风景名胜区、黄河故道湿地风景区、青天河、宿鸭湖、薄山湖、南湾湖、百泉、汝州温泉、安阳珍珠泉、尧山南麓瀑布群、云台山瀑布等。地质奇观有栾川鸡冠洞、巩义雪花洞、内乡天心洞、西峡云华蝙蝠洞等。大型水利工程有黄河小浪底水利枢纽工程、三门峡水库、红旗渠、丹江口水库等。

河南山水资源的另一个特点是品位高。河南有嵩山、云台山、王屋山–黛眉山、伏牛山世界地质公园，有宝天曼世界生物圈保护区，有嵖岈山、关山、神灵寨、金刚台等15个国家地质公园，有河南黄河湿地、焦作太行山猕猴、南阳恐龙蛋化石群、伏牛山、宝天曼、鸡公山、豫北黄河故道湿地等13个国家自然保护区，有寺山、花果山、龙峪湾等31个国家森林公园，有黄河小浪底水利枢纽、石漫滩水库、南湾、黄河三门峡大坝、黄河花园口、黄河柳园口等46个国家水利风景区，有嵩山、神农山、青天河、林虑山、鸡公山、尧山、王屋山、云台山等国家重点风景名胜区。

河南山水还有一个特点就是文化底蕴丰厚。如嵩山是一个宗教文化名山，儒、道、佛三教在此形成文化的和谐美。云台山的文化以“竹林七贤”为代表。尧山是帝尧文化名山，又是墨子出生地。桐柏山是中原盘古文化的中心。始祖山是中华人文始祖统一天下的根据地。昭平湖是刘氏的祖根地。可以说河南的山水浸润了文化，文化成为河南山水的灵魂。

在这些众多的风景名胜区中，留下了河南人民利用自然、改造自然、享受自然的许多遗迹和传说，它们反映了中原地区先民开发中原锦绣河山的丰功伟绩，使河南山水闪耀着中华民族智慧和力量的光辉，富有古老而神奇的色彩。

二、河南山水文化的亮点

中华寻根圣地始祖山。始祖山，古称具茨山，位于新郑市区西南的辛店镇境内。其主峰风后岭一峰突起，海拔793米，相对高度540米，陡峭险峻，气势磅礴。始祖山更令人神往的是她那充满神秘色彩的黄帝文化。这里是中华人文始祖轩辕黄帝修德振兵、统一华夏的重要活动区。黄帝文化遗迹主要有轩辕宫、南崖宫、黄帝避暑宫、黄帝御花园、大鸿屯兵处以及少典祠、嫘祖庙、黄帝三女冢等。始祖山还有历代名人登山拜祖颂黄帝的石刻碑群。每年农历三月三，这里都举行盛大的祭拜活动，是世界华人寻根拜祖的圣地之一。

世界刘氏华人祖根地昭平湖。昭平湖位于鲁山县城西部10公里处，湖面面积38平方公里，控制流域1430平方公里，蓄水量7.27亿立方米，是集防洪、灌溉、发电、养鱼、旅游为一体的一座大型人工湖。昭平湖湖中有岛，山水相抱，一派山外青山湖外湖的秀丽景色。昭平湖中央小岛邱公城是汉代鲁山县城遗址，其水位的涨落，给人带来一种时隐时现、海市蜃楼般的梦境。昭平湖是刘姓始祖刘累封邑，为中华刘姓祖根地。此外还有刘秀的招兵台、孟良寨等遗迹。

五岳之中的文化名山——嵩山。嵩山位于登封市西北，其名源于《诗经》“嵩高维岳，峻极于天”。东周时因其地处“天地之中”而被尊为中岳。嵩山自然景观优美，山体从东至西横卧，故有“华山如立，中岳如卧”之说。太室山和少室山各有36峰，共计72峰，峰峰有典。在72峰之外，还有谷、洞、潭、瀑等各类景致。嵩山名胜古迹遍布，有禅宗祖庭少林寺、现存规模最大的塔林——少林寺塔林、现存最古老的塔——北魏嵩岳寺塔、现存最古老的石阙——汉三阙、树龄最高的柏树——汉封“将军柏”、现存最古老的观星台——告成元代观星台。中岳庙是现存规模最大的寺庙建筑群。此外还有苍翠清幽的法王寺、回环险绝的轩辕关、慧可断臂求法的立雪亭等。

中国最古老的泉——百泉。百泉位于辉县市西北的苏门山下，因泉出无数而得名。又因泉水自底喷涌而出，累累如贯珠，故又名珍珠泉。百泉早在3000多年前殷商时已开凿，《诗经·卫风》篇里“毖波泉水，亦流于淇”，即指百泉。清乾隆时代百泉绕岸砌石，修成长方形的湖面，泉汇聚为巨池，计3.4万多平方米。百泉湖水常年保持在17℃左右，冬暖夏凉，清澈见底。百泉湖畔，遍布亭台楼阁，历代名人在此游览、隐居，留下了无数赞美百泉的诗词歌赋，还有清晖阁、卫源庙、涌金亭、金梭桥、唐宋石刻碑铭等古迹。

墨子出生地和帝尧文化名山——尧山。尧山位于鲁山县西，地处伏牛山东段，因尧孙刘累为祭祖立尧祠而得名；又因其主峰之巅有一尊形似人体的巨石高耸入云而得名石人山。石人山主峰玉皇顶海拔2153米，主要景观240多处。石人山峰奇石怪，尤以象形山石著称，且常有云雾相伴，变幻无穷。石人山文化灿烂，古迹众多。春秋时期，楚国曾在此修建中国历史上最早的长城——楚长城。战国时期，墨家学派创始人墨翟降世于尧山脚下，今留有许多墨子活动的遗迹，如墨子著经阁、墨子归隐处、墨子与鲁班赛风筝的风筝山等。西汉开国元勋萧何、韩信、张良也曾在石人山东麓屯兵，至今还有以三人命名的村镇及三杰屯兵遗址。

中国古代第一军校所在地云梦山。云梦山，又名青岩山，位于淇县城西的太行山东麓。这里山势险峻，气象万千，素有“云梦仙境”之称。云梦山是中国历史上第一所军政学校——战国军庠所在地。战国时期纵横家鼻祖鬼谷子曾在这里隐居修道授徒。叱咤风云的孙膑、庞涓、苏秦、张仪、乐毅、毛遂都曾在这里拜师学道，自古有“英雄出少林，将帅出云梦”的说法。魏晋以来，文人墨客纷纷慕名前来，凭吊游览，唐代甄济、柳宗元，明代于谦、孙徵兰、李东阳都曾到此游览，并留下了华美的诗篇和墨宝。文化遗迹主要有鬼谷洞、太阳洞、孙膑洞、庞涓洞、孙膑墓、舍身台、鬼谷墟、演兵岭、天书崖、玉帝殿、三清殿、南北桃园等50多处，有全国字数最多、规模最大的摩崖题记《鬼谷子》。

中国四渎之一的淮水的发源地——桐柏山。桐柏山，位于南阳盆地的东南角，西北–东南走向，东西长近200千米，宽约100千米。主峰太白顶海拔1140

米，是中国四渎之一的淮河的发源地，也是长江、淮河两大水系的分水岭和中国重要的地理分界线。桐柏山有水帘洞、太白顶、淮源、桃花洞等各具特色的景区。有大小名峰数百座，山泉溪流58条，属南北气候过渡地带，四季分明。淮渎庙位于桐柏县城西的淮源镇，古称淮祠，亦称淮宫、淮源庙，后又称桐柏庙。庙内敬奉“东渎大淮之神”，是淮水或掌管淮水的象征。淮渎庙始建于秦始皇年间，是中国最早的治淮机构所在地。秦始皇之后的历代帝王为祈福消灾，对淮河之神一再封赐，淮渎之神位比王公，祭祀的庙宇也历次修复，规格愈发宏伟壮观，成为祭祀淮神的场所，历代皇帝多次亲临或遣重臣使者祭淮于此。

中国四渎之一的济水的重要遗存——济渎庙。济渎庙，位于济源市西北济水发源地，是古代“四渎”唯一一处保存最完整、规模最宏大的历史文化遗产，也是河南省现存最大的一处古建筑群落，被誉为中原古代建筑的博物馆。济渎庙始建于隋开皇二年（582），是朝廷为祭祀“四渎”神之一的济水神所建。济渎庙坐北朝南，总体布局呈“甲”字形，总面积8万多平方米，主体建筑排列在三条纵轴线上，前为济渎庙，后为北海祠，东有御香院，西有天庆宫。现有宋、元、明、清历代建筑22座，唐至清碑碣石刻40余通。庙内现有河南省规模最大、价值最高的明代木牌楼建筑“清源洞府门”；有河南省现存时代最早的木结构建筑宋代济渎寝宫，还有宋代石勾栏以及复道回廊遗址、渊德大殿遗址等。

汉高祖刘邦斩蛇起义处——芒砀山。芒砀山位于豫东永城市东北部，距离永城市区33公里，为黄淮大平原上的一处群山。是由芒砀山为主峰的10多座小山头组成的芒砀山群，包括芒砀山、保安山、僖山、夫子山等。“山不在高，有仙则名，水不在深，有龙则灵。”西汉开国皇帝刘邦曾在芒砀山斩蛇起义，创立西汉帝业，后人立斩蛇起义碑纪念。芒砀山最令人叹为观止和最富有考古观赏价值的当属西汉梁国王室陵墓群。在芒砀群山发现属于西汉时期的梁国王室墓葬21处，这些陵墓，“斩山为郭，穿石为藏”，结构复杂，气势恢宏。特别是梁孝王王后墓，是目前发现的全国乃至全世界规模最大、结构最复杂的陵墓。芒砀山还有孔夫子避雨处、文庙、观音阁、郭塔、歌风台、高祖庙、紫气岩、陈胜墓、张飞寨等名胜古迹。

“竹林七贤”隐居地——云台山。云台山位于修武县境内，古称“覆釜山”，属太行山系。因山势险峻，主峰重峦叠嶂，形似一口巨锅，覆盖在群峰之上，山间常年云雾缭绕，故得名云台山。其主要景区有红石峡、泉瀑峡、潭瀑峡、茱萸峰、万善寺、叠彩洞、青龙峡、百家岩、猕猴谷、子房湖等。云台山留有众多名人墨客的碑刻等文物，使它具有丰富深蕴的文化内涵。这里曾是魏晋“竹林七贤”隐居的地方，汉献帝在此留有避暑台，“药王”孙思邈也曾在此采药炼丹，相传唐代诗人王维在茱萸峰写下了“每逢佳节倍思亲”的千古绝唱，白居易也留下了“天冷日不光，太行峰苍莽。尝闻此中险，今我方独往”的诗句。

黄河第一观——嘉应观。嘉应观位于武陟县城东南12公里的杨庄村南，为清雍正帝钦命建设的河神庙。嘉应观建筑呈南北中轴线，东西殿宇对称。观内建筑主要有御碑厅、前拜殿、中大殿、禹王阁、钟鼓楼、阁亭、配殿、风神殿、雨神殿等。嘉应观是万里黄河上的一颗古代建筑艺术的明珠，“宫、庙、衙”三位一体，是现今黄河流域祭祀和研究黄河的第一座庙观，雍正五年（1727）封黄河“四渎称宗”，为全国河神庙之首。其建筑也是目前整个黄河流域现存规模最大、保护最完整、建筑艺术与历史文物价值最高的河神庙。

河南唯一的“世界生物圈保护区”——宝天曼自然保护区。宝天曼位于伏牛山南麓内乡县境内，山体海拔500～1845米，总面积100余平方公里。其地理位置独特，处于暖温带向亚热带的过渡区和第二阶梯向第三阶梯的过渡地带，是中国唯一的长江、黄河、淮河三个水系的分水岭，也是中部地区保存最为完整的自然综合基因库。宝天曼山被誉为“天然物种宝库”“中原绿色心脏”。宝天曼完整地记录着北秦岭自中太古代至今约30亿年中国南、北古陆块离散、聚合、增生、碰撞、拼合、造山等板块构造复杂的演化过程，是研究中国大陆形成演化的得天独厚的区域。

中国最美的地方——白云山。白云山位于嵩县，属天然原始森林。2006年，在由《中国国家地理》杂志社联合全国34家主流媒体举办的大型评选活动“中国最美的地方”中，白云山名列其中。白云山有：以白云峰、玉皇顶、小黄山、鸡角尖、千尺崖为代表的险峰奇石景观，以万亩原始林、唐代银杏林、野生牡丹园、高山杜鹃园、红桦林、白桦林、箭竹林为代表的森林景观，以黑龙潭、黄龙井、珍珠潭、青龙瀑布、白龙瀑布、九龙瀑布为代表的瀑潭景观，以白云洞、青蛇洞、锣鼓洞、洞天栈道、仙人桥为代表的洞窟景观，以乌曼寺、云岩寺、玉皇阁为代表的人文景观，以云海日出、盛夏避暑、金秋红叶为代表的物候景观。

中原盆景嵖岈山。嵖岈山位于遂平县城西25公里处，系伏牛山东缘余脉，因山势嵯峨、怪石林立而得名，又名石猴仙山，有“天下第一奇山”“中原盆景”和“北方石林”之美称。嵖岈山是一个花岗岩造型奇特的地貌区，由蜜蜡山、南山、北山、六峰山、花果山和天磨山等彼此相连的山峰组成。明代吏部尚书许赞游览嵖岈山留下了“嵖岈山秀寻仙踪，隐隐云壑十万峰”的绝美诗句。 岈山的石猴文化源远流长。据说明代吴承恩避难嵖岈山，看到千奇百怪的象形石获得启迪，创作了名著《西游记》。电视剧《西游记》续集也把嵖岈山作为主要外景地，该剧组称赞这里是一部《西游记》全书。

避暑胜地鸡公山。鸡公山位于信阳市南45公里处，这里山岭苍翠秀丽，报晓峰海拔784米，形似引颈啼鸣的雄鸡，耸立于群山之中，“鸡公山”名称由此而来。鸡公山素有“青分楚豫”之称，是中国南北方天然分界线。鸡公山是全国四大避暑胜地之一，与北戴河、庐山、莫干山齐名。鸡公山地处亚热带向暖温带过渡的地带，雨量充沛，气候湿润。冬长夏短，春秋相当。夏季气候凉爽宜人，平均气温23.7℃，最高气温32℃。古人“三伏炎蒸人欲死，清凉到此顿疑仙”的诗句，就是对鸡公山清凉宜人的生动描绘。从1903年开始，先后有20多个国家的牧师、传教士、富商巨贾和中国官僚军阀在鸡公山建造起特色各异的洋楼别墅300余幢，几经战乱和破坏，现在还有212幢，分布在万绿丛中和秀峰之间。

中原第一湖——南湾湖。南湾湖位于信阳市西南8公里，湖面东西宽20公里，南北长50公里，水域面积70平方公里。它以山林、岛屿为风景内涵，以“山、水、林、岛”和谐一致而闻名，被誉为“中原第一湖”。湖内有61个岛屿，大小不一，形态各异，又被称为“北方的千岛湖”。众岛之中，尤以鸟岛最为著名，每年有10万只候鸟在这里繁衍栖身，为中国第五大鹭鸟群落。南湾湖也是一个人文景观荟萃的地方，有老一辈无产阶级革命家李先念曾经战斗过的革命根据地四望山和贤隐山，有迄今1400多年历史的“梁王垒”遗址，有著名寺院贤隐寺，有奇异的仙人床、丈人石、平顶松等神奇的传说。

南水北调中线工程的起始点和亚洲第一大人工水库——丹江口水库。丹江口水库位于淅川县境内，水域面积126万亩，蓄水总量达81亿立方米，是南水北调中线工程的起点。在这座大型“水晶博物馆”中，珍藏着“豫西走廊”的古老历史。库区的45里顺阳川上，是楚文化的发祥地及其与中原文化的交融地。丹江口水库淹没的腹地曾是楚国古都丹阳。屈原流放时在这里写下了许多诗篇，其中《九歌·国殇》里描写的秦楚丹阳之战就发生在这里。水库岸边有春秋战国时期的古墓群，发掘出土了7000余件珍贵文物，反映了这里的悠久历史和曾经的文明盛况。此外，还有香严寺、丫杨河古墓、丹朱冢等众多的文物古迹。

地上悬河的起点——黄河花园口。花园口位于郑州北郊30多里的黄河南岸，原是一处古渡口。有明代官吏在此建花园，就称为“花园口”。黄河经过黄土高原，挟带大量泥沙淤积在下游河道，致使河床逐年增高，形成闻名于世的地上悬河。花园口就是黄河成为地上悬河的起点，岸边无山冈遮挡，滚滚河水全靠堤坝约束，因此，其流量和水位就是黄河下游的防汛标准。由于其至关重要的地理位置，所以新中国成立后在此修建了黄河上第一座数字化水文站。现在花园口已成为一处旅游景区，景区内有1868年黄河决口时河官投河的遗址铁牛大王庙，黄河治理工程遗存东风渠首闸、泄洪闸、拦河坝，黄河控导工程东大坝等。

人工天河红旗渠。红旗渠位于林州市境内，开凿于太行山腰，是20世纪六七十年代林州人民发扬“自力更生、艰苦创业、自强不息、开拓创新、团结协作、无私奉献”精神创造的一大奇迹。红旗渠的建成在国内外产生了较大的影响，成为中国水利建设史上的一面旗帜。红旗渠以浊漳河为源，总干渠长70.6公里，渠底宽8米，渠墙高4.3米，纵坡为1/8000，设计加大流量23立方米/秒，全部开凿在峰峦叠嶂的太行山腰，工程艰险。从1960年开始，林州人民苦干十春秋，修建了总长1500多公里的红旗渠，用开挖的石方造了一条高1米、宽4米的公路。周恩来总理曾告诉国际友人：新中国有两大奇迹，一个是南京长江大桥，一个是林县红旗渠。

黄河流域最大的水利枢纽工程——小浪底水库。小浪底位于洛阳北40公里的黄河干流上，库区全长130公里，总面积278平方公里。上距三门峡水库130公里，下距郑州花园口115公里，是黄河干流三门峡以下唯一能够取得较大库容的控制性工程。小浪底水利枢纽工程不仅是中国治黄史上的丰碑，也是世界水利工程史上最具有挑战性的杰作，整个工程共创3项世界纪录、6项中国纪录。总装机容量为180万千瓦。小浪底大坝截流后，晋豫黄河峡谷与库区的柏崖山、红崖山、黄鹿山等20多个风景点与雄伟的水库大坝交相辉映，形成湖光山色、千岛星布、“高峡出平湖”的自然景观，使得小浪底水库同时成为由山水自然风光和水利工程组成的大型旅游区。

第四章 思想：影响文明进程的智慧之光

在传说时代，当我们的先祖还处于混沌状态的时候，伏羲在中原“画八卦”，于是便有了标志着文化原点的“河出图，洛出书”，并由此衍生出东方文明。周文王处于艰难之时，在中原“演周易”，使易学思想趋于完善，启迪了一代又一代的智慧，形成了我们民族独特的易学文化。在元典时代，儒宗孔子，专门到中原周游，感悟中原文化，启迪思路，形成了影响中国历史数千年的系统学说。道宗老子则依托中原厚重的文化，勤于思索，长于感悟，并在函谷关完成了千古经典《道德经》。于是一阳一阴，一刚一柔，两种学说互为补充，不但是治世的法宝，也是处生的经典。墨子、庄子、韩非子、列子、吕不韦、鬼谷子、尉缭、商鞅，这一个个振聋发聩的名字，法家、兵家、墨家、杂家、阴阳家、纵横家、道家、儒家，这一个个指点江山、激扬文字的思想流派，都使中国人从中受用了数千年。这就是中国人的智慧，没有中原文化的浸润，就没有这种大智慧的勃发。

在文化传承与转折的时代，魏晋时何晏、王弼对“三玄”经学的新解释，由儒道杂糅，推动了学术的发展。唐代大文豪韩愈提出了完整的道统谱系，完成了儒学的继承问题。北宋程颢、程颐兄弟，创新儒家学说，形成了洛学，奠定了宋明理学的基础，“程朱理学”也由此成为主导人们思想数百年的理论。宋代的邵雍，元代的许衡，明代的高拱，清代的孙奇逢，近代的冯友兰，他们都成为传承中国思想文化的先哲与大师，成为中原思想文化发展的里程碑。

主流思想文化发展的同时，佛、道二教作为宗教文化的两道脊梁，由中原支撑而成。佛教作为外来宗教，其初传与发展离不开中原，佛教祖庭白马寺、禅宗祖庭少林寺、天台宗起源地净居寺、北宋最高佛教寺院大相国寺，这些都是可以作为汉传佛教圣地的标志物。道教祖师老子的故里鹿邑太清宫、道教洞天天坛山，尤其是佛、道、儒合流的中岳嵩山，均成为文化和谐的象征。可以说，离开中原，佛、道历史将是支离破碎的。

由中原思想文化中所提炼的天人合一、有容乃大、仁爱礼智、以人为本、举贤尚德、立人立己的精神，已成为中华民族的优秀品格与传统，成为全人类共同的精神财富。

第一节　易学文化

《易》是一种知识体系或认知体系，是夏、商、周三代的文化之源，也是中国传统文化之源。三代各有其《易》，夏之《易》曰《连山》，商之《易》曰《归藏》，周之《易》称《周易》。后人所谓的“易学”，就是一门关于“三易”的学问，是中国传统文化中的一门“显学”。

由于年代久远，夏之《易》和商之《易》已经不传，流传下来的只有《周易》。《周易》与夏、商之《易》 有十分明显的文化渊源，它和《连山》《归藏》一样，都是源于中华文化的始祖伏羲。传说伏羲仰观天文，俯察地理，象天法地而作八卦。《周易》六十四卦就是周文王在伏羲八卦的基础上反复推演而成的。

《周易》是西周时期的重要文献，春秋战国时期的思想家在他们的著作中常常加以征引。清人毛奇龄把《春秋三传》和《国语》中用《周易》占筮的例子归纳在一起，撰成《春秋占筮书》，书中引用的例子有16处之多。由于先秦时期许多人视《周易》为占筮之书，且广泛地把它用于占筮，所以《周易》才幸运地逃过了秦始皇焚书之厄，得以保存下来。西汉时期，汉武帝“罢黜百家，独尊儒术”，把《周易》与《诗经》《尚书》《仪礼》《春秋》并尊为“五经”，《周易》遂由周之《易》上升为《易经》，并成为儒家经典。两汉以后，对“五经”的解释和注疏之学成为“经学”，其中以对《周易》的阐释和注疏为主要内容的“经学”，对“三易”以及《周易》应用价值和功用的研究，逐渐形成一种具有渗透力和影响力的文化，这就是通常所说的易学文化。

一、河南易学文化的概况

河南与易学文化有不解之缘。首先，河南是易学文化的诞生地和最早的源头。八卦最早出现于河南，与八卦相关的“河图”“洛书”产生于河南，八卦最为重要的文化遗迹大多在河南。其次，河南是《周易》的产生地。周文王被囚于羑里城（在今汤阴县）时，把伏羲八卦演化为六十四卦，从而有了今天见到的《周易》。再次，易学作为“显学”最初形成于中原。魏晋时期，玄学大盛，《周易》则与《老子》《庄子》一道并称“三玄”，成为当时文士谈玄的重要内容。最后，易学文化的鼎盛期出现在中原。易学文化在两汉时期成形，出现了一些注释和研究《周易》的著名学者。但易学文化作为一种文化现象而达到鼎盛时期，却是在北宋。这一时期一些著名的易学研究者，或者本来就是河南人，或者长期在河南做官治学。他们在易学研究方面的成果，不仅把易学文化研究推向一个新的阶段，而且使易学文化进入鼎盛时期。

河南的易学文化一直比较发达，而且有许多大师级的人物，其中还不乏在易学文化研究中开山立派的人物。西汉时期的焦赣和京房，是河南易学文化也是整个传统易学文化研究中的两个大家，焦赣创立了易学文化中的“占候派”，京房开创了影响深远的“京氏之学”。魏晋时期，何晏、王弼和阮籍在易学研究方面都卓有建树，尤其是王弼的《周易注》，更成为易学文化的经典。迄于宋代，伴随着理学家对易学文化的借重，河南的易学文化呈现出蓬勃发展的局面，出现了陈抟、邵雍、程颐等很有影响的易学文化大家，其中陈抟是易学文化“图书派”的开山之祖，邵雍是“象数派”的集大成者，程颐则是把易学与理学紧密结合在一起，借解说《周易》来阐述其理学思想。北宋以后，随着文化重心的转移，河南易学文化渐趋式微，但由于河南仍然保存了易学文化的许多遗迹，同时也由于上述大师级人物及其学说的深远影响，河南的易学文化底蕴依然十分深厚，对其他文化的影响依然不可小视。

中国的“经学”，实际上都是阐释经典或对经典加以疏证。但不同的人会根据自己的人生经验和体会，对经典做出不同的理解和解释，这就是所谓的“六经注我，我注六经”。以今天的眼光来看，《周易》是一部关于自然、社会、历史和人生的大书，包含的内容非常广泛，蕴涵的哲理也非常丰富。自春秋时期开始，人们就在不断地从各个不同的角度进行阐释或解说，虽然已经过了两千多年，人们对这部书的理解和把握，仍然难以说达到了准确、完备的程度。西方人研究莎士比亚有一句名言：说不尽的莎士比亚。对以《周易》研究为主要内容的易学文化，同样可以套用这样一句话，那就是“说不尽的易学文化”。一部至今不知究竟出自何人之手的奇书，竟然能够同时受到儒家、道家、理学家及其他各类人等的共同尊崇，并在诸家文化的解读和渗透中逐渐形成一种独具特色的文化，这本身或许已经很能说明易学文化是如何丰富、深奥和广博了。

二、河南易学文化的亮点

易学文化的创始人伏羲。易学文化是由中华民族的始祖伏羲开创的。伏羲都于宛丘（今淮阳），“仰则观象于天，俯则观法于地，观鸟兽之文与地之宜，近取诸身，远取诸物，于是始作八卦”，目的是通过八卦“以通神明之德，以类万物之情”。这是《周易》中的说法。另一种说法是，伏羲受到“河图”“洛书”的启发而作八卦。今巩义、孟津、洛宁境内尚有一些有关“河图”“洛书”的文化遗迹。还有一种说法是，相传伏羲观八风而作八卦，西晋皇甫谧《帝王世纪》、汲冢书《竹书纪年》以及东晋王子年的《拾遗记》，都记载了这种说法。但不论哪一种说法，都承认易学文化的创始人是伏羲，伏羲作八卦在河南。

在河南演《周易》的周文王。《周易》是易学文化的主干，是在伏羲八卦的基础上演化而来的。将八卦演化为六十四卦者，是周文王姬昌。他演化八卦的地点，则是今安阳汤阴的羑里。殷朝末年，因西周伯姬昌人望太高，殷纣王帝辛把他召至京师朝歌，囚禁在羑里城。姬昌困居羑里城，无所事事，就推演伏羲八卦，把伏羲八卦演化为六十四卦。周文王虽然不是中原人，但《周易》却是他被囚于羑里城时演化而成的。后来，文王之子周公旦为六十四卦作爻辞，到了春秋末年，孔子又作《上传》和《下传》，于是就有了今人所见的《周易》。唐代著名学者孔颖达另有一说，他说：“伏羲制卦，文王卦辞，周公爻辞，孔十翼也。”（《周易正义》）。

易学文化中“占候派”的开创者焦赣。易学文化在西汉就有了“义理派”和“象数派”之分，而第一个在两大流派之外开山立派的人，就是河南人焦赣。焦赣，字延寿，梁（治今睢县）人。西汉元帝、成帝年间，焦赣以好学而为梁王所喜爱。梁王供其资用，令其专心于学问。焦赣从孟喜学《易》，著有《焦氏易林》，是书“事本弥纶，同归简易，辞假出于经史，其意合于神明”，在易学研究中自成一家之说，焦赣遂为一代易学名家。诚如四库馆臣所言：“盖《易》于象数之中别为占候一派者，实自赣始。”

易学文化中“京氏之学”的开创者京房。易学文化中的“京氏之学”是由河南人京房创立的。京房，字君明，东郡顿丘（今清丰县西南）人，本姓李，推律自定为京氏。京房初从焦延寿学《易》，汉元帝时，以言灾异之变多中而得幸，但为权臣石显等所嫉，出为魏郡太守，后遭诬陷被诛。京房是西汉易学名家，著有《京氏易传》，创立了今文易学。其学说以自然界的阴阳灾异附会人事吉凶，时人称为“京氏之学”。其书虽以《易传》为名，但既不诠释经文，也不附和《易》义，而是自创体例，自成一说。其说为后世金钱卜之所祖，影响甚大。

把易学变为“显学”的何晏和王弼。易学在魏晋时期成为一种名副其实的“显学”，而把易学变成“显学”者，则是何晏和王弼。何晏，字平叔，南阳宛（今南阳市）人，是“正始名士”中的领军人物。何晏对儒家思想和道家思想都很有研究，他的《道德论》和《无名论》《无为论》是魏晋玄学的奠基性作品，在魏晋玄学发展过程中有开创性意义。他精于易学文化，对《周易》已达到熟稔的程度。王弼，字辅嗣，长期生活在京师洛阳，与何晏、夏侯玄并称“正始名士”，是正始年间玄言派的代表人物。他虽然比何晏、夏侯玄要小得多，但大器早成，声名直凌何晏和夏侯玄之上。王弼精通易学，有《周易略例》1卷和《周易注》6卷。王弼注《周易》，以忘象得意为原则建立玄学，表现出非常明显的形而上特色。他的《周易注》不仅在易学发展史上有十分重要的地位，而且也是易学走向“显学”的重要标志。

追求“通易”的智者阮籍。阮籍，字嗣宗，陈留尉氏（今尉氏县）人，阮瑀之子，与嵇康同为“竹林七贤”的领军人物。因曾为步兵校尉，故世称“阮步兵”。在易学研究方面，他只有一篇《通易论》，但仅此一篇文章，已足以确立他在易学文化史上的地位。

易学“图书派”的开山祖师陈抟。易学文化与“河图”“洛书”有着非常深厚的渊源关系。但“河图”“洛书”究竟是图是物还是别的什么，这个问题自汉代以来一直没有说清楚。到了五代时期，随着著名道教人物陈抟的出现，易学文化产生了一个新的学派，即以“河图”“洛书”和太极图为依据来解释《周易》的学派。这个影响颇广的学派被后人称之为“图书派”，而陈抟就是“图书派”的创始人。陈抟，字图南，自号扶摇子，亳州真源（今鹿邑县）人。五代后唐长兴年间举进士不第，先后隐居武当山和华山，高卧傲视王侯，好神仙黄白之术，为当时著名道士，宋太宗赐号“希夷先生”。陈抟精通易学，宋代以后流传颇广的《无极图》《先天图》和“河图”“洛书”，最早就是由陈抟传下来的。陈抟还有一篇《易龙图序》，对后世“图书派”产生了深远影响。

易学“象数派”的集大成者邵雍。邵雍依据《周易》和陈抟所传《先天图》及“河图洛书”，在易学研究中别开蹊径，撰写了旷世奇书《皇极经世书》，创造出一套推演和解释自然变化、历史演进、人事兴衰、社会治乱的理念和方法，成为“象数派”的集大成者。《皇极经世书》引入了元、会、运、世的概念，以元经会，以会经运，以运经世，把作者对自然、社会、历史、人事的理解和阐释，融会到数字推演和象数的关系中，在元、会、运、世的演绎中，把天道（自然之道）和人事的关系表达得十分清楚。他以天道为最高境界，跳出“以我观物”的窠臼，用“以物观物”的独特视角观察自然、社会、历史和人生。邵雍用象与数的关系推演天道、自然、社会、人事的变化，主要依据是象数的生成与增减，用象数变化来说明问题，因而自成一家之说，对后世产生了较大影响。

程颐与河南易学文化的繁荣。程颐是宋代理学的代表人物。在易学文化方面，程颐的《伊川易传》既是宋代理学的经典，也是宋代易学文化的代表作。程颐论《周易》虽然亦言天道，但重在借《周易》言人事，阐发人伦、人性、人情，畅言人事之理。程颐在《伊川易传》中专言义理，阐发天道人事之理，言说天理人性，巧妙地把易学文化与理学结合在一起，使《伊川易传》成为宋代程朱理学的扛鼎之作。

第二节 诸子文化

从汉武帝公元前137年置五经博士，到公元1912年推翻帝制，建立民国，大约两千年的时间，子学是相对于经学而言的。中国古籍的分类一般是四大类，即经、史、子、集，诸子的意思就是“子”部各书的总称。诸子的学说典籍，班固在《汉书·艺文志》中分为十家九流，除儒、道、法家外，还有墨家、阴阳家、名家、兵家、纵横家、小说家、农家。其中每家都包含有若干人物若干部书。《史记·太史公自序》中有其父司马谈的《论六家之要指》，论及阴阳、儒、墨、名、法、道德诸家。此外还有《庄子·天下篇》《淮南子·要略》都对先秦诸子之学有所论说。在汉武之前和民国之后，儒家，主要是《论语》《孟子》，是平等地并列在诸子之中的。这方面可通过20世纪30年代世界书局编印的《诸子集成》一览全貌。这套丛书把诸子限定在佛教传入中国之前。在此不妨将《诸子集成刊行旨趣》中上编的列表加入诸子的祖籍地抄录如下（附录有所改动）：

这里，16位先秦诸子中有一多半为河南人。其中道家的三位主要代表人物老子、庄子、列子，都是河南人；法家的主要人物如商鞅、韩非，也都是河南人。就儒家方面而言，孔子虽然生活在山东，祖籍和后来周游列国的主要地区也都在河南境内；孔门有三大高足——子贡、子夏、子张，都是河南人。墨家领袖墨翟是鲁山人。集先秦诸子之大成的杂家吕不韦也是河南人。

周秦诸子	学说别派	著作者	书名及注释者	附录	祖籍地
论语	儒家	孔门弟子记孔子言行	刘宝楠《论语正义》	此书上承六经，下启诸子，为国学中最重之典籍	河南商丘
孟子	儒家	孟轲	焦循《孟子正义》		山东邹县
荀子	儒家	荀卿	王先谦《荀子集解》，包含杨倞注		战国赵国
老子	道家	李耳	魏源《老子本义》 王弼《老子注》	又名《道德经》，河上公注系伪托	河南鹿邑

续表

庄子	道家	庄周	王先谦《庄子集解》郭庆藩《庄子集释》	又名《南华经》，向秀、郭象注	河南民权
列子	道家	列御寇	张湛《列子注》	又名《冲虚至德真经》，有真有伪	河南郑州
墨子	墨家	墨翟	孙诒让《墨子间诂》	内有墨子之徒作品	河南鲁山
晏子	墨家	晏婴	张纯一《晏子春秋校注》	系晏子后人所记，名《晏子春秋》	山东高密
尹文子	名家	尹文	钱熙祚校《尹文子》	此书为名家之可靠者	祖籍不详，主要活动在中原地区
管子	法家	管仲	梁启超《管子评传》戴望《管子校正》	管子后人所记，可作齐国史书读	河南登封
商鞅	法家	公孙鞅	麦孟华《商君评传》严可均校《商君书》		河南濮阳
慎子	法家	慎到	《慎子》	严可均辑	战国赵国
韩非子	法家	韩非	王先慎《韩非子集解》		河南禹州
孙子	兵家	孙武	《孙子十家注》含魏武帝注		山东临沂
吴子	兵家	吴起	《吴子》		山东定陶
吕子	杂家	吕不韦	高诱注《吕氏春秋》	原名《吕氏春秋》	河南禹州

思想文化是民族的灵魂，河南位居中原，是中华文明的发祥地，她所贡献于民族的思想巨子对此后中华民族的发展走向有着不可估量的作用和意义。此外，诸子文化中还有一些伪书，虽名为先秦某人所作，实为后人所托。如《鬻子》《阴符经》《六韬》《关尹子》《邓析子》《子华子》《鬼谷子》《尸子》《于陵子》甚至《公孙龙子》等。这就是先秦诸子的大致规模。编入《诸子集成》的还有秦汉以后魏晋南北朝以前的《淮南子》《新语》《法言》《论衡》《申鉴》《盐铁论》《潜夫论》《抱朴子》《世说新语》《颜氏家训》十部书，是谓下编。我们这里只讨论先秦诸子文化，于此不论。

一、河南诸子文化的概况

诸子多在河南，除山东在儒家、兵家方面也为先秦诸子留下了浓重一笔外，河南的诸子基本上也就是先秦的诸子。从上表所列，即不难看出河南在诸子文化方面的突出贡献。

老、庄道家对“道”的神秘和宇宙无穷的理解意识基础上的认识论、宇宙论，孔、孟以仁、义、礼、智、信为基点的宗法伦理思想和道德教化信念，墨子以“兼相爱，交相利”为核心的宗教理念和《墨经》中的逻辑、科学观念，法家的君主专制理念和层级管理观念，经过两千多年的沉淀，植根于先秦诸子的中国本土文化，形成一种儒、道、墨、法多元互补的经济、制度、文化格局。这些本土思想的精华经过互补与整合，对内可提升民族的精神品格，对外可展开与世界各文化之间的交流与沟通。佛教传入中国后，大多数思想家都不同程度地受到了佛教的影响，不在本土诸子之列。所以，我们这里所说的诸子文化不仅包括传统的诸子，而且包括孔、孟以及佛教传入之前的所有重要思想家，特别是中国哲学方面的思想家。

司马谈的《论六家之要指》从来都为学人所重。他说：“阴阳之术，大祥而众忌讳，使人拘而多畏，然其序四时之大顺，不可失也。儒者博而寡要，劳而少功，是以其事难尽从，然其序君臣父子之礼，列夫妇长幼之别，不可易也。墨者俭而难遵，是以其事不可遍循，然其强本节用，不可废也。法家严而寡恩，然其君臣上下之分，不可改矣。名家使人俭而善，失真，然其正名实，不可不察也。”儒、墨、法、名、阴阳五家，虽有所用，缺失亦多。在五家长短基础上，“道家使人精神专一，动合无形，赡足万物。其为术也，因阴阳之大顺，采儒、墨之善，撮名、法之要，与时迁移，应物变化，立俗施事，无所不宜。”也就是说，唯有道家，司马谈以为已兼具众家之长，最为全面。

《汉书·艺文志》列九流，其实十家。其中的纵横家即洛阳的苏秦、大梁的张仪等人在战国七雄激烈竞争之际，应运而起，外交专对。统一之后，英雄无用武之地，其学自废。农家重时令，播百谷，勤耕桑。杂家集他人之长，以为己有。小说家街谈巷议，道听途说，固不可尽信，但采风于民，求礼于野，下情上达，敦风化俗，也自有其社会功用。

二、河南诸子文化的亮点

道家鼻祖老子。老子，生于苦县曲仁里（今鹿邑县太清宫镇），中年在东周王室做官，历任周守藏室史、柱下史等职务。晚年不得志，遂西游。至函谷关（在今灵宝市），被关尹喜所强，乃著《老子》一书，又名《道德经》。《道经》主要讲形而上学，论证大道的高远和玄妙，其中最主要的命题是“道法自然”。“道生一，一生二，二生三，三生万物。万物负阴而抱阳，冲气以为和”的思想，“道可道，非常道；名可名，非常名”的思想，至今仍然是语言哲学绕不开的基本命题。《德经》主要讲政治、军事，也讲自己的社会理想，具有对民间生活相当深刻的关注，但其要旨归于人君南面之术。

纯粹道家庄子。庄子（约前369—前286），宋国蒙（今民权）人。庄子是一个独步古今的思想家。现代著名哲学家金岳霖认为，在中国思想史上，庄子的思想和西方哲学不相上下。他的文章多用寓言的方式写出，让人读来既要用理智，又要用感情，总能一语打破后墙，至今仍然是我们民族精神深刻的根系所在。《庄子》开篇即讲《逍遥游》《齐物论》，这里含有大量的与欧美思想灵犀相通的自由、平等思想，也是我们当代人和西方文化对话的重要本土资源。

孔子在中原的三大弟子。孔子作为儒家的至圣先师，他的祖籍在商丘，他周游列国的卫、陈、蔡、楚等地也多在河南。孔子在河南的弟子主要有子贡、子张、子夏三位，《论语》中多有载其言其事者。子贡名端木赐，卫国黎（今浚县）人，比孔子小31岁，生于公元前520年。子张名颛孙师，陈国（都今淮阳县）人，比孔子小48岁，生于公元前503年。子夏名卜商，卫国温（今温县）人，比孔子小44岁，生于公元前507年。《论语》20篇486章，其中与这中原三大弟子有关的70章，占《论语》篇幅近15%，其中子贡问对及自道36章，子张16章，子夏18章。子贡善经商，并且有相当高超的外交才能。孔子周游列国的费用据说就是由子贡资助的，子张师从孔子之时，孔子已是老壮之年，孔子周游列国时，子张跟从左右。子夏是荀子学派的先师，对后来荀子思想的形成有承上启下的巨大作用。

墨家学派的创始人墨翟。墨子（约前480—前390），鲁山人。墨学是先秦时代的显学，人们常常儒墨并称。但由于他的兼爱、尚同、天志、明鬼等思想所包含的宗教性、科学性和逻辑学内涵，不适合以农立国的中国社会生活，秦汉以后几近中绝。在今天看来，墨子的思想可以用来和欧美人进行深度沟通。其中的“兼爱”“非攻”“尚同”等思想理念对构建和谐社会、和平发展、建构和谐世界、循序渐进地推进全球化都有相当的积极意义。《墨经》中“平，同高也；圆，一中同长也”等科学逻辑思想很多，有学者认为，一部《墨子》就是一个古希腊。

以身殉法的商鞅。法家有两派：一派以法为主，以商鞅为代表；一派以术为主，以申不害为代表。用法而不用术，只能治百姓、小吏，而不能治大臣之擅权，商鞅所短即在于此。商鞅本为卫国（今濮阳一带）人，公孙氏，名鞅，故又称公孙鞅，因有功于秦被封于商（今陕西省商洛市东南）故姓，称商鞅。商鞅生年不详，死于公元前338年。他初事魏相公叔痤，为中庶子。秦孝公下令求贤，乃去魏相秦，实行变法，使秦国由一个西部弱国转为天下强国。今存《商君书》，首讲“更法”，次讲“垦令”，再讲“农战”……其书26篇，是商鞅变法的大致纲领。商鞅两次变法，触动了旧贵族的利益，后被车裂而死，以身殉法。

法家集大成者韩非。韩非是韩国公子，“喜刑名法术之学”，后世称他为韩非子。他多次向韩王提出富国强民的计策，但始终未被采纳。秦王嬴政读了韩非的文章，极为赞赏。公元前234 年，韩非作为韩国的使臣来到秦国，上书秦王。李斯妒忌韩非的才能，进谗加以陷害，韩非被迫服毒自杀。韩非主张根据今天的实际来制定政策，提出了君主专制中央集权的理论。韩非要求“废先王之教”（《问田》），“以法为教”（《五蠹》）。他主张“法不阿贵”“刑过不避大臣，赏善不遗匹夫”（《有度》）。韩非的这些主张，为建立统一的中央集权的郡县制国家，提供了理论依据。

吕不韦的杂家帝王学。吕不韦为秦相期间组织门客所编纂的《吕氏春秋》是杂家的代表作。全书分为纪、览、论三部分。十二纪以四时为纲，按春夏秋冬的发展和各季中孟、仲、季之时序排列，组成60篇文章，论述了春种、夏长、秋收、冬藏的有关事宜，突出了以农立国的思想。《八览》中各“览”均8篇文章（《有始览》似脱一文，仅有7篇），并各有其主题。《六论》各篇虽不太连贯，但仍与人事相关，并非泛泛之论。《吕氏春秋》在思想上也突出了它特有的价值：一是从农业中国的实际出发。二是在官职设置和对于官员的要求上极为考究。三是对国君提出了要求。

第三节 道教文化

道教是在吸收中国古代传统文化的基础上形成的地道的中华民族的本土宗教，是“以我国古代社会的鬼神崇拜为基础，以神仙存在、神仙可求论和诱使人们用方术修持，以追求长生不老、登仙享乐和用祭祀醮仪以祈福免灾为主体内容和特征，又文饰以道家、阴阳五行家、儒家谶纬学说中的神秘主义成分为神学理论，带有浓厚的万物有灵论和泛神论性质的宗教”（李养正《道教概说》）。道教这一概念，原为“以善道教化”之意，为诸子百家所共用。作为五斗米教的专称，是在完成了对老子的神化，建立了以“太上老君”为核心的较为完整的神学理论之后，时间当是南北朝。《魏书·释老志》称太上老君谓寇谦之曰：“汝宣吾新科，清整道教。”南齐顾欢《夷夏论》更明确说：“佛教文而博，道教质而精。”

道教以“道”为最高信仰，尊老子为教主，奉老子《道德经》、庄子《南华经》等为主要经典，并进行宗教阐释，认为“道”博大宏深，无所不容，无所不包，“无为而治”则国泰民安，“清虚自守，卑弱自持”则修身养性，“深根固蒂”则可长生久视，通过一定的修炼，人可以返本还原，与自然之道同一体性，归于永恒。故其创立之初，主要流行民间，后社会各阶层各取所需，传播范围更加广泛。传衍既广，其宗派谱系亦颇繁杂，《诸其宗派总簿》登记天下道门宗派86支，又有学者分为正宗十家，支宗十家，但概括而言，大体为符箓、丹鼎两大系统，后演化为正一、全真两派。在近2000年的历史演变中，道教积累了《道藏》等卷帙浩繁的经典，形成了神奇的方术、庄严的仪范、烦琐的戒律，在名山都邑留下了精美的宫观建筑，成为中华民族传统文化的重要遗产。

鲁迅先生说：“中国的根柢全在道教。”一方面，道教对中国古代的许多传统文化采取了兼收并蓄的态度，许多古代的文化思想，都汇集在道教之中，并借道教的经典流传至今。另一方面，道教在长期发展过程中，又对中国古代的思想文化和社会生活的各个领域都产生过巨大而复杂的辐射作用，留下了它的深刻影响。

一、河南道教文化的概况

道教在河南的传播有一个过程。东汉时期张道陵创立五斗米道时，设“治”为基本传教单位，北邙就是一个传道点，张道陵亦曾在此隐居修道。张鲁投降曹操后，与大批教徒随从迁往邺城，使五斗米道在河南传播开来。张角创立太平道后，经过十余年的不断努力，信徒遍及青、徐、幽、冀、荆、扬、兖、豫八州，由于太平道起义失败，这一宗教转入民间秘密流传。西晋时，中原地区兴起了“帛家道”，建有道观二百余所。北魏寇谦之建立的北天师道在河南也有着广泛传播。北齐宣帝崇佛禁道，道教传播受到严重影响，北周才得以恢复。延至唐代，道教大盛，河南自不例外。唐玄宗崇信道教，加封老子尊号为“大圣祖玄元皇帝”，以《道德经》为科举考试科目，又令西安、洛阳等地广建宫观，供奉老君。高宗皇帝还亲自到老子故里鹿邑祭奠，诏于鹿邑修建紫极宫，各州修建玄元皇帝庙。五代宋初河南道士陈抟，以传统的道家学说为核心，吸收儒家、佛教的思想，形成一套系统的内丹理论，为宋元道教内丹派的形成奠定了基础。北宋时期，统治者仿效唐朝，尊奉道教神赵玄郎为皇室始祖，尊封其为“圣祖上灵九天司命保生天尊大帝”，封老子为“太上老君混元上德皇帝”，诏于开封修建道教宫观。宋徽宗还亲自为《道德经》作注，太学中设置了《道德经》《庄子》《列子》博士，徽宗甚至自封为“教主道君皇帝”。由于北宋道教有浓重的官方色彩，各宫观使均由朝廷命官担任，开封无可争议地成为道教的中心。洛阳人种放是这个时期较有作为的道人。金元时期，卫州（治今卫辉）人萧抱珍创立的“太一道”，传播广泛，深受统治者赏识，但是因为其教义过于简单，教主文化素养又低，不能尽括道教传统，于是很快被王重阳所创的全真道取代。全真道在兴起后，七个弟子各传一派，其中以丘处机、谭处端、孙不二、刘处玄为首的四派以河洛为传教祖庭，河南是全真道的重要传播地。

河南道教遗迹遍布，著名的有鹿邑太清宫，道教鼻祖老子诞生之地；洛阳北邙山，道教最早传教点之一；函谷关，老子西行并作《道德经》之地；中岳嵩山，众多名道隐居之地；济源王屋山，天下第一洞天；桐柏山，著名道教福地；灵宝亚武山，真武大帝出家之所；沁阳二仙庙，上清派的宗源地；开封重阳观，全真教祖庭；此外还有阳台宫、中岳庙、天宝宫、吕祖祠、碧霞宫、奉仙观、函谷关、青龙宫、遇仙观、嘉应观等大大小小的宫观庵堂遍布河南名山大川、闹市僻野。许多昔日道人们的修炼成仙之所，直到今天依然香雾缭绕，道风依旧，前来祷祝的人们顶礼膜拜，不绝于路。道教近两千年来对于中国世俗社会之影响，由此可见一斑。

二、河南道教文化的亮点

河南是道教鼻祖老子的故乡，五斗米道的最早传教点之一，也是道教的重要传播区域，道教名人数目众多，道教名胜比比皆是，道教文化历史厚重，影响深远。

道教第一宫——太清宫。太清宫位于鹿邑县城东5公里太清宫镇的东北隅，是道家鼻祖老子的诞生地和祭祀老子的祠庙。该宫建于东汉延熹八年（165），始名老子庙，唐武德三年（620），尊老子为始祖，起建殿宇“如帝者居”。现存太极殿、三圣母殿和娃娃殿、围墙和山门等。太清宫内原有历代碑刻百余通，现仅存30余通，其中不乏《道德经注》碑、《先天太后之赞》碑、重修太清宫之碑等珍品。

老子西行遗迹函谷关。函谷关位于灵宝市区北15公里的王垛村，西据高原，东临绝涧，南接秦岭，北塞黄河，为中国最早的雄关要塞之一。上有望气台，传为纪念函谷关令尹喜登高望远，见云蒸霞蔚，紫气浮关，太上老君皓首童颜骑青牛缓缓徐来的吉祥之气而建。“紫气东来”即源出于此。当地至今保留有“正月二十三，老君过函关，家家贴青牛，岁岁保平安”的古老风俗。还有太初宫，据说是当年老子著《道德经》处。如今正殿保留有唐、元、明、清建筑构件。宫内存有元、清碑两通。函谷关上另有一石，形状特异，上下平滑，传老子著《道德经》于其上，百姓奉之为灵石。

道教最早的传教点——北邙山。北邙山位于洛阳城北4公里处，古时又名郏山、太平山。北邙山古木苍翠，环境优美，为道教天下七十二福地之第七十福地。北邙山虽然不高，名气却不小，传为老子炼丹之所，丹成，老子骑青牛西出函谷关而去。此后汉代帛和、东汉张道陵等先后在此隐居修炼。东汉时期北邙山还被张道陵列入五斗米道的“二十四治”（传教点），因此这里是中国最早的道教传教点之一。如今北邙山还存有上清宫、下清宫和吕祖庙三座道观。上清宫是道教名观，相传为太上老君炼丹之所，始建于唐开元年间。下清宫位于上清宫南，青牛峪之腰，又名青牛观，传为老子骑青牛西去的始发地。初建于唐，现仅存后殿“混元道德洞”和山门，山门顶上镌有“古青牛观”四个正楷大字。吕祖庙是奉祀八仙之一吕洞宾的道观，始建于清代乾隆年间，数次重修，现存砖石结构的山门、琉璃瓦顶的卷棚、大殿、青瓦顶的后殿等建筑26间。

天下第一洞天——王屋山。王屋山位于济源市，为中国道教名山，号称“天下第一洞天”。王屋山历来为道家修行的绝佳之地。传说远古黄帝曾在此设坛祭天，访寻四山，并建上访院，拜广成子为师，最后得道成仙。以后每年的八月十五日，各路神仙、四方善士皆云集王屋山，这里的总仙宫便成为“五岳四渎、十大洞天、三十六小洞天神仙朝会之所”。道教鼻祖太上老君李耳也曾在王屋山炼丹，现在天坛顶尚存“老子炼丹池”。其他还有广成子、浮丘公、《太平经》的作者于吉、南岳夫人魏华存、东晋名道葛洪等于此修道。唐代被玄宗皇帝尊为“全国道教首座”的道教宗师司马承祯，奉命在王屋山建庙而居，后来玉真公主拜司马承祯为师入王屋山修道。此后王屋山陆续建成紫微宫、阳台宫、清虚宫、总仙宫、十方院、灵都观等规模宏大的道教建筑，并成为全国道教活动的中心。

中原地区最大的庙宇——中岳庙。中岳庙，位于嵩山太室山东麓的黄盖峰下，距登封市区1公里。嵩山历来为道教所尊崇，是三十六小洞天之六，东汉的张道陵、北魏的韦文秀、唐代的司马承祯等纷纷修道于此，现存中岳庙、老君洞、奉天宫、峻极宫等名胜。中岳庙名气最大，它是中原地区最大的一处庙宇。始建于秦，其前身为太室祠，为祭祀中岳嵩山山神之地。中岳庙占地11万余平方米，庙内现存建筑400余座，金石铸器200余件，古柏300余株。庙内中岳嵩高灵庙碑是中国道教立碑之祖，碑文记述了北魏太安二年（456），著名道士寇谦之修复中岳庙及在此传播道教的经过，是研究道教历史的重要金石资料和古代书法艺术珍品。庙中还珍藏有铸造于北宋治平元年（1064）的四大铁人像，为中国现存镇库铁人之中形体最大、保存最好、铸造较佳的艺术精品，属道教文物。中岳庙现为全国重点文物保护单位。

道教名山亚武山。亚武山位于灵宝市豫灵镇南的小秦岭山脉之中，是道教名山。传说真武大帝在亚武山出家，后转至湖北武当山得道，亚武山由此得名。亚武山是河南海拔最高、面积最大的省级自然保护区和风景名胜区。传说真武大帝得道后，眷恋这里的秀丽山色，每年都要回来避暑，所以这里每年农历六月都要举行庙会，盛会长达一个月。现存旅游景观有天一宫、避静宫、玉皇殿、南天门、玉锁关等二十多处。

上清派的宗源地——二仙庙。二仙庙位于沁阳市西北部的太行山南麓，是唐太宗李世民为报答二仙奶奶的救命之恩，仿唐朝大明宫而建，是道教上清派的宗源地。二仙奶奶即魏华存（252—334），字贤安，晋代女道士，号“南岳夫人”，道教上清派开派祖师，所著《黄庭经》《上清经》等书为道教重要经典，被道教界尊奉为“紫虚元君”。据说她曾在沁阳市二仙庙附近的阳洛山中隐居修炼42年，并在此撰写了传世之著《黄庭经》。现该庙三重五进，楼、台、厅、坊等建筑面积2万多平方米，总占地约11万平方米，气势恢宏，并有碑石二百余通，被古建筑专家誉为不可多得的古代园林景观。

唐代著名道学家成玄英。成玄英，字子实，陕州（今属三门峡市）人，生卒年不详。唐初太宗李世民曾亲自将其召入京师，加号西华法师。高宗年间，流放郁州，其间注疏《老子》《庄子》及撰述其他著作。成玄英开创了唐代道教吸收老庄哲学向义理化方向发展的端倪，并且为从道教哲学立场解释老庄做了尝试，在一定程度上影响了唐代道教发展的方向。

一代宗师司马承祯。司马承祯（647—735），字子微，法号道隐，温县人，唐代著名道士，茅山宗一代宗师。早年入嵩山学道，隐于天台山，唐开元十五年（727），玄宗李隆基命司马承祯于王屋山自选形胜，创建道院。他提倡“主静去欲”说，对理学家周敦颐“主静说”的形成有较大影响。著有《修真秘旨》《上清天宫地府图经》《道德论》等。阳台宫位于济源王屋山南麓，是开元年间司马承祯奉皇命所建，原名为阳台观，金代改观为宫，元、明、清屡经修葺，今存三清殿、玉皇阁皆为明代建筑。

太一道的创始人萧抱珍。萧抱珍（？—1166），卫州人，金初太一道创始人。得道之初在家立教传道，因传授“太一三元法箓之术”而名太一道。太一道主张以老子之学修身，以巫祝之术济人。入元，忽必烈追赠其为太一一悟传教真人，改其所居太一万寿观为太一广福万寿宫。所创太一道流播于金、元。

全真教圣地延庆观。位于开封城内西南隅，包公湖北，与北京白云观一样被视为道教全真教胜地。金大定年间，王重阳携弟子由山东返终南山，途经开封时病逝，后人建重阳观以为纪念。元初，全真教兴盛，其弟子丘处机派人主持重阳观教务，并大兴土木，历时三十载，建成规模宏大的道教宫观，元帝赐名“大朝元万寿宫”。元末遭兵燹，明洪武六年（1373）重修殿宇，更名延庆观。现存玉皇阁部分。玉皇阁高13米，坐北朝南，采用仿木结构，均用砖堆砌，下阁上亭，上圆下方，造型奇特，是蒙古包与中原阁楼的巧妙结合，具有元代建筑风格。阁内供有真武铜像一尊，亭内为汉白玉雕玉皇大帝像。延庆观是全国重点文物保护单位。

东华派创始人宁全真。宁全真（1101—1181），俗名立本，字道立，法名全真，开封府人，南宋初东华派创始人。东华派是从灵宝阁皂宗分衍出来的一个支派，灵宝派盛于南朝，唐以后衍变为阁皂宗，在两宋时虽与茅山、龙虎二宗并称“三山符箓”，但一直不如其他二宗兴盛。据说宁全真资禀纯异，敏于记忆，师从灵宝派田虚真、王古，肇开东华派，将灵宝派发扬光大。绍兴中（1131—1162），宁全真以斋醮祈祷有功，被赐号洞微高士，继进“赞化”二字。朝廷凡有醮祀，皆命其主持。孝宗朝（1163—1189）为人陷害，此后晦迹深遁，益勤修炼，追随者众多。

第四节　佛教文化

佛教是世界三大宗教之一，于公元前6—前5世纪首创于古印度，其创始人相传是迦毗罗卫国（今尼泊尔南部）的王子，姓乔达摩，名悉达多。悉达多被尊称为释迦牟尼，意为释迦族的隐修者或释迦族的圣人，佛教一般称之为“佛”或“佛陀”，意为觉悟者、达到觉悟的人。佛教初创时，流行于恒河流域，后渐渗入印度北部、西北部，盛行一时。在后来的发展过程中分衍为小乘佛教和大乘佛教两个支系。小乘佛教又称南传佛教或南传上座部佛教，于公元前3世纪向南传至锡兰岛（今斯里兰卡），随后由锡兰岛渡海传入中南半岛今缅甸、泰国、老挝、柬埔寨及印度尼西亚、马来西亚诸国。大乘佛教则北上中亚，两汉之际经中亚东传中国内地，尔后又由中国传入朝鲜、日本、越南等地，中国成为北传佛教的中心。7世纪以后，印度本土大乘佛教的部分派别与婆罗门教混合而产生密宗，密宗越过喜马拉雅山脉传入中国西藏地区后，与藏族的原始宗教苯教相结合，形成藏传佛教，又称喇嘛教和藏密大乘佛教。佛教传入各国各地区后，又与当地的思想文化相结合，形成了不同的流派，在一些国家和地区显得相当活跃，逐渐发展成了世界性的宗教。而印度本土佛教在9世纪前后渐趋衰微，13世纪初归于消灭，19世纪后始渐复兴。现今佛教各派信徒在世界三大宗教中人数较少，分布范围大致仍集中于亚洲，以东亚、东南亚和南亚次大陆为主。

佛教文化不仅包括佛教的教义，也包括其传播教义所采用的各种方式。佛教的基本教义是四圣谛、八正道、十二因缘、五蕴以及因果报应的理论。佛教为了达到宗教宣传的目的，曾充分利用文学、艺术、音乐、壁画、雕塑、建筑等多种形式，其中佛像、佛经和僧人被称为佛教三宝。佛教传入中国后，以佛法“助王化于治道”来适应中国古代的国家政权，在承认儒家正统地位的前提下，强调儒、释、道三教一致，以适应中国的传统文化，逐渐完成了中国化的历程。中国佛教有着丰富的历史和文化内涵，对中国社会的政治、经济、思想、文化以及民风民俗等各方面都产生了极为深刻的影响。佛教的思想文化已经成了中国传统思想文化的一个重要组成部分，佛教艺术也是中华民族艺术宝库中的瑰宝。佛寺是佛教三宝的聚居地，是僧众供佛、弘法、聚居修行的处所，也是佛教文化的重要载体，寺院殿堂不仅供奉有各种雕塑造像，还往往绘有各类佛教绘画，在传统文化史上占有重要地位。

一、河南佛教文化的概况

河南是佛教在中国内地传播最早的地区之一。洛阳有中国历史上最早的佛教寺院——白马寺，中国第一部汉文佛经《四十二章经》就由高僧摄摩腾和竺法兰在白马寺共同译出。

三国时，洛阳已成为北方佛教传播的中心。汉末，安息人安世高和月支人支娄迦谶等人即已来洛阳译经。魏嘉平年间，天竺僧人昙摩迦罗来到洛阳，在白马寺译出了《僧祇戒心》，据此检点僧人的生活形迹，并建立了传授比丘戒的“羯磨”之法。自此，中国才有了出家受戒的制度，昙摩迦罗也成为在中国建立受戒制度的创始人。此后，康僧铠、昙无谛等僧人也先后在洛阳白马寺译经弘法。其时，出现了中国佛教史上第一个西行求法者——颍川人朱士行。

南北朝时期，佛教在北方得到了大部分统治者的大力扶持，发展迅速。后赵统治者首次允许汉人出家为僧，尊西域僧人佛图澄为大和尚，先后建筑寺院近900所。北魏统治者设置僧官，成立了各级佛教管理机构，花费大量人力物力建造云冈石窟和龙门石窟。当时，仅河南西北部就有浚县大伾山等大小不等的石窟10余处。孝文帝时，印度僧人佛陀和菩提达摩先后进入嵩山少林寺修习禅法，传至唐代神秀、慧能时，便创立了中国历史上最有影响的佛教宗派禅宗。至北魏末期，仅京城洛阳就有佛寺1367所。北齐统治者也崇信佛教，文宣帝曾宣布将国库分为三份，“谓供国、自用及以三宝”，境内有寺院4万余所，僧尼300余万人。隋唐时期，佛教完成了此前各种佛说的总结和概括，形成了各具特点、规模空前的佛教宗派。隋朝曾在东都洛阳“建四道场，召天下名僧居焉”，天下佛经也因此大集洛阳。武则天时期推崇佛教，许多僧人被授以官爵，如白马寺方丈薛怀义被封为“新平道行军大总管”等职。佛教的对外交流活动也取得突出成就，如洛阳缑氏（在今偃师市）人玄奘西行印度求法。

宋代，儒家的地位被尊崇到了极点，佛教的某些思想也被宋明理学所汲取。元朝对佛教采取了扶持政策，僧人的社会地位很高，佛教界的著名人物往往被封为国师、帝师，如元初洛阳白马寺的主持龙川被封为“扶宗宏教大师”“司空护法大师”，少林寺方丈福裕为元世祖钦命，死后被封为“晋国公”。

明清两代都采取了限制佛教发展的政策，佛教文化走向衰微，与道教、儒教渐趋融合。

河南长期作为中国佛教活动的中心地区之一，佛教文化对河南乃至全国的传统文化产生过深远的影响，已成为河南传统文化的积淀和见证。

二、河南佛教文化的亮点

中国佛教祖庭——洛阳白马寺。白马寺位于洛阳市东，初建于东汉永平十一年（68）。相传汉明帝遣使求法，“时白马负经而来”，遂以为寺名，是佛教传入中国内地后营建的第一座寺院，摄摩腾和竺法兰在此译出《四十二章经》，为现存中国第一部汉译佛典。东汉时绝大部分佛经都在洛阳翻译，该寺是最重要的译馆。三国魏时，安法贤、昙摩迦罗、康僧铠、昙无谛等都在寺内译经。西晋时，先后在寺内译经传法者有竺法护、安法钦、法立、法炬等，均为释门巨子，颇有建树。唐朝的白马寺比魏晋时期有较大的发展，武则天执政后，白马寺由其亲信薛怀义主持，因而成为宫廷的重要寺院。现存建筑多为明、清两代所建。白马寺有“中国第一古刹”的美称，被尊称为“释源”和“祖庭”。

中国第一所菩提道场——登封法王寺。法王寺位于登封市区北5公里太室山南麓玉柱峰下，创建于东汉永平十四年（71），仅比白马寺晚了3年，是汉明帝专门为印度高僧摄摩腾和竺法兰译经而建的，赐名大法王寺，成为中国第一所菩提道场，古人颂其为“嵩山第一胜地”。三国时更名护国寺，晋称法华寺，隋改名舍利寺，唐代改名为功德寺、御容寺，唐代宗时复称法王寺，沿用至今。现有山门、大雄殿、地藏殿等七进院落。

中国第一个受戒、第一个西行求法的僧人朱士行。朱士行，三国颍川（治今禹州市）人，从传世的文献看，他是受戒出家为僧的第一个中国人。出家后，因讲《道行般若经》，通称《道行经》，感到经文隐晦难通，于曹魏甘露五年（260），从长安出发，来到西域佛教重镇于阗（今新疆和田一带），求得大本《般若》梵本90章60余万言，经过多方周折，才遣徒弟送回洛阳。朱士行作为西行取经的先驱，可与后来的法显、玄奘等伟大学者媲美。

《放光般若经》的翻译者竺叔兰。竺叔兰，天竺人，父辈移居河南，西晋时佛经翻译家。太安二年（303），他和比丘无罗叉在陈留（今开封东南）水南寺，共同考校朱士行遣人送回的大本《般若》，写成定本，称为《放光般若经》，计20卷。新译本得到了中原佛学界的欢迎，形成两晋时代研究般若学的高潮。

“关陇大僧”法祚与帛法祖兄弟。法祚，西晋河内（治今沁阳）人，在关陇（今陕西、甘肃）一带很有影响，为《放光般若经》作注并著有《显宗论》等。帛法祖，又名帛远，是法祚的哥哥，名重关陇，后被秦州（治今甘肃天水）刺史张辅所杀，民间奉之若神明，遇害之后，信徒共分祖尸建塔供养。

佛教“十八贤”之一：慧永法师。慧永（332—414），东晋河内（治今沁阳市）人，拜昙现为师，后投道安门下，曾与慧远相约结宇罗浮山。光禄勋陶范为其在庐山建西林寺，慧永邀慧远同住，后又请江州刺史桓伊为慧远在西林寺之东风景佳丽处建造了东林寺，使慧远得以此寺为中心开展佛教活动，并获得巨大成功。《莲社十八贤传》将其列为十八贤之一。

记录北魏时期洛阳佛寺兴废的著名地志、北朝三大杰作之一：《洛阳

伽蓝记》。此书按照城内、城东、南、西、北的次序，以四十多所名寺院为纲，兼顾所在里巷、方位、名胜古迹，同时叙述相关事迹。从中可以了解自孝文帝迁洛阳至尔朱氏之乱四十余年间洛阳城及其佛寺的盛衰兴废，内容包括了宗教、思想、文学、艺术、风俗、政治、经济等方面，史料价值极高。作者杨衒之，历仕北魏、东魏。

禅宗祖庭少林寺。位于登封市北少室山北麓五乳峰下。建于北魏太和十九年（495）。孝昌三年（527），印度高僧、禅宗二十八祖菩提达摩来到少林寺，传授佛教禅宗，少林寺就成为禅宗祖庭。唐代以后，僧人常习武艺，以少林武功著称。寺内多唐宋以来石刻、壁画、金属铸器等珍贵文物。寺西塔林，有历代住持和尚墓塔230余座，是中国最大的墓塔群。寺西北有宋代创修的初祖庵。庵后有达摩洞，传为达摩面壁十年处。

全国最完整的《帝后礼佛图》石雕所在地——巩义石窟。巩义石窟位于巩义市东北的大力山下伊洛河北岸。创自北魏熙平二年（517），后经西魏、北齐、唐和宋各代，连续400多年，形成巍然壮观的石窟群。现存5个洞窟，250余个佛龛，碑刻题记200余方，佛像7000余尊。第一、第四两窟中的《帝后礼佛图》浮雕，为中国目前最完整的礼佛图。

世界文化遗产龙门石窟。龙门石窟位于洛阳市南的伊河两岸，自北魏孝文帝迁都洛阳始凿，历经400余年。两山窟龛造像以数量多、规模大、题材多样、雕刻精美、蕴涵丰富而蜚声中外，以碑刻题记数量为世界石窟之最而被誉为“古碑林”。与云冈石窟、敦煌莫高窟并称为中国三大石窟。龙门石窟是北魏、唐代皇家贵族发愿造像最集中的地方，具有典型的皇家风范。其中奉先寺规模最大，是唐代雕刻艺术中最具代表性的作品，主佛卢舍那大佛，通高17.14米，头高4米，耳长1.9米。

中国第一座尼僧寺院——永泰寺。永泰寺位于登封市区西北约11公里的嵩山太室山西麓，坐东朝西，面对天下第一名刹少林寺，是佛教禅宗传入中国后修建的第一座尼僧佛寺。始建于北魏正光二年（521），原名明练寺，梁武帝的女儿明练公主是少林寺禅宗初祖达摩祖师的四大弟子之一，曾在此理佛修道。北魏孝明帝之妹永泰公主又在此出家，遂更名为永泰寺。现存有山门、天王殿、中佛殿、大雄宝殿、皇姑楼等建筑。

中国现存规模最大的摩崖雕塔所在地——灵泉寺。灵泉寺位于安阳市区西南25公里的宝山之麓，原名“宝山寺”，为东魏武定四年（546）高僧道凭法师所建。隋时改为灵泉寺，寺僧灵裕法师被封为全国最高的僧官，唐代寺内也不乏王室人员，为北方佛教圣地，有“河朔第一古刹”之称。寺院东西两山，千米有余，遍布摩崖浅窟塔龛，刻于东魏至北宋时期，历时600余年，俗称“万佛沟”，又名“小龙门”。若万佛沟按年代编排，可看出塔式的沿革，可谓“宝山塔林”，堪称全国最大的高浮雕塔林。

中国六大石佛之一：大伾山石佛。摩崖石佛位于大伾山东麓天宁寺的后山崖上，高21.33米，为跏坐弥勒佛。石佛面相长方，双颊饱满，双目细长、微启而平视，双唇紧闭，颈部有三道横纹，身披袈裟，袒胸，双肩平齐，左手按膝，右手屈肘上举，五指并拢，掌心向外，施无畏印。据考证，始凿于北齐，雕成于初唐，现为全国最早、北方最大的大型摩崖造像。

天台宗的开宗祖师智颉。智颉（538—597），俗姓陈，字德安，祖籍颍川（治今许昌）。曾在光州大苏山（在今光山县）拜慧思为师。后去陈都金陵（今江苏南京市）讲禅，成为名僧，因曾在天台山讲经九年，人称“天台大师”，与陈、隋两朝王室关系密切。智颉适应了中国政治大一统的历史需要和佛教的发展趋势，在统一南北佛教的基础上，结合传统思想创立了天台宗，在中国佛教史上有着极其重要的地位。一生著述丰富，共约180卷。其后天台宗远播日本、朝鲜。

唯识宗创始人玄奘。玄奘（602—664），俗姓陈，名祎，唐代洛州缑氏（今属偃师市）人。世称三藏法师，与鸠摩罗什、真谛、不空并称为中国佛教史上的四大翻译家。为求得佛教真谛，玄奘于唐太宗贞观三年（629）从长安出发，辗转三载，到达印度佛教的中心那烂陀寺。学习了五年之后，又用五年多时间，游访了整个印度，成为誉满全印佛学界的高僧。于贞观十九年（645）携带大量佛经回到长安。之后，在唐王朝的大力支持下潜心翻译佛经，共主持译出了各类佛教经典75部1335卷，占唐代新译佛经总数（2470卷）的一半以上。并广设论坛，讲经论法，与其弟子创立了唐代佛教的第一个宗派——唯识宗，后传至日本，是奈良、平安时期最有影响力的佛教宗派之一。玄奘口述的《大唐西域记》是研究中亚、南亚各国历史、文化、地理、民俗、交通的一部极为重要的著作。

唐代天文学家僧一行出家地——会善寺。会善寺位于登封市城北6公里处嵩山南麓的积翠峰下，创建于北魏，为佛教传入中国后最早建立的佛寺之一，北魏时曾为孝文帝的离宫，高僧澄觉曾参禅于此。隋文帝赐名会善寺。唐代极盛，武则天巡幸此寺拜道安禅师为国师，赐名安国寺。会善寺高僧辈出，元圭、净藏、道安、元同以及天文学家一行等皆出该寺。现存大殿、碑刻、古塔、戒坛遗址等，其中建于元代的大殿是其主要建筑。

豫西南最大的宗教活动中心——香严寺。香严寺位于淅川县南80公里仓房镇龙、虎二山之间，在丹江口水库南岸豫、鄂交界处。始建于唐代开元年间（713—741），据考证是僧一行大师所开，也是慧忠国师的道场，与白马寺、相国寺、少林寺并称河南四大名寺。现存有山门、韦驮殿、十王殿、接官厅、大雄宝殿法堂、藏经楼等建筑。

中国最早的八角形砖塔——登封净藏禅师塔。净藏禅师是唐代著名高僧，禅宗七祖的代表人物之一，曾南下从禅宗六祖慧能学法五载，把主张“顿悟”的南禅带回嵩山，使嵩山禅宗重新树立了在中国佛教界的地位，被称为“净藏北归”。净藏禅师塔建于唐天宝五载（746），为中国现存最早的八角砖塔。

安阳修定寺塔是中国华塔之冠。修定寺塔位于安阳市西北35公里清凉山东南麓修定寺旧址上，建于唐代，俗称“唐塔”。塔基座呈八角形，塔身呈正方形，通高约20米。全塔遍嵌高浮雕砖，图案有力士、乐伎、飞天、卷龙、飞雁、帐幔、花卉以及仿木建筑结构的斗拱等达70余种，就连四隅都装有马蹄形团花角柱，两侧加卷龙攀缘副柱，塔身构图讲究、结构严谨，是中国现存艺术价值最高的一座佛塔。

中国现存最大的五代砖塔——妙乐寺塔。妙乐寺塔位于武陟县城西南8公里处，建于唐，后周显德二年（995）重修。该塔为十三级叠涩密檐式方形砖塔，高约30米，自下而上每层高度均匀递减，外轮廓呈优美的抛物线形。该塔为国内现存规模最大、保存最完整的五代砖塔。

北宋皇家寺院、中国汉传佛教十大名寺之一：大相国寺。大相国寺位于开封市自由路西段，始建于北齐天宝六年（555），初名“建国寺”，唐延和元年（712），睿宗为纪念自己由相王登上皇位，将“建”改为“相”，自此相国寺声名显赫，历久不衰。北宋时期是相国寺最鼎盛时期，号称皇家寺院，成为中外闻名的最大的佛教活动中心，占地五百余亩，分为64个禅院，古人称赞其“大相国寺天下雄”。现存有山门、钟楼、二殿、大雄宝殿、八角琉璃殿、藏经楼等，多为清代重建。

中国最早的琉璃塔——开宝寺塔。开宝寺塔位于开封市东北隅，建于北宋皇祐元年（1049），因塔身外部镶嵌铁褐色琉璃砖，又称开封铁塔，是中国现存最高、规模最大、历史最古老的一座琉璃塔，素有“天下第一塔”之美称。塔高54.88米，为八角形十三层楼阁式砖塔。

“中原第一钟”所在地、河南四大名刹之一：风穴寺。风穴寺位于汝州市东北9公里的风穴山中，创建于北魏，原名香积寺，隋朝改名千峰寺，唐朝扩建为白云寺，俗称风穴寺。现有唐、宋、金、元、明、清等历代建筑百余间，钟楼内悬挂一口北宋宣和七年（1125）铸造的大铁钟，重约800公斤，号称“中原第一钟”。寺外有上、下塔林，尚存元、明、清时期墓塔73座，数量仅次于登封少林寺和山东长清灵岩寺，位居中国第三。

中国古代仅有的四大回音建筑之一：宝轮寺塔。宝轮寺塔位于三门峡市西部5公里处宝轮寺的旧址上。寺建于唐代，塔建于金大定十六年（1176）。塔门面南，平面呈正方形，为13级叠涩密檐式砖塔，塔高26.5米，塔围21.6米。正面刻有“三圣舍利宝塔”的塔铭，塔身自下而上逐层收敛，外轮廓呈抛物线型。游人立于塔四周数丈，叩石、击掌，会听到类似蛤蟆“呱呱呱”的叫声，当地群众也俗称其为“蛤蟆塔”。该塔同北京天坛回音壁、山西普救寺的莺莺塔、四川潼南县大佛寺的石琴，同列为我国古代四大回音建筑。

第五章 社会：闪耀在社会层面的文化辉煌

社会的方方面面，渗透着文化，而且也是大文化的体现。社会层面的文化，表现在物质上，也表现在非物质上。社会层面的文化，如果说包罗诸多方面，那么，商业、军事与教育可以让人窥见中原文化的辉煌。

中原的商业文化，最“亮”。我们都知道宋代以后中国有十大商帮，那么生意人为何称“商人”？商业文化之根在哪里？这些都只能在中原寻找文化源头。追溯到商朝建立之前的商先公王亥，当他赶着牛车与“有易氏”进行交换时，商业行为便开始了，而这个善于交易的部族，即称为“商”。于是，有商族、商朝，便有了商人、商业。西周建立之初，由于商遗民被剥夺了土地，于是有了中国最早的职业商人。先秦时，中原不但有商业大都会，也有一批知名的大商人，还有许多与商业有关的现象。这个时期的中原商业，实际上也是中国的商业与商文化。汉唐时代，中原有洛阳这样的大都市，商业的中心离不开中原，享誉中外的丝绸之路的起点，就是洛阳。北宋时，中原有开封这样的大都会，商业繁华的程度举世闻名。一幅《清明上河图》将这种辉煌表露无遗。明清时期的中原“怀帮”，只是这种辉煌的延续。

中原的军事文化，最“响”。“逐鹿中原”“问鼎中原”，这些词汇让人想到了冷兵器时代的征战。任何霸业，都与中原关联，因为任何没有统治中原的王朝，只能是偏安一隅的小朝廷。黄帝的逐鹿之战，在中原拉开了战事的序幕；鸣条之战、牧野之战、楚汉战争、昆阳之战，改朝换代的战事离不开河南；陈胜吴广起义、绿林与赤眉起义、瓦岗军、黄巢义军、李自成起义，农民战争离不开河南；城濮之战、官渡之战、颍昌之战，分裂时期的战事离不开河南；八王之乱、安史之乱，王朝内部的战事，离不开河南。在中原这个大舞台，展示的是兵家的智谋，丢失的是普通人的生命，留下的只是战后的废墟，以及对未来的希冀。

中原的教育文化，最“全”。古代的教育，有源有流，被奉为至圣先师的孔子，祖籍在商丘。至于教育文化源远流长，古代有大师，中原的大师可以列出长长的一串名单；古代有大学，东汉洛阳的太学，可以称为古代少有的国立大学；古代有书院，宋代的四大书院，中原有嵩阳书院、应天府书院两个；古代有文庙，中原还有数十座文庙建筑保存至今。近代以来，中原的教育虽不尽如人意，但现在正在追赶，势头喜人。

中原社会层面，还有许多文化的辉煌，值得我们去梳理，去挖掘。

第一节　商业文化

考古学家董作宾在整理殷墟含有“商”这个地名的卜辞中注意到一个事实，殷人举行重大征伐活动前必先至“商”行告庙之礼，“商”应为商王祭祖之邑。王国维在《观堂集林·说商颂》中提到“商之国号，本于地名”，即后来人们用“商”指称在商邑祭祀的殷王朝，中国古代的商业文化也源于这个时期。《世本·作篇》有“相土作乘马，亥作服牛”的说法。“亥”即王亥，是先商时期商族强大过程中的关键人物。商人相土（应是商丘市睢阳区郭村人）发明了马车，王亥发明了新式牛车，于是乎商族人就有了车马之便，可以载上更多的货物，到更远的地方与其他部落进行交易。据史料记载，商王朝建立后，生产力有了一定发展，人们除了种植谷物、饲养禽畜以外，还从事酿酒、织布、铸造等手工业生产，社会交换日益频繁。这时期还出现了一批不事生产、专门从事商品交换并从中牟利的人。公元前1046年，周部落推翻了商族的奴隶主政权，武王将商纣王的儿子武庚封在原来的商地（今安阳殷墟一带）为诸侯，并派武王的三个兄弟管叔、蔡叔以及霍叔进行监视，史称“三监”。武王去世后，周朝统治集团内部产生不和，于是武庚勾结三监，率领商遗民兴兵作乱，被周公平定。周公为了避免商遗民重蹈覆辙，防患于未然，将商遗民迁往距周都镐京较近的河南洛阳一带。因为这些遗民长期脱离生产，不事稼穑，周公安排他们牵牛驾车，各地贩运，从事商部族擅长的经营活动。久而久之，人们把这些专门从事商品交换的人称为“商人”，把用来交换的牛与帛等物品称作“商品”，那么商人们所从事的职业，也就自然称之为“商业”了。

本文所探讨的商业文化是能够体现商业价值观念的文化指导思想和与之相对应的规范化制度的物质文化和精神文化的总称，包括商业制度、商业精神、商业伦理、商人、商帮、商品等诸多方面。

西周时期，中国的商业受到奴隶主贵族的重视，发展迅速。为了保证丰厚商业利益的获得，统治者大力推行“工商食官”政策，即工商奴隶为官府生产和交换商品，其衣食等基本生产资料均由官府供给，这种官办官营的方式是西周工商业的一个突出特点。春秋战国时期，齐之临淄、赵之邯郸、楚之郢等都发展成为商货荟萃、富贾齐聚的大都市。伴随着商业的兴盛，商业思想也百家争鸣，管仲第一次提出“士农工商”四民分业的主张；墨子对商品、货币和价格等有了较为深刻的认识；李悝的平籴政策，稳定了粮价，保护了农民的生产积极性；孟轲的“薄税敛”，也从一定程度上反映了商人提高社会地位、减轻经济负担的要求。商鞅与孟轲同时代，思想却大相径庭，商鞅在秦孝公支持下“重农抑末”，“末”指工商业。此政策虽然对巩固新兴的封建制度起到了一定作用，但是却阻碍了商品经济的发展。他的思想为中国从东周到近代近三千年的封建王朝所承继，“抑商”政策成为中国古代商业文化的一大特征。尽管在漫长的历史进程中，不同时代，不同的政治家、经济学家、思想家也曾提出过重商或扶商的主张，个别王朝也曾呈现过商业繁荣的景象，但始终未能扭转轻商的社会主流。秦汉以降，中国的商业文化与儒家文化密切联结在一起，讲求义利兼具。在此背景下，中国社会涌现出一批大大小小的“儒商”或者“士商”，这也是中国商业文化的特色之一。唐宋时期，随着商品经济的发展、商业的繁荣、商人队伍的扩大，以陆贽为代表的思想家顺时应势，提出了虚名实利相行，在追求物质利益的同时，不能完全抛弃儒家义利观的义利相辅的商业理念。明清时期，商业规模进一步扩大。这时期的商人提倡诚信忠厚、童叟无欺与中和之道，“凡人存心处世，务在中和，不可因势凌人，因财压人，因能侮人，因仇害人”。同时认识到了提高文化素质的重要性：“货殖非小道也，经权取舍，择人任时，管商之才，黄老之学，于是乎在。”这些思想对后来中国商业、商人的生存和发展均产生了重大影响。

一、河南商业文化的概况

河南有着悠久的商业文化传统，是考古界、史学界公认的中国商人、商业和商业文化的起源地，在中国商业文明进程中占据着重要的地位。据考证，商先公活动的地点主要集中在豫东，而豫东的商丘应该就是商人与商业的起源地。就是从商丘出发，王亥“肇牵牛车远服贾”，成了中国第一个用牛车装载货物到远地去做生意的人。另据历史学家翦伯赞考证，商部落最早的商品交易市场在今天商丘的火神台。商丘的“丘”字在《说文解字》中是集市交易的场所，商丘的含义应该是商人进行商品交易的地方。为什么会将火神台选为集贸市场呢？这主要是源于古人对于火神的崇拜，由于古人经常祭祀火神，火神台就成了人流集中的地区。人们为图便利，便把自己的剩余产品带到这里交换，渐渐地火神台就成为一个大的商品交换市场。商丘不仅是商源，而且还是先秦重要的商流所在地。《史记》载，商朝灭亡后，周武王封殷纣王之兄微子于宋，即商人故地商丘。宋人是商族后人，具有经商的传统，有关宋人善于经商的事例屡见于有关先秦历史的各种文献资料。有宋人非常精明，与人争买璞玉，佯装失手将玉摔碎，按玉的价格赔偿后，整理碎玉，竟赚取了10倍的利益。

古代河南地区还是中国重要的商业都会所在地。东周秦汉时期，中原地区商业发达，根据《史记》和《盐铁论》等资料记载，这个时期河南已经形成温（今温县西）、轵（今济源市轵城镇）、荥阳（今郑州市惠济区古荥镇）、洛阳、睢阳（今商丘市睢阳区）、卫（今濮阳市南）、阳翟（今禹州市朱阁乡）、陈（今淮阳县）、宛（今南阳市老城东北）、宜阳（今宜阳县西）等十多个商业中心。北魏迁都洛阳后，不仅对洛阳城重新进行了整修，还在外部城内西、东、南三郭设立三个市，供不同行业商品经营之用，洛阳成为北方商业和贸易中心。唐代洛阳继续发展，不仅是全国最大的商业城市，而且外商云集，是中外交流的国际性商业大城市。北市不仅有多种行业，还有不少中亚商人，并有以工商业为单位组成的佛教组织——社，某种意义上类似后代的行业商会。除北市外，唐代洛阳还有东市、西市，以及其他商业区，值得注意的是三市还设有“市长”一职，管理市场交易。洛阳以外，邺城（河南、河北两省交界处）“平原千里，漕运四通”，也是一个繁华的大都会。北朝后期，开封也发展起来。入宋以后，以汴河为主干线的漕运路线，方便了各地商品与以东京（今开封市）为中心的市场的相互交流，使得河南在这种物流过程中获益匪浅。北宋都城东京是当时中国也是世界上最繁华的城市，不仅城市面积较唐代城市有所扩大，经商者还可以在城内大街上临街开店，甚至可以通宵营业。此外，同类商业集中在一起，形成“行”，市场的分工更为明确，可以说，以开封为代表的宋代都市商业，已经开始向近代转型，具备了近代都市的某些特点。

河南著名的商家不胜枚举。早在奴隶时代的商朝就有王亥驾车载着货物到远方做生意。西周时期，周公鼓励洛阳的商遗民牵牛驾车，四方贩运，这是商人在官府支持下大规模从事商品经营之始。东周时期，中原豪商云集，代表人物有郑国人弦高，犒师救国，以存国之功成为中国有史记载的第一位爱国商人；洛阳人白圭，善于经营，“人弃我取，人取我与”，被后人誉为商圣；浚县人子贡，经商不废儒业，不仅是中华儒商第一人，还是孔子事业的支持者，中国历史上第一个学术赞助人；南阳人范蠡，运筹帷幄，扶弱济困，从名相到巨商，一生堪称传奇；等等。之后河南商人更是层出不穷，足迹遍布天下，师史、桑弘羊等名扬四海，薛子仲、张长叔、李通等富甲一方。明清时期，河南还出现了武安商人和怀庆商人两大商帮和一个著名商业世家——巩义康百万家族，康家创造了富过12代、历经400年的商业神话，至今传为美谈。

此外，值得一提的是，河南地区早期的商业与货币理论对中国商业的发展也起到了积极作用。东周鲁山人墨子（一说墨子为宋，即今商丘人）提出了“兼相爱，交相利”的主张，将商之利的理念广泛运用到社会各个层面。洛阳人单旗，阐述了货币的子母相权论，较全面地分析了货币流通必须结合货币价值的问题。商丘人计然讲求“积著（贮）之理”，把西周以来的传统经济观念，特别是贸易和价格等方面的理论向前推进了一大步。濮阳人商鞅在秦国实行抑商政策，力求将社会上从事工商业的人数限制在一定范围之内，将商业资本的活动限制在一定范围之内，虽然对巩固新兴的封建制度起到了一定作用，但是却对商品经济的发展起了阻碍作用。西汉时期洛阳人桑弘羊认为商业是致富的本源，由于各地资源不同，所以商业交易的对象存在差异，而都市的繁荣与财富的聚集均与商人密不可分。可以说，他不仅仅是西汉杰出的理财家，也是中国古代重商理论的倡议者。

此外洛阳人贾谊关于货币理论方面的认识，东汉许昌人荀悦有关货币流通的概念，唐代孟州人韩愈关于农工商并重的理论，元代大儒许衡的学者当以治生为本论等，在当时重农抑商的传统思想垄断的氛围下，对中国商业文化的发展均具有积极的意义。

二、河南商业文化的亮点

河南商业历史悠久，文化底蕴丰厚，这里发生的曾经影响过中国商业发展进程的重要事件和人物难以计数，许多人物和事件至今仍在中国商业文化中闪耀着璀璨的光芒。

中国商业鼻祖王亥。王亥是商族始祖契的六世孙，先商时期商族强大过程中的关键人物，被誉为中国商业的鼻祖。王亥发明了牛车，“肇牵牛车远服贾”，常用自己部落的米粟牛羊在部落间进行交易。后来在与河北有易部落进行商品交换的过程中被杀，牛羊也被劫夺，这就是《周易》所记载的“丧羊于易”和“丧牛于易”。

中国最早的实物货币贝币发现于河南。商代，真正意义上的货币已经出现，这就是贝币。郑州白家庄早商墓葬内出土的460多枚随葬穿孔海贝是中国迄今见到的最早的贝币实物。此后安阳殷墟又出土了世界上最早的青铜贝5枚，这是中国乃至世界发现的最早的金属货币，它的出现，反映了商代的商业已经发展到了一定的水平。

中国最早的市出现在河南。中国的城最早出现于新石器时代中晚期的仰韶文化和龙山文化遗址中，但那时的城，其性质主要是军事城堡，商业性质即市的性质还很薄弱。直到商代，城中才设有“市”“肆”一类的交易场所，城和市的功能兼而有之，可以说真正意义上的城市到商代才名副其实地出现。《六韬》《帝王世纪》《尚书》中均有市、肆的记载，殷青铜器《乙酉父丁彝》中也铸有“市”字，这些都说明了商代的城中已设有专门用以交易的场所“市”“肆”。迄今考古发现的商代王都三座全在河南境内，可以认定，中国的“市”最早出现在河南。

第一代职业商人诞生于西周洛阳。史载，周公旦平定管叔、蔡叔以及武庚叛乱后，为防止殷商贵族继续作乱，周公将其迁往洛阳。由于殷商贵族善于经营，周公鼓励他们从事商业交换。从此，中国就有了第一批在国家统一管理下的大规模进行经商活动的职业商人。因为西周时期实行的是“工商食官”政策，即商人以家族经营为基本单位，职业世袭，其身份、居住区、经营商品的种类甚至服务对象都受到官府的严格管制，因此，所谓商人实际上仍是官府和贵族的奴隶，他们不但没有自由，而且经商收入要全部上缴官府或贵族，与现在所说的商人不是一回事，准确地说，应该叫商奴。

第一个由官府颁布的保护商人利益的法规诞生于春秋时期的郑国。《左传》载，子产说：“昔我先君桓公，与商人皆出自周……世有盟誓，以相信也，曰：‘尔无我叛，我无强贾，毋或匄夺。尔有利市宝贿，我勿与知。’恃此《质誓》，故能相保，以至于今。”这里提到的《质誓》就是中国第一部保护商家利益的法规，它的诞生地郑国国都就在今天的新郑。其大致内容是要求商人必须对郑国国君绝对忠诚，而郑国国君必须尊重、保护商人的利益和财产。该盟誓是中国最早的鼓励并支持商业发展的规范性法律文件。从郑桓公立国到子产为相前后两个半世纪，无论国君还是商人，均信守这个盟誓。

最早的商业理论家是计然。计然，生卒年不详，春秋战国之际葵丘濮上（今兰考县附近）人，古代商业理论家。计然对于经商治国极有研究，他能够从经济学的角度谈论治国方略，从治理国家的角度阐述市场运行，又从商业运作的角度谈论具体操作。据说他曾南游于越，教授范蠡治国。《史记》说“计然之策七，越用其五而得意”。

从名相到巨商的陶朱公范蠡。范蠡，字少伯，楚国宛（今南阳）人。春秋末期政治家和大商人。初为楚国名士，后入越，为大夫，辅佐越王勾践卧薪尝胆，励精图治。功成名就之后，激流勇退，泛舟入齐，开荒垦田，围海煮盐，捕鱼养殖，置产数千万。齐人闻其才，聘之为相，居位三年，散尽家财而去。终老陶地（今山东省定陶县西北），自号陶朱公，专事经商，家资巨万。后来的许多富贾巨商也被称为陶朱公，可见他在人们的心中已经成了财富的代名词。

中华儒商第一人——子贡。旧时，商人们流行在自己的商铺店堂内悬挂“陶朱事业，端木生涯”八个大字，这“陶朱”指范蠡，“端木”则是指子贡。子贡，姓端木，名赐，春秋时卫国黎（今浚县）人，孔门十哲之一。他胸怀大志，一次孔子让弟子各谈志向，子贡说他愿游说两国之间，不动干戈使两国相亲如兄弟。孔子大为奇之，称其为“辩士”。孔子七十二门徒，子贡最富有。他是中国历史上第一个儒学出身经商致富的商界奇才，被后人敬为中华儒商第一人。

商圣白圭。白圭，名丹，东周洛阳大商人。他乐时观变，注意行情，善抓时机，勤俭经营，其“人弃我取，人取我与”的经营策略为中国历代商人所效法和借鉴。《史记》称当时“天下言治生，祖白圭”，宋代真宗皇帝还御封其为“商圣”。

中国最早的“市长”。洛阳作为隋唐东都，是当时河南最大的商业都会。隋朝时根据城市的统一规划，在洛阳城的南、北、西三方，分别建有丰都（唐名南市）、通远（唐名北市）、大同（唐名西市）三大商业市场，集中进行行业经营。唐代洛阳发展迅速，城内不仅聚集着来自全国各地的商人，还有很多外商。在最为繁盛的时期，人口已经超过了100万。为了更好地控制市场，统治者设“三市之长”，分别对各市进行商业管理，“市长”称谓由此而来。因此可以说中国最早的“市长”是诞生于唐代洛阳城的三市之长。

河南行业联盟的杰出代表——怀帮。明清时期，怀庆府（治今沁阳）盛产“四大怀药”，即山药、地黄、菊花、牛膝四种药材。以贩运怀药为生的怀庆府商贾为了防止行业中出现垄断投机、哄抬物价、以次充好等现象，成立了紧密的行业联盟——怀帮。凡加入怀帮的商人，必须遵守怀帮规章。面对怀药贸易繁荣带来的行栈租费高、花费大等问题，怀帮商人还集资在怀药销售地建立会馆，负责怀药的接收管理、质量评估，为怀帮商人提供方便和安全。

社旗山陕会馆。山陕会馆位于社旗县城中心，过去这里水陆发达，客商云集，是南北九省过往要道和货物集散地。清乾隆年间，秦晋商贾集资建造了这座会馆。会馆从乾隆二十年（1755）修建到光绪十八年（1892）完成，历时137载，坐北朝南，占地10000多平方米，被誉为“天下第一会馆”。现为全国重点文物保护单位，国家“AAAA”级旅游景区。

巩义康百万家族。康百万家族是中国商业史上的一个传奇家族，创造了富过12代、历经400年而不衰的商业神话。康家上自六世祖康绍敬，下至十八世康庭兰，中间涌现了康大勇、康道平、康鸿猷等十多个“康百万”，其中最具代表性的是清代中期的康应魁。他在前人的基础上，以家临洛水、黄河之利，靠漕运在山东、河南、陕西、江浙一带经商，“富甲三省，船行六河”，拥有土地达18万亩，人称“活财神”。康氏家族是豫商的典型代表，其家族居住地康百万庄园，坐落于巩义市。

第二节　军事文化

所谓军事，《辞海》中解释说，“一切与战争和国防直接相关的事项，主要包括战争准备与实施国防建设与军队建设、国际军事安全与合作等”；也有学者认为军事是指人们以有组织的武装冲突作为手段，获取或维护自身利益的社会活动。军事文化可理解为在人类社会发展过程中，因从事军事活动所附带创造的一切物质和精神产物，也就是军事活动以及与其相关联的思想观念和文化现象，既包含军事思想、军事制度、军事文艺等观念形态，也包含军事设施、军事装备、军事人物、战争战例等物化形态，是一个随历史发展、围绕战争不断发展起来的文化概念。可以说，中国古代军事文化是伴随着中华民族的文明史而产生的，在中国古代史中占有重要的地位，是中华民族优秀文化的重要组成部分，对中华民族文化的繁荣、发展起了重要的作用。

一、河南军事文化的概况

河南地区天然优越的自然条件和地理环境满足了中国古代以农业发展为根本的文明发展取向，相对温和湿润的气候，临河而居的便利和肥沃的土壤使河南地区发展成了中国古代（先秦至北宋）经济的重心所在。从有记载以来，这片土地就战火频仍，兵事不断，所谓问鼎中原，逐鹿中原，得中原者得天下。据《明两京十三司战例分布表》记载，仅河南一地，从先秦到元明，有记载的战争就有820起。从传说时代开始，战争就在这片土地上潜伏，“神戎战斧遂”（神戎即神农）的传说、仰韶文化村落遗址周围的防卫沟，黄帝“五十二战而天下大服”等便是这一情况的反映。夏商时期，王权世袭制与部落禅让制的斗争，王朝同四周方国、部族的战争，王朝镇压内部反抗的战争等，此起彼伏。战争从受“天命观”统治的小规模，木、石为主要兵器的作战发展到自觉运用谋略、大规模的车阵冲击的正规战争，如商灭夏的鸣条之战是“伐谋”“伐交”“伐兵”“用间”的全面运用，即第一次综合运用心理战、宣传战、间谍战、宗教思想战、孤立战以及大规模战略迂回等战术最终达到战争速胜的成功战例，对于后世战争的发展、军事理论的构筑，都产生了相当深远的影响；周灭商的牧野之战，已包括战争准备、筹划、实施各阶段，标志着中国古代早期战略的形成；以武王伐纣、春秋诸侯争霸、战国群雄逐鹿、刘邦项羽对峙、光武刘秀兴汉、曹魏中原称雄、隋末瓦岗起义、岳飞抗金鏖兵中原、李自成中原血战等为代表的争战大都是决定或影响某一阶段历史发展进程的重大战争。

战争自身的产生、发展加强了以贵族为骨干的军队，军事制度由草创而逐步形成。最早的军事著作姜太公的《六韬》、西周时代的兵书《军志》和《军政》等的出现，标志着中国古代兵学的诞生。河南有很多或战功卓绝或运筹帷幄的军事人才，如春秋战国时期合纵连横，为统一或对峙策划、游说的纵横家苏秦、张仪，西汉时期兵书目录的最早校辑者杨仆，首位系统论述边塞防御策略（《募民徙塞下疏》）的晁错，首次在军事领域运用“战略”一词的兵书——《战略》的作者司马彪，杰出的军事家岳飞，等等。军事文化作为一种文化形态在人类的发展进程中闪耀出熠熠的光辉。

在中国古代的军事文化中，战役占据着绝对重要的地位，而发生在河南境内或由河南籍军事家指挥的战役尤为突出，现列举一些重要战役如下：

名　称	时　间	地　点	交战方	结　果	特　征
太行之战	周灵王二十二年（前550）	太行地区	齐国、晋国	齐国胜	春秋时期最大规模的奇袭突击战
马陵之战	周显王二十七年（前342）	今范县	齐国、魏国	齐国胜	同门师兄首次交锋
阳翟之战	秦王政十七年（前230）	今禹州	秦国、韩国	秦国胜	秦统一中国的第一战
昆阳之战	王莽地皇四年（23）	今叶县	王莽、绿林军	绿林军胜	东汉政权的奠基战
大海寺之战	隋大业十二年（616）	今荥阳	隋军、瓦岗军	隋军全军覆没	瓦岗军的一次重大胜利
洛阳之战	唐天祐元年（904）	洛阳	朱温、唐军	唐昭宗迁都洛阳	后梁篡唐建国的关键战
大梁之战	后唐同光元年（923）	今开封	李存勖、朱瑱	朱瑱的后梁结束	后唐建国的终结战
郾城、颍昌之战	绍兴十年（1140）	今漯河、许昌	南宋、金	南宋胜	农耕文明对游牧文明的完胜战役
朱仙镇之战	崇祯十五年（1642）	今朱仙镇	明军、李自成农民军	李自成农民军胜	撼动明朝统治的重要战役

二、河南军事文化的亮点

第一次大规模运用车战和最早以少胜多的战役周商牧野之战。商朝末年，帝纣暴虐淫侈，众叛亲离。周武王姬发作“牧誓”，历数纣王“自绝于天”的罪行，决定“维共行天罚”，激发将士的斗志。他先让吕尚率领一部分精锐突击部队向商军挑战，以牵制迷惑敌人，并打乱其阵脚。商军中的奴隶和战俘阵前倒戈，帮助周师作战。武王乘势以主力冲击商军，使商军十几万之众顷刻土崩瓦解。纣王仓皇逃回朝歌，登上鹿台自焚而死。牧野之战是中国战争史上以少胜多、以弱胜强、先发制人的著名战例，也是中国古代最早大规模运用车战的著名战例，其所体现出的谋略和作战艺术，在中国战争史上占有重要地位。

中国最早的兵书——《六韬》。相传为周代大军事家姜太公所作，也称《太公兵法》。全书采用姜太公与周文王、周武王对话的形式，现有6卷60篇，《文韬》《武韬》主要论述治国治军的根本主张，《龙韬》着重军事上的部署，《虎韬》讲在宽阔地带作战的问题，《豹韬》讲在狭隘地带作战问题，《犬韬》讲步、车、骑兵的协同的问题，在《王翼》篇中甚至论述了司令部（股肱羽翼）72人的分工、管理作战和考核干部等事宜，是中国兵书中关于这种问题的最早论述。

春秋诸侯争霸的开幕战——繻葛之战。春秋初期，周室衰微，郑庄公欲图霸中原。周桓王十三年（前707），庄公不朝周王，触怒了周桓王。当年秋，周桓王统率蔡、卫、陈等国联军伐郑。郑庄公率军迎战周联军于繻葛（今长葛）。周军大败，周桓王中箭负伤，仓皇引军而退。此战，周天子威信扫地，“礼乐征伐自天子出”的传统从此消亡，春秋争霸也从此开始。

春秋争霸中的休战弭兵之会。春秋时代，先后召开过两次“弭兵”会议。第一次在周简王七年（前579），由宋国执政华元发起，约合晋、楚，于宋相会，订立了彼此不使用武力、共同讨伐违命诸侯的盟约。第二次在周灵王二十六年（前546），宋大夫向戌奔走于晋、楚等国之间，取得了诸侯国的同意，在宋都（今商丘）举行了有14个国家参加的弭兵大会。此后，晋、楚两大集团虽仍然时有纠纷，但基本上未再发生战事，在一定程度上给中原地区带来了安定，奠定了战国时期列国对峙的局面。

传说中最早军校的创办者鬼谷子。鬼谷子，春秋战国时期卫国朝歌（在今淇县）人，培养出了苏秦、张仪、孙膑、庞涓、毛遂等一批著名的政治家、军事家、外交家和茅蒙、徐福、计然等闻名于世的仙道家。著有《鬼谷子》一书，被当时和后世广泛运用到政治、外交、军事等领域，并收到奇效。后鬼谷子在云梦山隐居讲学，而云梦山也被认为是中国最早军校的所在地。

合纵抗秦的首倡者苏秦。苏秦，东周洛阳人，年少时拜鬼谷子为师。苏秦“头悬梁，锥刺股”以发愤读书，潜心研究，四处游说，后又北上赵国和燕国，陈述自己的治国方略，终于为燕文侯所接受。在燕国的资助下，又说服赵王接受他的建议，劝说齐王去掉帝号，并促成了韩、赵、魏、燕、齐等关东五国组成联军，以抗衡强秦。苏秦丰富了纵横学说，被时人称为“苏学”。

中国历史上第一次农民起义陈胜、吴广起义。秦二世元年（前209）七月，阳城（今商水西南）人陈胜、阳夏（今太康）人吴广等900名被征戍卒赴渔阳（今北京密云西南）戍边。途中遇雨，不能如期赶至。按秦律，误期当斩。陈胜、吴广遂率被征戍卒在大泽乡（今安徽宿州市东南）起义。陈胜自立为将军，吴广为都尉。起义军攻取大泽乡，西向横扫数百里，进占陈县（今淮阳），起义军迅速发展到数万人。陈胜在陈县称王，国号“张楚”，建立了中国历史上第一个农民政权。后来陈胜、吴广被部下谋杀，起义遂告失败。陈胜、吴广领导的农民战争，是中国历史上第一次大规模的农民起义战争，在中国农民战争史上占有重要地位。

“运筹帷幄之中，决胜千里之外”的西汉军事家张良。张良（？—前186），城父（今宝丰东）人，汉高祖刘邦的重要谋士。楚汉战争期间，张良提出很多策略诸如不立六国后代，联结英布、彭越抗击项羽，重用韩信，追击项羽，歼灭楚军等，均为刘邦所采纳，刘邦称赞其能“运筹帷幄之中，决胜千里之外”，与萧何、韩信一起被后人誉为“汉初三杰”。

新莽末年农民起义军以少胜多的著名战役——昆阳之战。地皇三年(22)，绿林起义军王凤、刘秀、王常部分兵攻打昆阳(今叶县)、定陵(今舞阳)、郾(今漯河市郾城区)等地。王莽震惊，调集四十万军队，号称百万，由王邑、王寻率领，直逼昆阳。昆阳是正在围攻宛（今南阳）的农民军的屏障，昆阳的得失，直接影响到农民军的命运。农民军将领遂分为两部分，王凤、王常率众八九千固守城池待援，刘秀带领十三铁骑突围调集援军。王莽军前锋到昆阳城下者达十余万，把昆阳城围得水泄不通。王凤、王常等坚守昆阳屹然不动。刘秀从定陵等地调集援兵，初创王邑军，同时宣称宛城已被攻克，以鼓舞士气。刘秀率敢死士三千人，直冲王邑大营，斩王莽大将王寻。城内守军乘机而出，里外夹击，农民军大胜。王莽军损失殆尽。此役，对农民军彻底推翻新莽政权起了决定性作用。

以弱胜强的成功战例——官渡之战。东汉建安五年（200）八月，袁绍占据黎阳（治今浚县东），统大军自阳武（今原阳东南）推进至官渡（今中牟东北），曹操领军接战失利。对峙期间，曹操令部将曹仁率兵击败后方的刘备，继而大破欲断曹军补给线的韩荀部。袁绍固执己见，一再拒绝分兵袭许的建议，欲从正面歼灭曹军。曹操善择良策，攻守相济，屡出奇兵，巧施火攻，对获取胜利起到了重大作用，集中体现了古代军事家卓越的用兵谋略和指挥才能，是中国历史上以少胜多的著名战例。

最具传奇色彩的女将军木兰。中国古代家喻户晓的代父从军的女将军，北周末年至隋初梁郡宋城营廓镇（今虞城县木兰镇）人，其事迹最早见于北朝民歌《木兰诗》，也见于南北朝以来历代民间传说和戏曲故事。据记载，北周末，木兰因父老弟幼，主动请缨，代父从军镇守边关12年，隋文帝年间凯旋，唐初被追赠为“孝烈将军”，是中国历史上最具传奇色彩的女将军。

中国古代战争史上最悲壮的坚守战——睢阳之战。唐至德二载（757）正月，安史之乱时，叛将尹子奇重兵围困睢阳（今商丘市睢阳区），唐真源令张巡、睢阳太守许远领兵6000余人驻守睢阳城。十月，睢阳城中粮尽，外援不至。张巡、许远坚守孤城，阻敌南下，直至城破殉国。张巡坚守睢阳，临敌应变，寻机出击，出奇制胜，以弱敌强，坚守睢阳长达十月之久。睢阳之战是古代城邑保卫战中的一个杰出战例，也被视作中国古代战争史上最悲壮的坚守战。

澶渊之盟——宋辽战争中和平局面出现。北宋景德元年（1004），辽萧太后和辽圣宗发兵南下，兵抵澶州（治今濮阳县），威胁宋朝的都城开封。宋真宗在宰相寇准力请下亲征。宋军士气大振，坚守辽军背后城镇，又在澶州城下打了胜仗，射死辽大将萧挞凛，辽恐腹背受敌，提出和议。宋真宗遣使向辽求和，于景德二年十二月与辽订立和约，由宋每年输辽岁币10万两、绢20万匹。因澶州也称澶渊郡，此和议史称“澶渊之盟”。澶渊之盟后，北宋和辽出现了较长时期的和平局面。

岳飞抗金的重要战役——郾城大捷。绍兴十年(1140)顺昌(治今安徽阜阳)大捷后，岳飞率师自德安府(治今湖北安陆)出发，大举北伐，分路出击，连续收复颍昌(治今许昌东)、陈州(治今淮阳)、郑州、洛阳、永安军(治今巩义南)等地。七月，金兀术(宗弼)被迫率主力与岳家军在郾城(今属漯河)决战。兀术集合龙虎大王、盖天大王及韩常之兵， 以“铁浮屠”居中， 以号称“拐子马”的两翼骑兵居左右， 列阵前冲。岳飞命子岳云等率军迎战，令将士手持刀斧，上砍敌人，下斫马足，大破金军主力，兀术夜遁。宋军乘胜追击五十里，再败金军于颍昌，杀兀术婿夏金吾及副统军粘罕索。兀术只身逃窜，不敢再战。金军准备撤离开封，遁回河北。此役为岳家军在太行山义军和两河义军配合下所获战果最为辉煌的一次战役。

敲响明朝丧钟的汝州歼灭战。明崇祯十六年（1643）九月，明军统帅孙传庭驻扎汝州，得知李自成家眷及辎重在唐县，而精锐聚于襄城，遂发兵袭击唐县，残杀李自成军家属。李自成闻讯大惊，决心复仇。他一面命将士在襄城挖沟筑垒不战，麻痹明军，一面派轻骑绕出城后，在白沙（在今伊川）截断明军粮道。明军饥疲沮丧，加以在连绵大雨中露宿野外，纷纷哗变、溃逃。李自成乘势发动追击，一直追到孟津，歼灭4万明军。汝州战役是李自成领导的农民军打垮明朝主力军的一次决定性大会战，为推翻明王朝奠定了基础。

第三节 教育文化

所谓“教育”，战国思想家子思说：“修道之谓教。”荀子认为：“以善先人者谓之教。”被誉为中国第一部教育学著作的《学记》解释为：“教也者，长善而救其失者也。”东汉许慎在《说文解字》中解释说：“教，上所施，下所效也；育，养子使作善也。”《辞源》解释为“教诲培育”，并引用《孟子·尽心上》说：“得天下英才而教育之，三乐也。”又引用宋尹洙《河南先生文集》之《岳州学记》说：“吏之治大抵尚威罚，严期防，欲人奔走其命令，其驱之若是其亟也，又安暇先之以教育，渐之以德义者乎？故号称循良而能以学校教人者十不一二。”《辞海》中就“教育”条目解释说：“广义指以影响人的身心发展为直接目的的社会活动。狭义指由专职人员和专门机构进行的学校教育。教育随社会的产生而产生，是个人与社会发展必不可少的手段，为一切社会所必需，又随社会的进步而发展。教育受社会政治、经济、文化等方面的制约，也对社会整体及其诸多方面产生影响。教育还受制于人的身心发展规律。”本文所指的教育文化则涵盖了教育本身的发展脉络、为教育的兴盛发展提供载体的学校以及从中涌现出来的伟大教育家、教育思想以及教学内容等方面的内容。

一、河南教育文化的概况

中原地区自古就是文化发展的沃土，“居天下之中，得扶舆秀杰之气，钟灵独厚，而河洛渊源尤为万世文字之祖”。综观历史，依傍政治局势的顺风车，河南教育文化在东汉、西晋、隋、北宋等朝代都处于全国中心地位，对中国教育文化的发展产生了重大而深远的影响。

河南地区在上古时代已出现学校的萌芽，据记载，五帝时代有名为“成均”

的学校，殷墟甲骨文和出土文物证明商代有传授宗教知识的学校。鼎盛于春秋战国时期的诸子，著书立说，布道授徒，擎起了百家争鸣的大旗，形成了中国古代史上第一个文化繁荣的时期。中原地区与此有关的丰富的遗迹和历史纪念性建筑（文庙），见证了诸子于教育中所展示出的真知灼见，教育文化凸现出了空前的繁荣态势。曾开创私学繁盛之风、在中国教育史上烙下深刻印迹的孔子，其私学创办时间之长久、规模之宏大、教学经验之丰富、影响之深远彪炳于中外教育史册。而以反对“命定论”、重视环境的影响和教育的作用、主张培养贤士、强调教育原则、要发扬强行说教的主动精神、“述而又作”的创造精神和“强力而行”的刻苦磨炼精神的墨子，主张“行不言之教”、由人自然地发生变化、含有尊重人自然发展意义的老子等都是河南地区教育家中的杰出代表。而国势衰微中仍然挺立的东周洛阳中央官学、郑国执政大臣子产不毁乡校、卫文公的“敬教劝学”的举措也都是先秦时期河南教育文化不可抹煞的闪光点。

秦汉时期，先进的中原文化更以教育文化为主要方式向四方辐射，教育制度渐趋完备，两级学校的规模化以及专科学校的初露端倪，成为其他地区的典范。西汉景帝时，中原文化传入蜀地，出现郡国之学（地方官学），郡国学由此在全国悄然兴起。东汉时期洛阳太学规模宏大，明帝曾亲自前往讲经，洛阳的“熹平石经”成为官定的标准课本；洛阳的“鸿都门学”是当时世界上最早的文学艺术专科学校，其以教学内容和选拔方式别开生面而吸引了数千名学员；培养宫人和外戚子弟的贵族学校官邸学也在洛阳成立，中国古代的教育文化在这一时期，以中原地区为中心。

隋唐两代虽然建都长安，但是在教育文化的发展上，东都洛阳与西京长安并重，教学设置也大体一致。当时洛阳设有各种专科学校，如招收不同身份、等级的大学生的国子学、太学、四门学，专门培养投考进士科学生的广文馆，专门研习道教的崇玄馆等，培养熟识律令人才的律学，培养通晓文字、精于书法人才的书学和培养懂得天文历法、财政管理、土木工程计算人才的算学，以及医学等专科性学校。科举取士是隋唐教育文化史上的显著特点，通过科举考试而入仕的河南籍学生更是不可胜数。生于新郑的著名诗人白居易，27岁时一举及第，曾赋诗："慈恩塔下题名处，十七人中最少年。"得意之情，溢于言表。而最早反对形式主义的教育家韩愈（孟州人）虽一生多次沉浮于宦海，犹锐意进取不已，先后做过四门博士、国子博士、国子祭酒等，直接从事教育教学工作，其所著《师说》《讲学解》等著作，是中国教育思想史上的宝贵遗产。

宋元时期，河南地区的教育文化熠熠生辉。北宋王朝建都开封，中原地区重新成为教育文化的核心区域。"三舍法"的实行使科举与太学学习并于一途，解决了培养与选拔人才的矛盾，加强了官学地位。京都开封除设有国子学和太学等官学外，还有若干专门的学校，如研习律令及古今刑书的律学、教授算学和天文的算学、兼有绘画和《说文》及《尔雅》等的画学、教习兵法骑射的武学、为皇族子孙设立的"宗学"、为八品以下至庶人子弟设立的"小学"等。除此之外，各府、州、县还实行"学田制"，以供办学经费和师生伙食之用，有助于教育的普及化与平民化，为世界教育史上所罕见。北宋中叶，书院教育兴盛，河南境内的应天府书院、嵩阳书院、花洲书院、大程书院、百泉书院、紫云书院、伊皋书院等成为当时全国的著名书院，闻名于世的北宋四大书院里就有两所位于河南地区，可以说河南地区擎起了北宋书院发展的大旗，为教育文化的发展开辟了新的模式。有元一代，以姚枢（本为辽宁人，后迁居洛阳）、许衡（焦作人）为杰出代表的河南教育家不遗余力推行教育、传道授业，承担起了传承文化和促进民族思想文化融合的双重使命。

明清时期，虽然河南地区教育文化的发展较之以前有所衰弱，但丝毫掩不住教育家辈出的光辉。兰考人王廷相（1474—1544）是明代著名唯物主义思想家和教育家，十年教育实践，"三督学政"，形成自成体系的教学理论，认为教育的最终目的是"养贤育才"，要求教师以身作则，正己安人。孙奇逢（1584—1675）是明清之际著名思想家、书院教育家，开创宋明理学发展史研究的先河，主持百泉书院25年，培养学生200余人，学生遍布全国各地，被誉为“一代名师”。他治学严谨，有教无类，平等待人，特别强调“慎独”，注重心性修养，认为“除却自欺便无病，除却慎独便无学”。

以孔子为代表的儒家学说，被历代统治者奉为正宗，在明清时期的府、州、县均有供奉孔子的文庙，这些也是河南教育文化的一个组成部分。襄城、郏县、内乡、洛宁、南乐、许昌、浚县、禹州等地的文庙建筑，就是中原文庙建筑的精华。

二、河南教育文化的亮点

中国古代规模最大的大学洛阳太学。洛阳太学由东汉光武帝刘秀于建武五年（29）创办。太学落成时，四方儒生云集，光武帝亲临太学，对太学的老师和学生进行考核、划分等级。洛阳太学规模浩大，仅讲堂就“长十丈，广三丈”，汉顺帝时，建房240间、1850室以扩大规模，同时广纳生员，全国各地士人云集洛阳，据称有万人之多，西晋武帝泰始八年（272）时有学生7000余人。洛阳太学历时500多年，是中国历史上规模最大、人数最多、时间最长的中央大学。洛阳太学培养了一大批优秀人才，诸如思想家王充，科学家张衡，史学家和文学家班固、班昭，经学大师郑玄等。

第一部女子教育专著《女诫》成书于洛阳。《女诫》是中国古代社会妇女道德教育的第一部著作，由东汉女学者班昭著成于洛阳。该书与唐代宋若莘的《女论语》、明成祖皇后徐氏的《内训》、王集敬之妻刘氏的《女范捷录》合称“闺阁女四书”。《女诫》是班昭为其女儿进行道德教育而专门写作的，全书共7篇，分别是《卑弱》《夫妇》《敬慎》《妇行》《专心》《曲从》和《叔妹》，篇首有自序。

最早的文艺大学——鸿都门学。鸿都门学是东汉灵帝于光和元年（178）创办，因校址设在洛阳鸿都门，故称为洛阳鸿都门学。它与洛阳太学是两所不同性质的大学，以尺牍、小说、书法、绘画、辞赋作为教学的主要内容，其学生由州、郡三公举送，多达千人，业满者可得高官厚禄，或出为刺史、太守，或入为尚书、侍中，甚至也有封侯赐爵的。鸿都门学的创办，不仅突破了“独尊儒术”的藩篱，而且对中国高校由单科性向多科性发展，尤其对隋唐时期各类专门院校的出现开辟了道路，产生了积极的影响，不仅是中国同时也是世界上最早的一所文艺大学。

最早的书院——丽正书院。中原地区是书院的肇始地，“书院”一词，始于唐代。丽正书院即是唐开元十二年（724）在东都洛阳建立的，次年改为集贤殿书院。丽正书院虽然聚集了很多熟悉经史掌故的学者，但实质上是官方设立的一个学术机构，是官方修书、校书、藏书及储才之地，和传统意义上的书院有一定的差别。

宋代四大书院之一的嵩阳书院。嵩阳书院位于登封城北3公里的嵩山南麓峻极峰下，原为汉代嵩阳观故址，北宋景祐二年（1035），下令西京（洛阳）官员重修书院，赐名“嵩阳书院”，赐田100亩作为“学田”，以维持常年经费。嵩阳书院教学与学术研究相结合的传统以及“会讲”的制度，为当今大学的发展提供了借鉴。如北宋司马光提举嵩山崇福宫时讲学嵩阳书院，仍坚持编撰《资治通鉴》；清初学者耿介在嵩阳书院讲学之余，研究儒学，编撰《中州道学编》《孝经易知》《理学要旨》《嵩阳书院志》等多部书。

因范仲淹讲学而闻名遐迩的应天府书院。应天府书院原名睢阳学舍，亦称睢阳书院、南京书院，位于今商丘古城南关。应天府书院兴盛了近百年之久，培养了大批人才，据统计有3万余名，其中有著作传世的杰出人物达100余人。著名文学家和政治家范仲淹、富弼，大学者向敏中、杨大雅、王洙、江休复、吕希哲等都是应天府书院的学生。范仲淹和王洙后来还应当时的应天府知府、著名文学家晏殊的邀请，一度任教于应天府书院。

延续时间最长的书院——百泉书院。原建于今辉县西北2.5公里太行山支脉苏门山南麓的百泉湖东岸，最早为北宋时邵雍所创建的太极书院。除邵雍外，元代理学大师姚枢、赵复，清初著名学者孙奇逢等，均曾在此聚徒讲学，研究学问。宋代王豫、周长孺等19位名士和著名词人贺铸、画家李唐，元代教育家许衡和文学家许有壬、王恽、郑廷玉，清初著名思想家汤斌、文学家宋荦和学者吕履恒、张沐、耿介、冉觐祖、李灼然、窦克勤及数学家李之铉、杜知耕等，都是百泉书院的学生。明末清初的著名书法家王铎在赴嵩阳书院学习之前，也曾就学于百泉书院，百泉书院一度成为清初中原最高学府。

北宋著名教育家程颢、程颐。程颢、程颐，洛阳人，北宋理学的奠基者。他们毕生致力于教育事业，教育思想大同小异，教育实践分洛阳讲学和外地兴学两个阶段。程颢教人，强调自得之学、循序渐进和有章有法。程颐认为教育的宗旨不是学为文章，也不是讲求训话，而在于要识得道理。二程特别强调幼儿的早期教育，“以豫为先”。二程在洛阳期间以授徒讲学方式传播儒学，匡正世风，开启了一代学风，培养出一批理学人才，有史可考者已达80余人。在中国理学发展史上有一定地位的吕希哲、谢良佐、杨时、游酢等人都是程门的嫡传弟子，中国理学的集大成者朱熹也是程门的四传弟子。

被誉为“朱熹之后第一人”的元代著名教育家许衡。许衡（1209—1281），河内（今沁阳）人，元代著名思想家和教育家，对传播程朱理学和促进书院发展有重大贡献。许衡曾三度任祭酒，掌控中央国子学的教育行政大权，亲自参与创建多民族教育体系，曾于元至元八年（1271）创立蒙古国子学，至元二十六年创立回回国子学。从许衡开始元朝各级各类学校如雨后春笋般建立，到至元二十三年，新建、扩建、改建书院共227所，可见其盛。许衡为少数民族官宦群体素质、元代的封建文明程度的提高，以及传承文化和促进民族教育文化的发展都做出了杰出的贡献，被誉为“朱熹之后第一人”。

河南现存最早的文庙——洛阳文庙。洛阳文庙位于今洛阳市老城区东南隅文明街中段，据文献记载，很有可能为金、元时代的建筑，因而可能为河南省现存最早的文庙建筑。该文庙现存建筑二十多间，戟门面阔三间，进深两间，砖木结构，悬山顶，前后檐都用斗拱，两边各有暖阁一间。

河南整体规模保存最好的文庙——浚县文庙。浚县文庙位于今浚县城内文庙街北端，始建于明洪武六年（1373）。该文庙占地5000平方米，现存主要建筑有泮池、戟门、祭器库、两廊、大成殿等。其中大成殿面阔七间，进深三间，殿内供有孔子塑像，两侧为曾子、子思、孟子等儒学传人和颜渊、闵子骞、冉伯牛、冉有、子贡、子路、子游等孔子弟子塑像。

清代早期木构建筑的标本——南阳府文庙。南阳府文庙位于南阳市老城新华路中段北侧，始建于元代，清顺治十年（1653）在明堂王府旧址重建。该文庙照壁为陶塑，宽6.3米，高5.3米，构思独特，艺术精湛，是河南省保存较为完整的大型照壁之一。该文庙大成殿是一座规模较大的单体建筑，坐北朝南，殿基前檐尚保存原始的彩绘，它是豫西南一带保存最为完好的古建筑之一，也是研究清代早期木构建筑的重要实物资料。

第六章 科技：紧追科学前沿的历史印记

“科技是第一生产力。”这句名言，不仅在当代适用，放到古代的中原，照样可以得到印证。因为，历史上中原辉煌的特征之一，便是科技发达。

中原科技文化的特点之一，是内容的广博性。无论是数学理化、天文地理、农耕水利、冶炼制陶、生物医药，还是建筑工程、纺织科技、交通运输，这些学科的早期发展都离不开河南。古代伟大的发明与创造，离不开中原独特的环境，尤其是黄河，围绕这条河与这片沃土，诞生与发展了与之相适应的科学与技术。

中原科技文化的特点之二，是发明的前沿性。前沿，也就是创新。无论是张苍的数学成就，还是张衡的天文学与地震学成就，还有僧一行在天文历法方面的成就，都是世界级的成就，都是站在当时科技巅峰之上的辉煌。尤其是对世界文明做出突出贡献的“四大发明”，在其酝酿与发明乃至推广的过程中，都离不开中原。蔡伦，不是河南人，但他在洛阳总结完善了造纸术，使纸张走向实用；葛洪，不是河南人，但他在洛阳实现了化学、医药上的突破；苏颂，也不是河南人，但他在开封主持了《本草图经》的编撰，创制了水运仪象台，并拿了几个世界第一。这就是“福地”中原，想干大事，到了中原，才有可能。

中原科技文化的特点之三，是创造的实用性。中原的科技理论是为了说明技术的，是科技实践的总结。中原地区位于黄河中游与下游，是黄河河道南北摆动的起点，游荡型河道、悬河以及“豆腐腰”等特点，给中原带来了灾难，也激发了治水技术的发展，由治水而带动了相关技术的发展。大禹治水，带来的第一个成果是治河技术与水利工程，而在堤防的建造过程中，相关的数字与计算必不可少，这就又推动了数学方面的发展；陶瓷烧造、冶铸炼丹，体现了古代制造业的非凡成就，也由此掀开了近代化学科学的新篇章；农耕文化充分体现了古代劳动人民的智慧，但在育秧播种中，又催生了天文历法的相应发展…… 这些都具体体现了中原科技文化的实用性。

中原科技文化的特点之四，是发展的传承性。中医本草学，从《本草图经》，一直发展到《本草纲目》，在中原可以找到中国传统医学发展的每一链条；天文历法学，由《夏小正》到《颛顼历》《太初历》《乾象历》《皇极历》《大衍历》。在历法发展的环节中，几乎都能找到与中原的交织点。数学、农业技术、陶瓷技术、冶铸技术，均表现出了这样的传承性。

科技曾经引领中原走向时代的巅峰，也必将引领中原走向新的辉煌。

第一节　天文文化

中国是天文文化发展最早的国家之一，世界上关于日食、月食、太阳黑子、彗星、流星雨和新星等天文现象的记录，都以中国为最早和最丰富。中国古代的天文一直是“正统”的儒家之学，内容丰富。天文文化主要包括天文、历法、气象、地震四大部分。天文是观测和研究天体的位置、分布、运动、形态、结构、化学组成、物理状态和演化等。历法是指推算天象以定岁时之法，将年、月、日等计时单位，依一定的法则组合，供计算较长时间的系统；历法是中国古代天文学的主要部分，其工作类似编纂现在的天文年历。气象主要指气候、天气以及大气层中出现的一切现象。地震则是由地球内部的变动而引起的地壳震动，包括陷落地震、火山地震、构造地震等。

这里所谈到的天文文化，主要反映中原各历史时期在天文、历法、气象、地震等方面的发展和成就，涉及天文著作、理论学说、天文历法人物、典章制度、天文观测、天文仪器、历法编订、历书、天象记录、气候天气、地震、天文文物与遗址，等等。

一、河南天文文化的概况

中原是中国天文文化孕育产生的较早地区。传说中的古代历法肇始者太昊伏羲氏，约生活于旧石器时期与新石器时期的过渡阶段，主要活动在黄淮流域的河南淮阳一带。到仰韶文化时期，人们已开始观察和记录日月星辰的运转和天体的变化，懂得一年有12个月，了解到天象的变化与季节的变换之间可能存在的联系。郑州大河村遗址出土的彩陶的口、腹部有着众多引人注目的天象纹饰。相当于龙山文化时期的五帝时代，天文知识进一步丰富，有了原始历法。颛顼、帝喾时代，天文历法领域取得了显著成就。颛项时，制定了历法——《颛项历》，初步确定了各星辰的位置，设置了天文官，统一了历法。帝喾“序三辰”以“治历明时”，对《颛项历》做了一定程度的修订。

夏代已出现了中国最早的日食、陨石雨、地震记录，创制了天干纪日法。《夏小正》是夏代天文历法发展成就的总结，也是见于记载的中国最早的历法。商代的天文历法成就显著：阴阳历有较大发展；置闰法成熟，采用了干支纪日法，出现了日历，已将白昼分为明（旦）、大采（或朝）等七个时段，出现了一天分为百刻的制度和“旬”这一名称；天象观测方面，已有日食、月食及世界上最早的新星记载；气象方面也有风、雨等气象的记载及风力、雨量的分级概念，开创了中国传统气象记录的先河；“四仲中星”这项观象授时的重要成果至迟产生于商末周初；宇宙结构的认识上，形成系统的“盖天说”。西周，登封阳城(今告成镇)已设立了专门的观星台，相传西周政治家周公曾在此观星台通过“土圭”观测日影。战国时期，魏国人石申著《天文》八卷，后人把它与齐国人甘德著的《天文星占》八卷合为一部，名《甘石星经》。他们发现了金、木、水、火、土五个行星的出没规律，测定和记录了120颗恒星的位置，创制了世界上最早的恒星表。

汉初大臣、历算家张苍力主采用《颛顼历》。洛阳西汉壁画墓中，发现了中国现存最早的一幅星象图，为中国古代天文史的研究提供了珍贵资料。东汉杰出的科学家、南阳人张衡，在天文历法方面的成就卓著。他创立了系统完整的天文学说，开辟了古代世界地震学研究的新纪元，写下了《灵宪》和《浑天仪图注》两部天文学著作，创制了世界上第一台水力浑天仪、世界上第一台测定地震时间和方向的地动仪、世界上第一台测定风向的候风仪等多种天文、地震、气象观测仪器等。东汉时，蒙县（今商丘市东北）人宗绀善星历，能准确地预测月食的日期。汉末刘洪发现了月球每天的运行速度不尽相同，编造了《乾象历》和月亮运行速度表。东汉都城洛阳城南，建有一座国家天文台——灵台以观测天象。

西晋太史令陈卓在甘、石、巫咸三家所著星图的基础上，制成了当时最为精密的星图，星图呈圆形盖天式，收星达1464颗。魏晋北朝时期，都城洛阳所在地区的天文历法成就显著，尤其在历法编订方面，成绩很大。孟津县北魏元乂墓天象图，是新中国考古发现中时代较早、幅度较大、星数较多的一幅天象图，反映了北魏天象观测的成果。

隋唐时期，在天文历法上有新的进展。隋代出现了知名星历世家新野庾季才、庾质父子。唐代的魏州昌乐（今南乐县）人僧一行，在天文观测、历法修订、天文仪器制造等方面做出了重大贡献。他组织了一次大规模的天文测量，第一次测出了地球子午线的长度，并开了世界上大规模测量子午线的先河。他创制了测量天球黄道坐标的黄道游仪，制成了以漏水转动的演示天象及报时的浑天铜仪，是古代自动机械报时钟的始祖。他修订的《大衍历》，是当时最先进的历法。

宋代在天文观测方面，于大中祥符三年到大观元年（1010—1107），曾先后进行过五次大规模的恒星位置测量工作。元丰年间（1078—1085）的第四次观测结果由黄裳汇成了星图，淳祐七年（1247）又由王志远刻石，这便是闻名世界的苏州石刻天文图。该图面积约20平方尺，刻星1430多颗。在漏壶、浑仪等天文仪器上也有重大改进，张思训在太平兴国四年（979）制作的浑仪中以水银代替水，减少了温度的变化对漏壶流量和计时精度的影响。天圣九年（1031），燕肃发明了莲花漏法，在漏壶中首次使用漫流系统，消除了漏壶水位变化对流量的影响，使漏壶计时准确度明显提高。北宋出现了引入星期制方法的《应天历》。元代著名天文学家郭守敬设计的登封观星台，是中国现存最早的天文台建筑，也是世界上重要的天文遗迹之一。该台高表的创用，圭上端“景符”的发明，使测量影长的精确率大为提高。

明代科学与艺术巨匠怀庆府（治今沁阳市）人朱载堉，在天文历法方面也取得了很大成就。他编制了《圣寿万年历》《律历融通》等，有效解决了二十四节气和七十二候的计算、月朔和闰月的安排等问题，对回归年的长度及其古今变化问题也提出了新见，还精确地测量了北京的地理纬度和地磁偏角。明代后期，开州（治今濮阳县）也出现了王嗣虞、王英明两位知名的天文历法学者。王嗣虞精于天文，重视西方历法成果。王英明著有《历体略》，在历算方面的研究成果竟与西方历法规律不谋而合。

二、河南天文文化的亮点

颛顼、帝喾时代的天文历法成就。颛顼、帝喾时代是五帝时代的重要阶段，约为公元前2900年至公元前2200年，在考古学文化上，大致与中原地区的新石器时代龙山文化相对应。中原是颛顼、帝喾活动和控制地域的中心地区，在颛顼、帝喾时代，天文历法领域取得了显著成就。颛顼时，制定了历法《颛顼历》。唐尧、虞舜、夏、商、周都沿用了颛顼的历法，秦时历法基本上承袭《颛顼历》，《颛顼历》在汉初仍沿用百余年。帝喾“序三辰”以“治历明时”，在继承颛顼时代天文历法成就的基础上，通过对日、月、星三辰运行变化规律的观测，对《颛顼历》做了一定程度的修订。

商代干支纪日法的发明。在纪日方法上，商代采用了干支纪日法，融合了十进位和十二进位两种不同观念的记数方法，六十日一个循环；并出现了日历，建立了逐日无间断的日期记录系统，沿用至今。干支纪日法是世界上应用时间最长的纪日方法，也为历史年代学提供了重要依据。

登封周公测景台。该台位于登封市告成镇，主要由表（约八尺高的直立柱子）和圭（有刻度的表座）构成，这种“圭表”又称“土圭”，是当时有名的天文观测仪器。它通过一年中日影在圭表上的位置和长度差异，确定太阳运行规律。夏至之日正午日影最短，冬至之日正午日影最长，并由此推知夏至至春分、秋分的时间，从而确定太阳年的日数。告成，古称阳城，相传西周政治家周公曾在此观星台观测日影。今尚存唐开元十一年（723）由天文官南宫说刻立的“周公测景台”石表，台南还有周公祠等古建筑。

洛阳西汉壁画墓中的我国最早的星象图。该星象图位于墓的主室顶脊，是中国迄今发现的最早的一幅星象图，为古代天文史的研究提供了珍贵资料。该图由十二幅天象图组成，依次为太阳和小熊星座、御夫星座、猎户星座、小马星座、三角星座、天兔星座、月亮和宝瓶星座、河鼓星座（牵牛）、天鹅星座、天秤星座、大熊星座（大北斗）、白羊星座等。整个天象图又可能象征一天的十二个时辰，以太阳为首的六幅代表白昼六个时辰，以月亮为首的六幅代表黑夜六个时辰。它说明西汉时十二时辰已为普通百姓所习用。

张衡的天文学成就。张衡（78—139），字平子，南阳西鄂（今南阳市石桥镇）人，曾任郎中、尚书侍郎等职。是东汉杰出的科学家、文学家、发明家，是世界上最早的天文学家之一，是世界十大文化名人之一，与哥白尼和伽利略齐名，在中国和世界自然科学史上占有重要地位。1970年国际有关组织用“张衡”二字命名月球背面的一座环形山。1973年，又用“张衡”二字命名太阳系中的一颗小行星。张衡在天文历法方面的成就，主要是创立了系统完整的天文学说，开辟了古代世界地震学研究的新纪元，写下了《灵宪》和《浑天仪图注》两部天文学著作，创制了世界上第一台水力浑天仪、世界上第一台测定地震时间和方向的地动仪、世界上第一台测定风向的候风仪等多种天文、地震、气象观测仪器等。

北魏元叉墓天象图。北魏元叉墓位于孟津县朝阳镇前海资村（今向阳村）西南，该墓室顶部有一幅保存完好的天象图。图中银河横贯南北，波纹清晰精致，呈淡蓝色，绘有星辰300多颗，星点大小不等，但相差不多，亮相之间有边线。该图是新中国考古发现中时代较早、幅度较大、星数较多的一幅天象图，反映了北魏天象观测的成果，是研究古代天文学的宝贵资料。

唐代伟大的天文学家僧一行的天文学成就。僧一行（683—727），俗姓张，名遂，唐开国功臣张公瑾的曾孙，著名的天文历法学家和高僧。他精于天文、历法、数学等，年轻时入嵩山少林寺为僧，开元年间应征入京，主持天文历法工作，在天文观测、历法修订、天文仪器制造等方面做出了重大贡献。一行与梁令瓒合作创制了测量天球黄道坐标的黄道游仪，并以此测出了二十八宿距天球北极的度数，在世界上第一次发现了恒星位置变化的现象，比英国人哈雷发现恒星移动早近千年；又制成了以漏水转动的演示天象及报时的浑天铜仪，这是世界上较为完善的最早的机械自动计时器，也称机械天文钟，比西方1370年出现的威克钟早600多年。开元十三年（725），一行在大规模的观测成果和前人研究成果的基础上，正式开始编制历法，到第三年完成初稿，取名《大衍历》。一行去世后，又经张说、陈玄景等人整理编次，计52卷，于开元十七年（729）颁行天下。

中国现存最早的天文台建筑——元代观星台。该观星台坐落于登封市告成镇，是中国现存最早的天文台建筑，也是世界上重要的天文遗迹之一，1961年被国务院公布为全国重点文物保护单位。告成镇古称阳城，相传这里早在周代就是测影场所之一。为编制新历，元至元十六年（1279），在全国设置27个天文观测所，其中阳城就是重要的一个。次年，在取得各地大量而准确的观测数据的基础上，编成新历《授时历》，颁行天下。这里观测日影的设备，是元代著名天文学家郭守敬设计的，当时全国共有6处，而今保存下来的就只剩阳城一处了，成为中国天文学史上的重要实物资料。

明代科学与艺术巨匠朱载堉的天文历法成就。朱载堉（1536—1611），字伯勤，号句曲山人，自号狂生、山阳酒狂仙客，怀庆府（治今沁阳市）人，明太祖朱元璋的九世孙，郑恭王世子，是明代杰出的科学家、音乐家、艺术家。他多才多艺，在天文历法方面也取得了显著成就。万历九年（1581），完成了《律历融通》这部历学著作。后来，又将明初以来通行的《大统历》与《授时历》加以比较，发现其误差甚大，便总结其异同，并结合万历前后百年天象实践，以万历九年为元，制定新历，成功地编制了《圣寿万年历》，同时编著了《万年历备考》一书。

第二节　农耕文化

中国自古以农立国，农耕文化是中华古文化的一个十分重要的组成部分。中国的农业起源相当早，美国耶鲁大学人类学家、美籍华裔学者张光直教授1986年在其著作《中国远古考古学》一书中指出，距今12000年前后，中国原始农业已经发端。而近年来一些学者根据对民族学、考古学和天文学等学科的综合研究，认为中国农业的起源要早到距今20000年以上。以上结论虽然还有争议，但是至迟从新石器时代开始，中国已经进入了完全意义上的农业阶段，距今也有七八千年的历史了。漫长而悠久的农业发展历史形成了具有中国特色的农耕文化。如今，我们以占世界8%左右的土地养活了占世界约20%的人口，不能不说这是一个伟大的奇迹。

农耕文化包含的内容十分丰富，大体说来，主要包括三个方面：一是农耕技术，主要有农业基础科学，农具，水利，农学，农业自然灾害与防治，农作物，园艺，林业，畜牧兽医，以及蚕、蜂、水产等。二是农耕制度，主要是历代的土地所有制度、田亩赋税制度、农耕收益分配制度、垦殖政策、粮食政策、赈灾政策等。三是农耕思想，核心是重农思想，具体有耕战思想、兵农合一思想、农业管理思想、农业人才思想、风水思想、减灾思想、荒政思想等。中国传统的农耕文化可以说是内容丰富、内涵深刻。它是中国传统文化的根基所在，它和中华文化的其他方面构成了一个有机的整体。

一、河南农耕文化的概况

河南是农业大省，河南的农业发展史可以看作是中国农业发展的一个缩影。河南农业发展过程中所积累下来的农耕文化可谓内容丰富，洋洋大观。河南是中国农业的起源地，上古时期，神农氏在淮阳建都，他“因天之时，分地之利，制耒耜，教民农作”，成为中华农耕文明的始祖。河南原始农业遗址，主要分布在豫中地区的裴李岗文化时期，距今有七八千年之久。种植业已是先民们的主要产业形式。当时，人们过着相对安定的定居生活，农业聚落大量涌现。发源于豫西的仰韶文化，其农业生产水平有了显著的提高，已经到了比较发达的锄耕农业阶段。紧随仰韶文化之后的是龙山文化，其聚落有所缩小，那是社会结构向小单元变化的体现，但无论从农业生产工具的大幅度改进还是粟类在所有的农作物中所占比重的大大增加来说，这一时期的种植业已经达到了石器时代的一个高峰。

夏、商、西周时期，已经进入文明社会，农业生产进步较快。夏王朝的中心活动地区主要在河南，这时的酿酒业已经发明并逐渐发展起来。粮食酒的出现，说明农业生产有了较大发展，粮食已经有了一定的剩余。商代自盘庚迁殷后，农业已成为重要的社会生产部门。这从殷墟的甲骨卜辞中可以得到证明。据中国第一部诗歌总集《诗经》中所载，西周开始使用金属农具，农作物的种类也有六七种，以粟为主，兼有稻、麦等其他品种。这一时期除了种植业的发展之外，诸如蚕桑、园艺和畜牧兽医等也发展起来。马作为当时的“六畜”之一备受青睐，肩负了狩猎、交通运输和征战的重任。春秋战国时期，铁制农具开始广泛应用于耕作，牛耕也已出现。排水防涝、抗旱保墒的方法已经形成。播种、除草技术也有了许多改进。这个时期最值得一提的是重农思想的确立。和此思潮相对应的是农家学派的形成，这个学派后来成了诸子百家之一。

秦汉时期，铁农具继续发展，同时牛耕普及。在许多汉代画像石中发现的“牛耕图”，对当时的牛耕状况描摹得较为详细。秦汉时期，河南地区的连种制已经定型，轮作复种也已产生，这在中国古代农业典籍《氾胜之书》中也有明确的记载。间作、混作也已经出现。

三国两晋南北朝时期，北方农具的种类增多，著名的农书《齐民要术》中都有记载。北方旱作地区形成了耕—耙—耱技术体系。在农具种类增加的同时，原有的一些主要农具如犁，也有了较大改进。在渑池县魏晋窖藏铁器中就有铁犁发现。这一时期的一个重要农耕成就就是贾思勰的《齐民要术》，据学者考证，他所记述的应当是黄河中下游地区的农耕情况。

隋唐的统一为农业的发展奠定了良好的基础，隋唐时期的含嘉仓、洛口仓储藏粮食数量巨大。安史之乱（755—763）以后，中原动荡不安，北方人民大量南迁，促进了南方农业生产的迅速发展。这一时期的水利工程较有成就，引洛、引黄灌溉工程取得成功。

宋元时期，由于北方长期的战乱，农业生产受到重创，中国的经济重心已经南移。此时的河南农业呈现出以下特点：农学理论更加成熟，农书增加，诸如《四时纂要》《农桑辑要》等。农业结构和社会结构日趋合理并逐渐定型。明清时期，由于社会经济发展重心南移，政局动荡不安，河南农业的发展速度及其在全国的地位逐渐下降，但直到明清时期仍是全国的重要农业生产基地之一。

二、河南农耕文化的亮点

中国是农业文明古国，河南则是农业大省，自石器时代直至宋、元、明、清，河南农耕在中国历史上的地位有所变化，但其以农为本的宗旨始终没有变，数千年乃至上万年的河南农业发展史谱写了一部河南农耕文化的壮丽诗篇。

中国农业的发明者——炎帝神农氏。中国的农业起源很早，大约在旧石器时代末期，农业即已初露端倪，至新石器时代，原始农业逐渐形成。在古史传说中的炎帝神农氏被称为是中华农业的始祖。炎帝神农氏曾经定都于陈（今淮阳县）。在今淮阳县城东北5公里处，有一个神农五谷台，台上有庙，庙里塑有炎帝神农氏的像。炎帝在淮阳一带教导民众播种五谷，在五谷台附近还有神农井，相传是神农氏为了教导民众汲水灌溉而挖掘的。

最早的粮食加工工具石磨盘与石磨棒。石磨盘和石磨棒是新石器时代的重要农具，它是人类使用最早、延续时间很长、流传范围较广的谷物加工农具，在新石器时代乃至以后铜器时代的许多地区，它都是人们加工谷物的重要工具之一，在河南发现此类农业工具的新石器时代的遗址有舞阳贾湖、新郑裴李岗、新郑沙窝李、巩义下西坡、郏县水泉、汝州中山寨、汝州李楼、安阳后冈、方城大张庄等，贯穿了整个新石器时代。

中国稻作农业的起源地——舞阳贾湖。舞阳贾湖是中原新石器时代早期裴李岗文化的一个典型遗址，它所表现出来的包括农耕文化在内的一系列古文化让人叹为观止。贾湖遗址出土的生产工具比较多，经初步统计，有磨制石器生产工具440多件，打制石器工具数十件，骨制生产工具700多件。按用途分有农业生产工具、粮食加工、渔猎、纺织、缝纫和制作生产工具的工具等。贾湖是中国稻作农业的起源地。

系统反映早期农业的出土文字——甲骨文。安阳殷墟出土的甲骨文震惊世界，甲骨文所记述的内容不仅让商史成为信史，而且甲骨文所反映的商代社会经济生活的方方面面，使得我们对那时候的农业也有了前所未有的新认识。据统计，经过整理的殷墟出土甲骨，与农业生产或农业礼俗有关的达到四五千片之多，其中又以占卜粮食收成丰歉的为最多。说明农业在当时的社会经济中占据了非常重要的地位。

中国最早的大型水利工程——期思陂。期思陂是中国历史上最早的水利工程，其兴建者为孙叔敖。孙叔敖是春秋时期著名的楚国令尹，一生政绩颇多，而以治水最为人所称道。孙叔敖为楚令尹前，将古期思（今淮滨东南期思镇）与雩娄（今商城东）之间众多的陂塘沟堰沟通，修建成为渠系，用以灌溉雩娄一带的田野，从而形成著名的“期思陂”。该工程不仅使当时楚人广为受益，也造福于后世，到明清时期，期思陂仍然发挥着作用。三国时魏国的刘馥在原陂的基础上加以整治，明代亦曾维修，灌溉塘堰36处，因此嘉靖《固始县志》说，固始之富饶“盖肇自楚之孙公，汉之刘馥”。

中国发现的唯一的汉代村落农田遗址——三杨庄汉代村落。三杨庄汉代村落遗址位于内黄县梁庄镇三杨庄北，东北距县城约30公里，是一处汉代庭院建筑遗址，因黄河的一次大规模洪水泛滥而被整体淹没。第一处庭院建筑遗存位于三杨庄村北。清理出的庭院建筑遗迹有庭院围墙、正房的瓦屋顶、墙体砖基础、坍塌的夯土墙、未使用的板瓦和筒瓦、建筑废弃物堆积、拌泥池、灶等。第二处庭院遗存位于三杨庄村西北。据考古工作者初步研究得知，这是一处西汉晚期的较大规模的聚落遗址。整个聚落遗址内的各类遗迹现象得以原貌保存下来，并且不为后人活动所扰乱，实为目前全国汉代考古中所仅见，被称为中国的“庞贝古城”。

南阳汉画中发现的第一幅农耕图。1994年春，考古工作者在南阳市区独山东麓一座汉画像石墓中发现一刻有农业生产内容的画像石。这幅农耕图包括田间锄禾、驱魔逐疫和舞乐百戏三方面的内容。画像石分为三层，以平地浅浮雕构图。下层图右刻农夫田间锄禾场面，最右边是一个农妇，扛着一把锄头，锄柄一端系着一个水壶，前面挂着篮子，好像正往地里送饭。她的前面为庄稼地，长满禾苗，田间有一个农夫，正在锄耘田地。田地旁边有一头家养的鹿，似乎要跑开的样子。画像石的中部是驱鬼的场面，最上层为乐舞，反映的内容相当全面。这块汉画像石的发现，填补了南阳乃至河南汉画中无农业生产场面的空白。

中国目前所发现的最大的古代粮仓——洛阳含嘉仓。洛阳老城北隋唐故城东北部有含嘉仓，建于隋大业元年（605），是用来储存京城以东州县所交租米的皇家粮仓，历经隋、唐、北宋3个王朝，沿用时间长达500多年。1970年洛阳博物馆对含嘉仓遗址进行了钻探和重点发掘，找到了仓城，东西长612米，南北宽710米，总面积43万平方米，探出粮仓287座，发掘粮窖40多座。1972年发掘时，发现在一座仓窖内保存着大约50万斤已炭化的小米，颗粒还清晰可辨。此外，文献记载也说此仓巨大，储粮非常多。如此规模的粮仓堪称中国古代第一粮仓。

第三节 冶铸文化

《辞海》对“冶”的解释是“熔炼金属”。《辞源》对“冶铸”的解释为“冶炼铜铁，铸造器物”。冶铸本是一个自然科学概念，指人类在高温条件下对金属矿石所进行的提炼和加工工作。冶铸文化包含人类历代由选矿、采矿到冶金制器、使用金属器具等全部过程中所遗留下来的有关遗迹、遗物等文化现象。古代的冶铸文化，最重要的是冶铜文化和冶铁文化。丹麦考古学家C.J.汤姆森对人类创造铜器、铁器评价极高，认为人类创造的石器、铜器、铁器给人类回馈的财富最多、贡献最大，提出把人类社会发展史划分为石器时代、铜器时代、铁器时代。

冶铜文化指人类在采取铜矿石以及对其所进行的提炼和加工过程中遗留下来的相关遗迹、遗物等文化现象。冶铜文化中最主要的是青铜文化。青铜制造是人类历史上的一项伟大发明，它是红铜和锡、铅的合金，也是金属冶铸史上最早的合金。中国铜器始于何时尚无准确考证，但目前已知的最早的铜器，是1973年出土于陕西临潼姜寨仰韶文化遗址的原始黄铜片和出土于甘肃东乡马家窑文化遗址的青铜刀，学术界一般认为，中国冶铜术的起源应该不会晚于公元前3100年。夏代是中国青铜器初步发展期，商周是青铜文化鼎盛期，秦汉及以后是青铜文化的衰落期。青铜器的种类有食器、酒器、水器、乐器、兵器、工具、农具、车马器、铜镜、货币和杂器等。以鼎、簋为代表的青铜礼器在夏、商、周三代有举足轻重的地位，与三代的礼制、等级制度关系密切，是研究先秦历史的重要实物资料。

冶铁文化指人类在开采铁矿、加工铁矿、铸造铁器的过程中遗留下来的有关文化现象。中国古代冶铁术究竟起源于何时，学术界至今尚无定论。对研究中国古代社会做出过开创性贡献的郭沫若，在冶铁术起源方面也见解不凡。在《希望有更多的古代铁器出土》《班簋的再发现》等文章中，郭沫若认为将铁器的起源定在西周晚期“过于保守”，周初应该是铁器的起源时间，但这种观点还需要出土的实物来验证。目前三门峡虢国墓地出土的玉茎铜柄铁剑和江苏六合程桥春秋晚期墓葬出土的铁条和铁块，是目前所知中国最早经人工冶炼的铁，所以学术界一般认为，中国的冶铁技术不晚于西周晚期。铁器主要有工具、农具和兵器，而礼器较少。

中国古代冶铸文化在世界上处于领先水平，是世界上最早创造竖炉液态冶炼、液态铸造快速成型等高超冶铸技术的国家。与西方国家不同，中国块炼铁阶段非常短暂，4000年前就发明了竖炉液态冶炼法，到春秋初期竖炉液态冶炼、液态铸造技术已经完善，使得冶铸效率比西方的块炼法要高得多，把中国封建社会提前到公元前5世纪。春秋时期还发明铸铁柔化技术，洛阳战国早期灰坑出土的铁器是迄今为止出现最早的柔化黑心可锻铸铁。美国于19世纪才研制成功黑心韧性铸铁，而中国劳动人民在战国时期就已广泛应用这种高强度铸铁，比欧美要早

2000多年，中华冶金史上的辉煌成就确实令人叹为观止。

一、河南冶铸文化的概况

河南是冶铸文化之乡。1982年，中国冶金史国际学术研讨会的闭幕式上，英国学者总结时说："世界冶金史中心在中国，中国冶金史中心在河南。"据统计，全国已经出土公元前1900年以前的铜器以及相关文物23件，其中河南5件；出土地点13个，河南有5个。

早在龙山文化时期，河南就出现了铜器制品，1954年郑州牛砦龙山文化遗址中，曾经发现熔化铅青铜的残破炉壁和铜器残片，经过鉴定为铅青铜。1980年在登封王城岗龙山文化第四期的窖穴H617中，出土了青铜器残片，其合范缝隙清晰可辨，为含铅较多的锡青铜器。其后铜器制造工艺逐步发展。到二里头文化时期青铜铸造有相当大的发展。二里头青铜铸造遗址是中国目前发现最早的青铜铸造遗址。商代，河南是青铜器制造中心。专门的青铜器作坊大量出现，青铜器无论在造型设计、花纹装饰，还是在铸造技术上都有明显进步，小型器物为一次性合范，大型器物使用分范法。铜器胎壁厚实，给人以凝重、庄严的感觉。纹饰多彩，形制精美，显示出处于鼎盛阶段的富丽堂皇、雍容华美的气派。不仅纹饰上刻意讲究，并且广泛使用浮雕装饰，韵味无穷。安阳殷墟妇好墓出土的400余件青铜器，都是工艺精美绝伦、各具特色的青铜器中的精品，尤其是安阳武官村出土的后母戊大方鼎，更是中国目前已出土的最负盛名的四足方鼎。周代铸铜的鼓风设备由皮囊鼓风发展到多杆鼓风，青铜器型更加精致，青铜金银错等装饰出现，大型复杂的器具使用焊接法，纹饰朴实，铭文大量出现。秦汉以后，河南地区的青铜冶铸主要仿制春秋战国时期的产品，青铜文化衰落下去。

河南古代的冶铁文化也十分发达，虽然至今没有找到春秋以前的冶铁遗址，但春秋战国时期的冶铁业已经相当发达，形成了很多冶铁中心。如宛城（今南阳市）是楚国的冶铁中心，新郑故城内的仓城村发现了韩国的冶铁遗址，韩国的阳城（今登封东南告城镇）近年发现有战国时代的熔铁炉底。另外，鹤壁市山城区故县村、辉县市共城等地也发现了战国的液态铸造铁器遗址。这一时期，发明了铸铁柔化术，铁器制品逐渐取代铜器制品。尤其是铁生产工具大量出现，在县邑和重要村镇，已经达到文献中说的每个劳动力握有不止一件铁器的普及水平。汉代是冶铁技术新的高度发展时期，冶铁遗址大量出现，泌阳县下河湾村冶铁遗址是中国目前发现的最大冶铁遗址，面积12万平方米以上。另外郑州市古荥镇冶铁遗址、西平县汉代冶铁遗址群、舞钢市汉代冶铁遗址群、南阳市汉代冶铁遗址等都是当时重要的冶铁中心。两汉时期冶铁产量很大，古荥炼铁高炉作为当时最大的冶铁炉，日产铁一吨，南阳郡鲁阳（今鲁山县）也有相似规模的大炼炉。随着生产技术的进步，西汉用淬火法制造大量的铁农具，用煤取代炭作燃料，先后使用人力鼓风、畜力鼓风。而东汉南阳太守杜诗发明水排鼓风，更是冶金史上的一个伟大创举。管理机构完善，设置盐铁官，专门负责全国盐铁生产。据《汉书·食货志》记载：当时全国掌管冶铁的大铁官有40个。其中掌握3个冶铁作坊的大铁官有6个，河南占其中4个；掌握2个冶铁作坊的大铁官有9个，河南占其中2个。可见河南冶铁业在全国的重要地位。汉代以后，河南的冶铸业还有所发展，但在全国的影响不再那么突出。

二、河南冶铸文化的亮点

黄帝冶铜铸鼎的传说在灵宝。《史记·封禅书》记载，古时荆山一带灾情严重，黄帝闻讯从昆仑山来到荆山察看。为了炼出仙丹给老百姓治病，他采首山之铜，汲湖水，铸鼎于荆山之下。据考证，黄帝冶铜铸鼎的地方在今灵宝市。考古工作者在黄帝铸鼎原发现了一座占地516平方米的带回廊的特大宫殿基址，发掘出仰韶时期大型的人工防护壕沟，弄清了居住区、作坊区、墓葬区等遗址布局，发现了仰韶中晚期的大型墓葬区。这些考古资料的发现，为黄帝在灵宝冶铜铸鼎提供了科学的证据。

中国已知最早的青铜铸造遗址——偃师二里头遗址。偃师二里头遗址中发现多处大面积铸铜遗址，这是目前所知中国最早的青铜铸造遗址。其中内容最丰富的铸铜遗址当数在二里头第四区的一处，范围在1万平方米以上，延续使用时间在300年左右。该铸铜遗址出土了凿、锥、锛、戈、戚、爵、铃等青铜器以及铜渣、坩埚碎片、铸铜用的陶范残片等。由铸铜遗址出土的陶范可以看出，当时已经出现了合范铸造技术。根据碳-14测定，证明早在距今三四千年前，中国已出现了青铜铸造业。二里头铸铜遗址的发现对青铜文化研究、中华文明起源研究等都具有重要意义。

中国已知最早的青铜酒器长流爵。1975年，偃师二里头遗址出土的长流爵，被称为中国最早的青铜酒器。长流爵是古代饮酒器，高22.5厘米，流至尾长35厘米，壁厚0.1厘米，长流、尖尾、束腰、平底，三足细长，流近口处有菌状短柱两个，腰部的一面有宽1.2厘米的凹线，两线间横列装饰5个乳钉，胎壁较薄，器表粗糙，纹饰简单，确为中国早期青铜器的特点。长流爵的出现，反映了当时高超的青铜铸造技术和弥重的尚酒风俗。

后母戊大方鼎：中华第一大鼎。1939年，安阳市武官村出土的后母戊大方鼎是中国商代晚期的青铜器，是目前出土青铜器中最大的一件，也是世界青铜器中罕见的精品。鼎重达875公斤，连耳高130厘米，长110厘米，宽78厘米。后母戊鼎立耳、方腹、四足中空，除鼎身四面中央是无纹饰的长方形素面外，其余各处都有纹饰。根据考证，后，意为伟大、了不起，受人尊敬的；“后母戊”，即“敬爱的母亲戊”。据考证，此鼎为商代晚期商王文丁为其母所制的青铜器。其造型、纹饰、工艺均达到极高水平，是商代青铜文化顶峰时期的代表作。现藏于中国国家博物馆。

被誉为“中华第一剑”的玉茎铜柄铁剑。1990年春，考古人员在清理三门峡虢国墓地时，从虢国国君虢季墓中发现玉茎铜柄铁剑。剑残长34厘米，包括剑身、剑柄、剑格、剑首四部分。由铁、铜、玉三种材料复合而成。铁主要铸造在剑身的刃部，铜铁混铸造，显示出高超的冶铸技术。玉茎铜柄铁剑的出土将我国人工冶铁的历史向前推了至少两个世纪，表明2800多年前，虢国的工匠们已熟练地掌握了原始的块炼铁和块炼渗碳钢技术，因而被专家誉为“中华第一剑”。

中国最精美的青铜器——莲鹤方壶。1923年，出土于今新郑市李家楼村的莲鹤方壶，是一件春秋中期的造型最精美的青铜盛酒器，采用了圆雕、浅浮雕、细刻、焊接等多种技法铸造而成。壶身高大，结构严密，通体布满了盘曲的龙形装饰花纹，两侧并铸有圆雕的龙形细长双耳，底部铸两只负壶而走的伏兽。在壶盖周围并列双层向外展开的莲花瓣中，屹立着一只展翅欲飞的仙鹤，却完全采用写实手法。此壶原为一对，一件现藏于北京故宫博物院，另一件藏于河南博物院。

演奏《东方红》的信阳长台关楚墓编钟。1957年信阳长台关1号楚墓中出土一套13枚铜质编钟。编钟形制相同，规格依次减小，钟的造型庄重质朴，纹饰精致细密。中国科学院声学研究所的专家通过测量编钟的振动方式意外发现，编钟的每枚钟体都能发出两个音，具有“一钟双音”功能。民族音乐专家轻轻敲击，演奏出《东方红》乐曲。1957年除夕，该套编钟演奏的《东方红》乐曲，经过中央人民广播电台播放传送至全世界，引起轰动，并于1970年4月，通过“东方红一号”卫星，不间断地向太空播放，响彻寰宇。这套编钟现藏于中国国家博物馆，为研究中国音乐史和古代炼铜铸造工艺，提供了丰富的实物资料。

用失蜡法铸造的中国最精美的青铜器。1979年，在淅川下寺春秋楚墓出土的一件铜禁，造型奇特，纹饰繁缛，工艺精细复杂。铜禁为长方体，高28厘米，长107厘米，宽47厘米。铜禁采用镂空透雕、浮雕和圆雕相结合的技法，使表层纹饰与内部多层铜梗构成复杂的空间立体镂空装饰，层次丰富，花纹精细，是失蜡法铸造的经典之作。失蜡法是冶铸史上一项重大发明，这件铜禁的铸造在科技史上有重要意义。

中国唯一的饰有战争场面的青铜器。1935年，在汲县（今卫辉市）山彪镇一座战国墓中出土了一件青铜鉴。铜鉴高29.6厘米，深26.2厘米，口径54.6厘米，底径29.6厘米，壁厚0.2厘米，器重20公斤，容量4460毫升。器形腹部刻画镶嵌有一精美的人物作战内容的装饰纹样，故称“水陆攻战纹鉴”。图案花纹共分上、中、下三层，有图像40组，刻画人物292人，表现出格斗射杀、击鼓、犒赏、送行等种种姿态。现藏于台北故宫博物院。

剑魁棠溪剑。西平县棠溪是春秋战国时期中国著名的冶铁铸剑基地。西平县战国时期属韩国，韩国的兵器在当时非常有名。《战国策》有“天下强弓劲弩皆韩出”的记载。《史记索隐》将棠溪剑推为名剑之首，“天下之剑韩为众，一曰棠溪，二曰墨阳，三曰合伯……”。棠溪的冶铁已经使用退火烧碳法和淬火法。西平县西南棠溪河南岸的酒店冶铁遗址和冶炉城村冶铁铸剑遗址，都是当时著名的铸剑中心。

中国目前发现的最大冶铁遗址。2005年，在泌阳县下河湾村发现的冶铁遗址，南北长约400米，东西宽约300米，面积在12万平方米以上。遗址区内随处可见大量的炉壁残块、炼渣、铁矿石、陶豆、陶釜、盆、罐、板瓦、筒瓦等遗物残片和大量烧土块。在遗址东部和北部的断壁上，目前仍清晰可见有6座炼铁炉遗址。从炼铁炉内发现的遗物推测，该冶铁作坊从战国中晚期一直延续到汉代，使用时间至少在100年以上。下河湾冶铁遗址是目前中国发现的面积最大的冶铁遗址。

中国目前发现的最大的冶铁高炉。1975年，郑州市博物馆对古荥镇冶铁遗址进行发掘时，发现两座规模较大的炼铁高炉残迹。炉基深达3米，用夹有木炭的耐火土夯筑而成，炉缸呈椭圆形，面积8.5平方米。炉前清理出多块巨型积铁，最重者达23吨。根据炼炉和积铁情况复原，炉高达6米，为容积50立方米的炼铁高炉，是中国目前发现的汉代容积最大的高炉。

水排的发明者杜诗。水排是东汉机械工程家杜诗发明的。杜诗，汲县（今卫辉市）人。任南阳太守时发明水排，水排以水力传动机械，使皮制的鼓风囊连续开合，将空气送入冶铁炉，铸造农具，用力少而见效快。杜诗发明水排，一改中国冶炼鼓风装置靠人力和畜力为动力的状况，不仅大大提高了劳动效率，而且比欧洲早了1100年，在中国古代冶炼工艺发展史上具有里程碑的意义。

第四节 陶瓷文化

中国是世界上几个历史悠久的文明古国之一，先民们创造了光辉灿烂的中华文明，留下了极为丰富的文化遗产。其中就包括有“第五发明”之称的陶瓷文化。“陶瓷”一词实际上是一分为二的，包含“陶”和“瓷”两个大类。“陶”字，据《说文解字》的解释是“瓦器”；“瓷”字，据《康熙字典》解释为“陶器致密者”。《辞海》上“陶瓷”的解释是“由黏土及长石、石英等天然原料经混合、成形、干燥、烧制而成的耐水、耐火、坚硬的材料和制品的总称。包括陶器、瓷器、炻器、砖瓦等”。可见陶器与瓷器既有联系又有区别。陶器是以黏土、长石、石英等为主的混合物为材料，经过手捏、轮制、模塑等方法加工成形，在800℃的温度下烧制而成的器物。瓷器是以瓷土（主要是高岭土）或瓷石为原料，经过配料、制胎、施釉、经1200℃以上高温窑烧等工艺流程制成的器物。瓷器是在陶器生产的基础上发展而来的。陶器与瓷器的区别主要表现在：一是原料的差别，陶器的原料主要是黏土，瓷器的主要原料是高岭土；二是烧成温度的差别，陶器的烧成温度在800℃左右，而瓷器的烧成温度在1200℃以上；三是器表的差别，陶器器表一般不施釉，即使施釉也是低温釉，瓷器的釉料有高温釉与低温釉两种，高温釉瓷在高温下与胎体一次烧成，低温釉瓷先高温制成素胎，然后在瓷胎表面施低温釉，第二次低温烧成。

陶瓷文化指人们制作陶瓷的方式及其产品。陶器是人类最初的发明，陶器的烧造很可能出于偶然，当时人们看到湿软的泥巴，经过烧烤后变得坚硬，于是将黏土捏成一定的形状，用火烧烤，开始了最原始的制陶。在中国制陶史上，距今近万年前陶器就已经发明，现在在河北保定市徐水区的南庄头、广西桂林市的甑皮岩以及江苏南京市溧水区的神仙洞都先后发现了万年以上的陶片，在江西万年县的仙人洞还发现了上万年前的陶罐。其后的人们运用自己的智慧，烧制了大量各具特色、异彩纷呈的陶瓷，从而掀开了中国陶瓷文化史上灿烂辉煌的篇章。陶器的种类主要有红陶、彩陶、黑陶、灰陶、白陶、硬陶、釉陶、绘彩陶器和三彩器。瓷器的种类主要有青瓷、白瓷、彩瓷，其中彩瓷作为陶瓷文化中的精华部分，包括青花瓷器、斗彩、五彩、粉彩和珐琅彩。

中国陶瓷文化是世界艺术史上的一朵绚丽的花朵。中国陶瓷在两汉时期已经输出到中亚地区，尤其是唐宋以来的陶瓷大量输出，不仅对世界人民的物质生活产生了重要作用，而且对世界文化的发展产生了深远的影响，英文“中国”（China）的另一涵义即指中国的瓷器。

陶瓷在中国古代是研究与收藏的重要对象。北宋时期形成的金石学对秦汉时期的瓦当、画像砖以及隋唐以来的陶瓷器进行了详细的研究，产生了集大成的作品如《集古录》等。近代学者梁启超、王国维等人也对陶瓷文化研究有独到见解。近现代考古学都以陶瓷为重要的研究对象，尤其是考古学年代的判断与区域文化的划分都以陶瓷文化为支撑。陶瓷文化研究的热点有：陶瓷器的起源、陶瓷器的关系与界定、窑系研究、陶瓷工艺研究、制造技术研究等。

一、河南陶瓷文化的概况

河南陶瓷文化历史悠久，内容丰富，工艺精湛，体系完整，堪称我国陶瓷文化圣地。至今发现的含史前陶器文化的重要遗址近3000处，其中著名的裴李岗文化、仰韶文化的命名地都在河南。现已发现300余处规模较大的窑址，其中比较重要的有北魏的洛京窑、安阳的相州窑、鲁山段店窑、郏县黄道窑、内乡邓州窑、汝州窑、钧窑等，获得了数十万件瓷器标本。

现将河南重要瓷窑遗址列表如下：

窑 名	地 点	年 代	产品种类
相州窑遗址	安阳	北齐～唐	青瓷、黑瓷、白瓷、白釉点黑彩瓷等
苇园瓷窑遗址	巩义	隋～宋	青、黑、白、紫、黄等色釉瓷等
段店瓷窑遗址	鲁山	唐初～元	黑釉、花釉、白地黑花、钧瓷、汝瓷、三彩等
鹤壁集窑遗址	鹤壁	唐～元	黑釉、黄釉、白釉、白地黑花、钧瓷
黄冶唐三彩窑址	巩义	唐	唐三彩
曲河窑遗址	登封	唐～元	白釉、黑釉、青釉、珍珠地划花等
黄道瓷窑遗址	郏县	唐～元	黑釉、黄釉、天蓝釉上加天蓝或月白色斑点的瓷器等
西关瓷窑遗址	新密	唐～宋	白瓷、黑瓷、珍珠地划花等
钧台钧窑遗址	禹州	宋代	钧瓷、汝瓷、影青瓷、天目瓷等
清凉寺汝窑遗址	宝丰	北宋～元	汝官瓷、白瓷、三彩、黑瓷、影青等
当阳峪窑遗址	修武	宋代	白釉、酱釉、黑釉、绞胎瓷、三彩等
扒村瓷窑遗址	禹州	北宋～元	白地黑花瓷、白地划花、三彩等
窑沟瓷窑遗址	新密	宋	白釉、黑釉刻花、黄釉、灰釉瓷等
西王封窑遗址	焦作	宋	白瓷、黑瓷、白地黑花、珍珠地划花

距今8000余年的裴李岗文化的陶器制品是河南境内目前发现最早的分布较广的陶器文化，以红、褐陶为主，主要以手制为主。距今6000年左右的仰韶文化的彩陶大部分以轮制法完成，以红地黑纹为装饰。龙山时代轮制法更加普遍，以绳纹灰陶为主，蛋壳黑陶最有特色。夏、商、周时期亦以灰陶为主，器型多样，白陶在商代后期比较流行。釉陶是汉代出现并流行的一种低温铅釉陶器。在河南出土的低温釉陶，大部分都是明器。秦汉时期河南地区已大量使用模制法。三彩器是唐、宋时期流行的一种低温铅釉陶器，巩义市黄冶村窑址是目前发现的中国第一个唐三彩窑址。

河南早期瓷器以青瓷为主。郑州商代原始瓷尊，是目前发现最早的原始青釉瓷器，距今已有3500余年的历史。周代，原始青瓷工艺得到初步发展，生活器皿和酒器出现。东汉时期，青瓷工艺逐步完善，胎质坚密，釉层匀净，全部达到了瓷化的标准。魏晋和北朝时期，青瓷造型更加多样化，运用雕塑、彩绘等技法来装饰，产品完美别致，且受佛教思想影响显著，瓷器纹饰普遍以莲花为题材，素净雅致，形成了浓郁的地方风格。北朝白瓷首创于安阳相州窑。白瓷的出现为后来的青花、五彩、斗彩等各种彩绘瓷器的出现，开拓了广阔的前景。隋唐陶瓷业蓬勃发展。隋代的制瓷工艺具有划时代的意义，白瓷工艺臻于完善，开启了中国瓷文化“南青北白”的新局面。隋代的青釉鸡首龙柄壶、白釉点黑彩镇墓兽颇具特色，而唐代的白釉双龙尊、鸡首壶、黑釉蒜头壶风格各异，特别是鲁山花瓷的窑变艺术，别具特色，花色多样，施釉大胆泼辣，具有引人入胜的艺术魅力，为宋代钧窑“窑变”艺术奠定了基础。隋唐时期的瓷业，初步形成了地方特色，如巩义的白瓷、巩义和郏县的黄釉瓷、荥阳与鹤壁的黑釉瓷。隋唐时期以洛阳为中心的三彩器制造，蜚声海内外。唐三彩是唐初创烧的低温铅釉陶器，用白色私土作胎，用含有铜、铁、锰、钴等矿物作釉料着色剂，最后经800℃左右低温烧制而成。唐三彩常见的颜色有红、黄、白、绿等，而以蓝色最为珍贵。五代十国时期的瓷器业得到了长足的发展，尤其是传说中的柴窑产品，“青如天，明如镜，薄如纸，声如磬”，传世品罕见。

北宋时期，中原瓷业出现繁荣昌盛的局面，全国五大名窑——汝窑、钧窑、官窑、哥窑、定窑，河南境内有三个，分别是汝窑、钧窑、官窑。而民窑也大量出现，如禹州扒村窑、鹤壁集窑、登封曲河窑等，其中修武当阳峪窑、鹤壁集窑、禹州扒村窑、登封窑深受磁州窑的影响。各窑在生产技术、装饰艺术上各有千秋。钧瓷以胎质细腻、窑变美妙、色彩纷呈而独树一帜；汝瓷以造型秀丽、开片密布而夺得“青瓷之首，汝窑为魁”的桂冠；官窑瓷以“紫口铁足、金丝铁线”、造型多样而闻名。当时的民窑中也不乏精品，如禹州扒村窑的白釉黑花盆、鹤壁集窑的白釉梅花瓷瓶、登封曲河窑的珍珠地划花人物枕和双虎瓶等。北宋时期，三彩器在河南也得到了很好的发展，尤以济源勋掌窑和新密西关窑的产品为最，后者享有“三彩之精，加彩之美”的盛誉。金元时期，河南瓷业复苏，仿造钧瓷的风气盛极一时，窑变艺术得到进一步发展，磁州窑系的铁锈花工艺获得新生。明清以降，制瓷中心南移，河南瓷业一蹶不振，至现代才得以复兴。

二、河南陶瓷文化的亮点

中原最早具有影响力的陶器文化。根据考古发掘资料，距今约8000多年的裴李岗文化时期的陶器，以泥质红陶和夹砂红陶为主。红陶在中国出现最早，烧成温度在900℃左右。裴李岗文化陶器的陶质松，表皮易脱落，大部分还是手工制成，器壁薄厚不均，器物造型较简单，有碗、罐、壶、钵、鼎等，其中最具代表性的有三足鼎、双耳壶等，另外还有陶塑动物等艺术品。裴李岗文化陶器在豫中、豫北等地分布较广。

灿烂非凡的中原彩陶文化。河南是史前彩陶文化的中心区域之一。仰韶文化彩陶展现了中国史前社会繁荣阶段的社会结构与文化成就。仰韶村遗址、庙底沟遗址、大河村遗址等出土的大量彩陶，纹饰丰富，使用矿物质着色剂进行彩绘，陶器大多是红胎上画赭、红、黑、白等色彩。图案多数是形式多变的几何形纹，其次是动物、植物纹。丰富的几何纹饰变化复杂，绝无雷同。彩陶纹饰是中国最早的绘画艺术作品。其中大河村仰韶文化遗址出土的双连壶构思新颖、造型独特，被誉为中国最美的彩陶器。彩陶中的太阳纹、日晕纹、星座纹等天象图案，是目前我国发现最早的天文学资料；临汝阎村出土的彩陶缸《鹳鱼石斧图》被誉为我国新石器时代画面最大、内容最丰富、技法最精湛的彩陶画。

中国目前发现的最早的原始瓷器。1955年和1965年，在郑州的商代墓中，出土两尊较完整的商代瓷尊，被誉为中国瓷器的鼻祖，引起国内外的广泛关注。商代原始瓷尊胎质是用高岭土制成，里外都涂有一层较薄的透明青色釉，其中一件高27厘米，器表还有几块较厚的玻璃质绿色釉，明亮光滑，胎釉结合紧密，硬度较高，叩之有金石之声。经测试，内胎毫不吸水，火候达到1200℃以上，化学分析初步具备瓷器的特性，因而称为“原始青瓷”。

中国最早的彩釉瓷器。1958年，在濮阳县这河寨村北齐车骑将军李云的夫妇合葬墓中出土两件黄釉绿彩四系罐，造型优美，色彩艳丽，开唐三彩之先声，釉色米黄，形制相同，一件为方形，一件为圆形。方形的瓷器高24厘米，口径8.7厘米，底径9.3厘米，胎厚0.5厘米。白釉薄有光泽，有6条绿彩由肩部下垂至腹，腹下部无釉。直口微敛，椭圆腹，平底，高实足。肩上有两周刻纹，其下又刻一周忍冬纹纹带，带下为垂至腹部的六瓣覆莲，莲瓣宽肥，瓣尖微卷，极为精美。

中国目前发现最早的白瓷器。20世纪70年代，在安阳县北齐骠骑大将军范粹墓中出土的白瓷是中国发现最早的白瓷。该墓出土的白瓷有三系罐、四系罐、长颈瓶、大碗、小碗等。其造型特征与北朝青瓷基本相同。胎质一般洁白，器里外施乳白色透明釉。但由于其脱胎于青瓷，釉厚的地方仍呈乳浊的淡青色，釉薄处呈乳白色。从表面观看，似青非青，似白非白，应该说是白瓷生产初级阶段的产物。因此，古陶瓷专家、学者们称之为早期白瓷。

中国古代最完整的围棋用具。1959年，安阳市北郊隋代张盛墓中出土一件围棋盘，保存完整，是迄今发现的世界上最古老的19道围棋盘。该围棋盘呈正方形，高4厘米，边长各10厘米。盘上刻纵横17道，加上边线便成纵横19道。这些纵横直线交织成许多小方格，共有361目，与现在的围棋棋盘格局完全相同。为便于识别棋子位置，每角4×4处和中央，各有一小孔，形成“星位”。盘的四侧，有类似壶门的装饰。古代用特制白瓷围棋盘随葬是不多见的。围棋在中国春秋时代已相当流行，《左传》《论语》等典籍都曾提到围棋。

中国发现的第一个唐三彩窑址。唐三彩窑址位于巩义市东10公里大黄冶村和小黄冶村之间的黄冶河两岸台地上，烧制以黄釉为主的三彩器，故称黄冶（瓷）。1972—1978年，河南省博物馆曾多次进行调查和试掘，出土大量窑具和小型艺术品范模。出土的器物多为生活用品，器物上饰三彩釉有褐黄、褐红、土红、翠绿、白、蓝、红、淡青等。还有大量的唐三彩碎片。黄冶村唐三彩窑址的发现，为洛阳等地出土的大量的唐三彩找到了产地。

独具特色的花釉瓷器。花釉瓷器是隋唐时期中原地区最重要的瓷业成就之一，大部分产自河南。20世纪60年代初在郏县的黄道窑窑址首次发现了花釉瓷标本，70年代先后在鲁山、内乡、禹州等地也有发现。花釉瓷艺术成就非常高。一般是在黑釉、黄釉、黄褐釉、天蓝釉上，以天蓝或月白色斑点作装饰，斑纹或者像白云，或者像树叶，或者像浪花，或者像水墨山水，整体奔放不羁，粗犷质朴。花釉瓷艺术为宋代钧瓷“窑变”艺术开创了先河。北京故宫博物院收藏的一件自鲁山出土的花釉腰鼓，是目前已知最大最完整的花釉瓷器珍品。

影响深远的绞胎瓷。绞胎瓷是唐宋时期河南陶瓷文化中非常特殊的一种，风格别具。20世纪80年代，在郏县、鲁山、巩义等地出土。绞胎瓷上的花纹是利用两种不同的原料，互相搅拌在一起而出现的花纹，花纹或者像行云流水，或者像大理石纹，或者像羽毛等，极具自然情趣。绞胎瓷仅见唐宋时期，唐时以黄色为主调，宋时以白色为主调。绞胎瓷影响深远，清代雍正、乾隆时期曾经仿制，近代日本和西洋瓷器中也有仿制的此种瓷器。

五彩缤纷的钧窑瓷器。钧瓷始于唐，盛于宋。钧窑窑场主要集中在禹州市，已发现窑址达100余处，分为官窑与民窑两种，其中禹州市的八卦洞、钧台一带的窑场为宋代的御制窑场。2001年禹州神垕镇钧窑遗址被评为当年“全国十大考古发现”之一。钧窑系在北方瓷窑系统中形成最晚，到元代形成了包括临汝窑、鹤壁集窑、相州窑等在内的完整体系。钧瓷虽属青瓷系统，但工艺独特，尤以“窑变釉”为甚。窑变釉是一种艺术釉，为钧瓷首创，其出现纯属偶然，是在烧制过程中釉料中的铜在高温条件下发生还原反应而自然形成五彩缤纷、变化莫测的釉色，窑变釉色主要有天青、天蓝、月白等以蓝色为主调的乳光釉。最为珍贵的有釉里红、玫瑰紫、茄皮紫、鸡血红等。

五大名窑之首的汝窑瓷器。汝窑一般指北宋汝官窑，位于宝丰县大营镇清凉寺村，在汝州、鲁山、郏县等地的窑址中也曾发现汝瓷的踪迹。河南省文物考古研究院自1987年以来，先后进行了14次科学发掘，终于找到了汝、官窑核心烧造区，逐渐揭开了汝窑的神秘面纱。汝瓷土质细腻，胎骨坚硬，烧造技术精良，釉中的铁还原技术已臻完善，在我国青瓷发展史上具有划时代的意义。最大特色是釉中添加的玛瑙粉，使汝瓷“莹如堆脂，色如碧玉”。釉的正色为天青色，其他还有豆青、虾青、粉青等颜色，以天青为贵，粉青为上。汝瓷传世不足百件，以盘、瓶、碗、洗为主，最具有代表性的是清凉寺出土的盘口折肩瓶，上部盘口长颈，下部像饱满的甜瓜，举世无双。

“紫口铁足、金丝铁线”的北宋官窑瓷器。北宋官窑也称汴京官窑。北宋徽宗政和至宣和年间（1111—1125），出于对当时瓷器艺术珍品的不满，在汴京（今开封市）建窑烧制御用瓷器，命名为“官窑”。因宋代汴京遗址已沉入地下，迄今尚未发掘出北宋官窑遗址。汴京官窑瓷器胎质细腻，胎釉都纤薄如纸，釉色有粉青、月白、淡青等。北宋官窑传世品很少，其器物主要有碗、瓶、洗等。胎体显厚，且呈黑色，釉为淡青色，莹润温雅，尤以釉面开大裂纹片著称，有“紫口铁足、金丝铁线”的美誉。

第五节　医药文化

中国医药文化是一个伟大的科学文化宝库，是中国各族人民在生产、生活中同疾病做斗争的经验总结，有其独特的构成和丰富的内容，是中国宝贵文化遗产的重要组成部分。医药文化可分医、药、卫生保健三大部分。医文化主要指医学方面的文化，医学源于原始社会人们寻求食物和居处、孕妇保健和寻求健康、消除疾病伤害的实践活动中的经验积累，是研究人体的生命活动、疾病防治、增进健康、延长寿命、提高劳动力的一门知识体系和实践活动，其对象不仅是个体人的医疗保健，更是人群、社会人的医疗保健。药文化指方药文化，方药在中医的发展中大致可分为本草（即中药）和医方（即方剂）。

医药文化，主要反映中原各历史时期在医、药、卫生保健等方面所取得的成就，包括医药著作、医学人物、理论建树、本草医方、临床科学、养生保健、医政制度、医药文物与遗址等。

一、河南医药文化的概况

有了人类就有了人类的医疗保健活动。中原医药科技文化历史悠久，灿烂卓越，关于史前燧人氏钻木取火、伏羲氏制九针以及神农氏尝百草创造医、药、卫生保健的记述，屡屡见诸古代文献。

夏商周时期，城市、环境、个人、饮水等卫生方面，都已达到先进的水平。可能产生于河洛地区的古代典籍《山海经》载有上古时代的巫医活动。商代已有相当活跃的医药实践，尤其在殷都安阳，人们对疾病发生、发展与季节气候的关系已经有了比较明确的认识，对人体表面器官已有细致和具体的认识，对生育哺乳、做梦方面也有了一定的认识，还能准确地推算出妇女的预产期。对疾病的分科、疾病的命名上已有了一定的发展。对疾病的治疗，已有了按摩、针灸等治病手段和一些食物（如酒）作调理疾病的药物。相传商代精于烹调、医理的政治家伊尹创制了汤液。当时还采用了拔牙止痛、正骨复位等手术治疗，拔牙之法是牙科手术的滥觞。在卫生防疫方面也有进步。如扫地、洗手、洗浴等卫生习惯的形成，殷墟建筑的通风、排水、防潮等居住条件的改善，对疾病的预防有着积极的意义。当时中原还是药物和医疗工具的集中地。

春秋战国时期，医药卫生日益摆脱巫术的制约而趋于独立发展，人们医疗技术水平不断提高，药物知识不断丰富，对疾病的认识也逐渐走向客观性的探索，医学理论产生并不断发展。如郑国子产认为疾病是“饮食哀乐”所致。长沙马王堆出土医书，据研究是自中原传入的，反映出中原在诊断、治疗及中药的加工、煎制、配伍等方面都有较高水平。

秦汉时期，医药学取得了重大进展，出现了医圣张仲景的《伤寒杂病论》。它反映了临证医学的发展，标志着中医学“辨证论治”原则的确立。中医学发展史上，医圣张仲景的学术理论和医疗技术历代受到推崇，并被奉为经典。公元100

年，东汉张衡所作《温泉赋》记述了矿泉治病。

魏晋南北朝时期，洛阳仍是全国的医学中心。三国魏太医令王叔和对张仲景的《伤寒杂病论》进行了汇集、整理、补充，编次《张仲景方论》36卷，又编著了一部我国现存最早的脉学专著《脉经》。魏晋时的皇甫谧编著的针灸学巨著《针灸甲乙经》，是我国现存的第一部针灸学专著。洛阳龙门石窟的北齐“药方洞”，刻载着140多个验之有效的药方，反映出北朝医学所达到的较高水平。这一时期，以医术扬名的还有北魏河南（治今洛阳）人阴贞、东魏北齐河内（治今沁阳）人马子信等。

隋唐时期，中原医学仍有进展。药王孙思邈游医河南，到过济源、鹤壁、修武、汤阴等很多地方，如他曾在济源王屋山中的药柜山种植百药，在修武太行山茱萸峰石洞炼药丸。他的许多医药学上的建树也在这期间产生，如在济源始创葱叶导尿疗法、随按压痛点取穴位法、用狂犬脑浆治狂犬病法等。他还对张仲景伤寒学说做了新的发挥，其《千金翼方》有两卷是研究《伤寒论》的。此时外科手术也达到相当高的水平，如剖腹急救术相当高明。武周时神都（今洛阳）太常寺乐工安金藏曾剖腹示忠，武则天令太医纳肠缝合。这一时期出现了中国现存最早的饮食疗法专著，即汝州梁县（今汝州）人孟诜所著的《食疗本草》，孟诜还撰有《补养方》《必效方》各3卷。这一时期，著名的医学家还有扶沟县的甄权、甄立言兄弟，他们医术高超，著述颇丰。甄权撰有《脉经》《针方》《明堂人行图》各1卷，《药性本草》4卷等；甄立言撰有《本草音义》7卷、《古今录验方》50卷等。

北宋时，中原医药学长足发展，开封是全国的医药学中心，取得了一系列引人注目的成就。北宋设立翰林医官院（后改称“医官局”）及其他保健或慈善机构。王安石变法，使太医局脱离太常寺，成为独立的高等医学院校，“三舍教学法”也推广到医学教育，各州郡医学校也相继开办。北宋统治者，包括皇帝宋太祖、宋仁宗等，非常重视和支持医书的征集、整理，《宋史·艺文志》收载的医药保健书目达590部3300多卷。嘉祐二年（1057）设立的“校正医书局”，历经10年，完成了《素问》《伤寒论》《金匮要略》《金匮玉函经》《针灸甲乙经》《脉经》《诸病源候论》《备急千金要方》《千金翼方》《外台秘要》等10部医学巨著的系统校正和印行，孟州（今属河南）人孙奇、孙兆兄弟就是校正医书局的专家，同时，编纂刻印了《太平圣惠方》《和剂局方》《圣济总录》等医方巨著。《太平圣惠方》是宋朝第一部大型方书，由应天府（治今商丘）人王怀隐共收集医方16800多种，临床适用价值很大。《圣济总录》是宋代最大的一部医方全书。

北宋创办了专营药物的官药局。熙宁九年（1076）在开封设立太医局卖药所（又称“熟药所”），后改称“医药惠民局”。又设“修合药所”，即炮制作坊两处，专门负责药物的炮制与加工，后改称“医药和剂惠民局”。开封城内药肆甚多。药局熟药的销售，形成了一些制度，在中国药学史上具有进步意义；药局编纂和刊行的处方集《和剂局方》，为推广成药普及医药知识发挥了重要作用。北宋时还先后9次组织专家修订和颁行国家药典性本草专著，这些专著有《开宝新详定本草》20卷、《开宝重定本草》（简称《开宝本草》）21卷、《嘉祐补注神农本草》（简称《嘉祐本草》）21卷、《本草图经》21卷、《大观经史证类备急本草》（简称《大观本草》）、《重修政和经史证类备急本草》（简称《政和本草》）30卷等。《本草图经》是中国第一部刻版印刷的药物图谱。北宋翰林医官院医官王惟一编著了《新神农图铸铜人腧穴针灸图经》，并设计铸造了中国最早的针灸腧穴经络铜人。儿科学发展到新的高度，出现了医学专著《小儿药证直诀》，这是我国现存的第一部儿科专著。另外，开封人许希撰有《神应针经要诀》、郑州人张锐著有《难峰普济方》。

金元时期颇具特色的医学学派争鸣，在医学、药学理论上提出了种种学说，金代睢州考城（今民权西南）人张从正与刘完素、李东垣、朱丹溪，是金元医学学派中最具有代表性的人物，世人称之为“金元四大家”。金人成无己著成《注解伤寒论》。

明代中原医药学继续发展。药物学方面，出现了专科性的本草资料，即就藩于开封的周王朱橚所撰的《救荒本草》。方剂学空前发展和普及，出现了集医方之大成的朱橚《普济方》。接骨科有了一定的发展，《普济方》“折伤门”反映了当代骨伤整复治疗水平。尤其是新野人陈夙典，发明了骨移植手术。太医院复刻了《新铸铜人腧穴针灸图经》，并重铸针灸铜人。明初针灸学家、扶沟人宁守道，以精于针灸法应诏入京，经针刺针灸铜人得中而被选任太医院使。儿科专家、洛阳人冯国镇撰有《痘疹规要》。开封人李镰写成明代最有影响的医史著作《医史》。

清代中原医学也有缓慢的发展。小儿推拿按摩疗法方面，出现了息县人夏云集辑著的小儿科推拿专书《保赤推拿法》，它是19世纪小儿推拿专书之最。卫生防疫方面，1868年河南设立施种牛痘局。清代中原医学上的成就还体现在一些医学著作的出现，如夏邑人杨璿的《伤寒瘟疫条辨》、商水人王广运的《张仲景伤寒注解》和《十三经络针灸秘法》、固始人王云锦的《伤寒论》、汝阳人张全仁的《经验良方》和《痘疹备览》等。著名科学家、固始人吴其濬在医药学上的成就，则集中体现在他的不朽之作《植物名实图考》一书上。在古医籍研究方面，清代注释、发挥医圣张仲景《伤寒论》《金匮要略》的著作急剧增加。明清是张仲景《伤寒论》学说发展的重要时期，不同学派兴起。明清以来，治《伤寒论》者形成流派，如以明代的方有执、清代的喻嘉言等人为代表的“错简重订”派，明末清初以张遂辰、张志聪等人为代表的“维护旧论”派，清代以柯韵伯等人为代表的“辨证论治”派等。

二、河南医药文化的亮点

东汉医圣张仲景的医学成就。张仲景，名机，南阳人，东汉杰出的医学家，后世尊称为“医圣”。他医术精湛，曾到过河南洛阳、修武等地行医，善于运用“经方”给人治病，有“经方大师”之称。他的医学成就，集中体现在他所撰著的划时代的临证医学名著《伤寒杂病论》中。《伤寒杂病论》16卷，是一部理论和实践紧密结合的临床诊疗专著，后世称为我国第一部理、法、方、药完备的经典著作。后人称张仲景为“医方之祖”，把他创制的方剂称为“经方”，这些方剂至今还是中医处方用药的基础。他的著作，后人整理出版有《伤寒论》《金匮要略》。

三国魏太医令王叔和的医学贡献。张仲景的《伤寒杂病论》成书后，散失于战乱，魏太医令王叔和任职期间，对其进行了汇集、整理、补充，编次《张仲景方论》36卷，较多地保存了该书的原貌，并增补了《辨脉法》《平脉法》《伤寒例》等11篇。此外，王叔和还编著了一部我国现存最早的脉学专著《脉经》。该书对后世影响较大，所述脉学理论与方法大部分沿用至今。《脉经》对世界医学也有一定影响，如对阿拉伯、日本。阿拉伯医学之父阿维森纳（980—1037）所著《医典》中的许多脉象资料采自《脉经》，后又经阿拉伯传到欧洲等。

魏晋皇甫谧针灸学巨著《针灸甲乙经》。皇甫谧，安定朝那（今甘肃灵台境内）人，自幼迁居新安（今渑池），40岁后又归故里。该书撰于甘露四年（259），是根据《素问》、《针经》（《灵枢》）、《明堂孔穴针灸治要》三部书的内容编纂而成的，是中国现存的第一部针灸学专著，共12卷128篇，有“中医针灸学之祖”之誉。

中国现存最早的饮食疗法专著——《食疗本草》。《食疗本草》的作者孟诜，汝州梁县（今汝州）人，唐代医学家。他少好医药，精于饮食疗法。《食疗本草》共3卷，收载食物138种，又经张鼎增补89种，合计227种，是中国现存最早的古代营养学和饮食疗法专著。该书特别重视食物的治疗疾病作用。原书已佚，佚文见于《证类本草》《医心方》等书中。孟诜另撰有《补养方》《必效方》各3卷。

北宋掌禹锡主纂《嘉祐本草》。掌禹锡，字唐卿，郾城（今漯河市郾城区）人，地理学家，兼通医药学，尤精本草。嘉祐二年（1057），掌禹锡等奉诏增修《开宝重定本草》，他们以原书为基础，后附《蜀本草》《本草拾遗》《日华子诸家本草》《药性论》等各家之说，并选收经史子集及其他有关医药书籍的药物知识，于嘉祐五年编成《嘉祐补注神农本草》（简称《嘉祐本草》）21卷，次年刊行。该书收罗广博、资料宏富，共收载药物1082种，其中新增99种，新增注文很多，引文约50多种，在古代医药资料的保存方面功不可没。今原书已佚，其内容大部分保存在唐慎微《经史证类备急本草》和其他本草书中。

北宋王惟一的《新铸铜人腧穴针灸图经》和针灸腧穴经络铜人。北宋天圣初年（1023），医官王惟一奉诏考次针灸之法，天圣四年（1026）撰成《新铸铜人腧穴针灸图经》3卷，次年由翰林医官院刻印刊行，颁赐于各州。该书共载657个腧穴，系统总结了历代医学家对针灸穴位、主治等实践经验，删节了迷信之说，增加了古今治验。同时，北宋官府又将《新铸铜人腧穴针灸图经》的经络腧穴图刻于石碑，立于大相国寺仁济殿，作为法定标准和学习教具。20世纪60年代，北京出土了元时与铜人一同运至大都（今北京）的针灸腧穴经络图残碑。王惟一撰成《新铸铜人腧穴针灸图经》后，又奉诏设计铸造针灸铜人两具。王惟一设计铸造的针灸铜人，是中国最早的针灸腧穴经络铜人，也是中国最早的针灸教学模型，并受到统治者的高度重视。

中国现存的第一部儿科专著《小儿药证直诀》。作者钱乙（1032—1113）为北宋小儿科专家，曾任太医丞，后世尊之为中国儿科的奠基人。该书成于宣和元年（1119），是钱乙的学生阎孝忠加以整理总结而成的，书中概述了钱乙40年积累的临床经验和理论知识。该书共3卷，上卷论脉证治法，中卷叙尝所治病，下卷为诸方。钱乙据小儿"易虚易实，易寒易热"的病理特点，提出了"柔润"法则，为历代小儿科医家所遵循。他发展了儿科望诊的方法，归纳总结出了运用面部望诊和目内望诊方法。

金元四大医家之一的张从正。张从正（1156—1228），字子和，号戴人，金雎州考城（今民权西南）人。兴定年间（1217—1221），编著《儒门事亲》，总15卷，其中亲撰前3卷共30篇。疾病治疗上，倡导汗、吐、下三法攻治以驱邪的学说，后人据此称他为“攻下派”。在临床治疗技术上，他很有特色，如他发明的钩取咽中异物的器械，在构造设计上已具备了现在食管镜的雏形。

明代朱橚的《救荒本草》和《普济方》。朱橚（1361—1425），明太祖朱元璋的第5个儿子，被封为周王，洪武十四年（1381）就藩于开封。死后葬于今禹州老官山。朱橚以医学上的《救荒本草》《普济方》和文学上的《元宫词》而名垂青史。《救荒本草》成书于永乐四年（1406），收载没有毒害的可食植物414种，其中新增约276种。《救荒本草》既有着药物学著作的性质，又有植物学著作的价值，是徐光启所著《农政全书》、李时珍所著《本草纲目》等书的重要参考资料。在国外也有一定的影响。《普济方》约成书于永乐四年，168卷，后来《四库全书》改编为426卷。该书是朱橚在周王府教授滕硕和长史刘醇的帮助下，主持编纂的集医方之大成的巨著，对明以前的医方进行了系统全面的收集整理和研究论证，甚至还收录了传记杂说、佛书、道藏中的有关记述。全书包括7大部分100余门，计有778法、239图、61739种处方。

清代吴其濬《植物名实图考》的药学贡献。吴其濬（1789—1847），固始人，是中国历史上少有的集状元、封疆大吏与科学家于一身的杰出人物。他在医药学上的成就，也集中体现在他的不朽之作《植物名实图考》一书上。该书撰成于道光二十八年（1848），总38卷71000多字，收载植物1714种，附图1800多幅。该书不仅有对先前本草学总结的一面，还有对本草学发展的一面。该书图谱中的400幅，在后人翻印《本草纲目》时，用来替换了李时珍的原图。

第七章　文艺：文化艺术海洋中的晶莹明珠

文字、书法、绘画、诗词、文章、戏剧、曲艺、音乐、舞蹈、杂技等，汇成了文化艺术的海洋。中原的文化艺术，无疑是中国文化艺术海洋中最晶莹透亮的明珠。

中国文字最具代表性者是汉字。汉字可以溯源到距今8000余年前。舞阳贾湖遗址出土的甲骨契刻符号，是中国目前发现的最早的刻画符号。最具完整体系的甲骨文，主要的发现地在安阳殷墟，在这里出土的15万片甲骨中，发现了数以千计的单个汉字。在先秦文字滥觞之时，金文、陶文、简帛文、玉石文、玺印文等，所有的文字种类，在中原都有发现。与大秦王朝统一中国一起，完成文字统一的则是上蔡人李斯，他是小篆字体规范工作的具体组织者。东汉时的文字学家许慎，则对汉字的规律与理论进行研究，编撰了中国第一部汉字研究的专著《说文解字》，这部汉字学的开拓之作，直到今天仍然对汉字研究有着巨大的影响。历史上汉字发展的每一个关键环节，都铭刻着中原人的不朽业绩。

书画同源，书画也是中国文化的标志性符号。汉字象形，从发明之初，便有画的意境。甲骨文是硬笔书法之祖，有些字栩栩如生，宛如一幅佳作小品。从秦朝开始，中原书画大家佳作不断，第一位书法家李斯、“飞白体”的创立者蔡邕、楷书之祖钟繇、唐初四大书家褚遂良、瘦金体的创立者宋徽宗、清初书法名家王铎，以及“画圣”吴道子、北派山水开创者荆浩、山水大家郭熙，反映宋都开封的风情画《清明上河图》等。从这些名家佳作中，我们可以感受到中原书画艺术的独特魅力和巨大成就，中原书画文化深如大海，仰如高山，是中原文化中的奇葩。

诗文文化，是以作品看名家，有了佳作，必然有名家。中国最早的诗歌总集《诗经》中，最杰出的篇章大多是被称为“郑卫之音”的淳朴自然、情动于中的具有中原风情的诗篇。诸子大家清新的散文、结构完整的政论文，使早期诗文发展到了新的高峰。贾谊和晁错的文章、张衡的诗赋、蔡文姬的名作、建安文学的风骨、谢氏诗文的意境、江淹的才气，以及《搜神记》《诗品》都是中国文学史上的丰碑。在唐代诗文的峰巅之上，杜甫、白居易、元稹、刘禹锡、韩愈、李商隐、李贺…… 这些熠熠生辉的名字都是中原人的骄傲。在《中国文学史》上提到的唐代名家，有一半是河南人。宋代的大家大作，几乎都与中原有着十分密切的联系。

戏剧艺术，在中原源远流长。从汉代的百戏乐舞，到宋代的杂剧，在戏曲发展的长河中，最闪亮的点都离不开中原。由明清发展而来的地方剧种，河南数量最多，豫剧以其独特的地域特色和丰厚的文化内涵，至今仍在中国的艺坛上占有一席之地。

第一节　汉字文化

如果说斧、锤的发明加倍地增强了人类的力量，弓箭的发明百倍地延长了人类的手臂，那么文字的发明则无限地扩展了人类的智慧，人类社会因此得以突飞猛进地发展。一般认为，文字的出现是人类进入文明社会的主要标志之一。美国学者摩尔根在他的《古代社会》一书中，提出文明社会“始于表音字母的发明和文字的使用”，这一观点得到了恩格斯的肯定。文字的出现，是史前史和文明史的界标。同样，汉字的出现也标志着中国古代文明的开始，可以说，一部汉字史就是一部中华文明史。

汉字是世界上第一大民族汉族一直用来记录语言、交流思想的工具，是汉族祖先在劳动和生活实践中创造出来的。汉字是一种表意文字，是从象形字、会意字发展而来的，字形表现着字义。甲骨文中主要是象形字和会意字，形声字所占的比例仅为20%。到了许慎《说文解字》，形声字已占80%，今天汉字中的形声字所占比例更高达90%多。可以看出汉字的发展存在一个形声化的过程。因为人类语言所表达的内容是十分丰富的，有一些是象形和会意难以表现的，好在象形汉字是独体字，用同音音符字增添上表示意义的形符字，就构成表达新的意义的形声字。由于形声字可以由独体象形字大量组合而成，并可以方便地表达语言中新的意思，从而解决了汉字不足的问题。但形声字并没有破坏汉字的表意功能，因为还有一半的意符字，正所谓“秀才识字读半边”，这正是汉字的高妙之处。汉字又是一种单音节文字，一个字代表着语言里的一个音节。汉字本身有一定的严谨的规律，自有其完整的系统性。尽管汉语方言歧异纷呈，可使用汉字写下的书面语言，南北各地的人都能看得懂；虽然古今语音有很大的变化，但无论是商周的古文字还是秦汉传下来的古书现在依然能读得懂。

在中国几千年社会发展的进程中，汉字对团结整个中华民族、发展全民族的经济文化、巩固国家的统一、对外传播中华文化等，都起到了极其重大的作用。英国科技史专家李约瑟赞扬汉字说：“中国文字在中国的文化发展被地理上的重重障碍所分割的情况下，成为中国文化统一的一个多么有力的因素。”法国前总统德斯坦于1993年访问中国后在一篇文章中指出：“中国的这种统一，…… 是由语言加固的，不是因地区而异的口语，而是书面语，即那些在中国到处都绝对一致的著名的汉字。”1992年中共中央总书记、中央军委主席江泽民在接见香港事务顾问时说："中国是靠文字统一的国家，中华文化能够使大家统一起来。"

汉字是中华民族的一大发明，是中华民族对人类的卓越贡献。它是世界上使用人口最多的文字（约15亿人），以它为主体、为核心构成了"汉字文化圈"。汉字文化圈是指从日本、朝鲜半岛、中国、柬埔寨、越南、老挝到南洋群岛等地区，曾经使用过并还在使用汉字的广袤地带，包括几十个国家和地区，语言情况复杂，除了中国和东南亚地区的华人把汉语作为母语或官方用语之外，其他国家和地区都有自己的语言。这些有自己语言的国家和地区，有的在历史上曾借用过汉字，如朝鲜和越南；有的至今还在使用汉字，如日本、韩国、新加坡等。汉字是传承和弘扬中华文化的重要载体，是中华民族的基本标志，也是中华文明的显著标志。汉字不仅仅是用来记录汉语的工具，它还积淀凝聚了丰富、深厚的中国文化，是中华民族5000年文明的充满魅力而且最具生命力的元素。汉字是世界上最古老的文字之一，却是唯一至今还在使用的古文字。世界最古老的文字有三种：一是5500年前两河流域苏美尔人创造的楔形文字；二是5000多年前尼罗河流域的古埃及人创造的圣书字；三是中国3300多年前殷商时期的甲骨文字。随着历史的演变，两河流域的楔形文字和古埃及的圣书字都已在历史的风尘中湮灭，它们虽然也被重新发掘出来，并被专家们释读、破译，但与现在该地区正在使用的文字没有任何关系。只有汉字的早期形式甲骨文却演变成为现代汉字，是古文字中仅存的一种。就其整个体系而言，它只是字体形式的变化，造字规律并没有变，仍然保持着表意的特征，也是世界上唯一使用至今的表意文字。它不仅蕴藏着丰富的历史文化内涵及强烈的民族凝聚力、向心力，而且还是先民们审美的对象，是我国书法、篆刻艺术的渊源。

综观世界上所有的古文字不知所终的原因，或是由于外族的入侵，或是由于朝代的更迭，或是由于被其他文字所代替而相继失传了。这与汉字发展史形成了极其鲜明的对比。在中华民族5000年文明史上，改朝换代屡见不鲜，民族斗争也多次发生，汉字的生死存亡多次面临严重的挑战。特别是近百年来以废除或取代汉字为目标、几度掀起高潮的汉字拉丁化运动，使汉字再一次经受了严峻的考验。但汉字却历经沧桑绵延不衰，表现出了强大的生命力。汉字的生命就是信息的生命和文明的生命，在一定意义上也可以说是中华民族的生命。正是由于有了汉字，中华民族的文化才得以几千年来持续不断地传播到全世界，推动了历史的进步和发展，为人类的文明做出了重大的贡献。

一、河南汉字文化概况

汉字文化与中原有着不可分割的密切联系，汉字文化史，在相当程度上可以说就是中原汉字史。汉字的起源，有“结绳”“八卦”“图画”“刻符”诸说，无论哪种见解更合于历史真实，都与中原关系至为密切。因为，传说时代，伏羲、炎帝、黄帝的主要活动区域就在中原。古书上还普遍记载有黄帝史官仓颉造字的传说，而仓颉的故里就在濮阳市的南乐县。

发现于安阳殷墟的甲骨文已经是一种非常成熟的文字系统，郭沫若曾断言：“在甲骨文之前，汉字已经历了两三千年的发展过程。”中国各地有19种考古学文化的100多个遗址里出土有陶器符号，其中最早的刻画符号出现在舞阳贾湖遗址，在贾湖遗址出土的遗物中，发现了16例刻画而成的符号，这些符号距今已有8000多年的历史，它们极有可能是文字。

贾湖遗址出土遗物上的刻画符号

汉字是独立起源的一种文字体系，不依存于任何一种外族文字而存在，大概在进入夏纪年之际，中原先民们在广泛吸收、运用早期符号的经验基础上，创造性地发明了用来记录语言的文字符号系统，在那个时代，汉字体系较快地成熟起来。从考古发掘的出土文字资料来看，中国至少在虞夏时期已经有了正式的文字。如考古工作者曾经在登封王城岗遗址龙山文化晚期遗存中发现一个陶文“共”字，在其他龙山文化和二里头文化的遗址中，均发现有陶器刻画符号，这些符号都属于早期文字系统中的基本构形，可惜这样的出土文字信息迄今仍然稀少。郑州商城遗址发现的一片甲骨刻辞、小双桥遗址发现的10余例商代早期朱书陶文，都早于殷墟甲骨文，并可以直接和殷墟文字相比序。这些新石器时代的刻画符号以及二里头文化和早商遗址中出土的陶符和文字，应是甲骨文的源头所在，而河南也最有可能是汉字起源的地方。

商代文字资料以殷墟甲骨和青铜礼器为主要载体，是迄今为止中国发现的最早的成熟文字。殷墟时期所反映出来的商代文字不仅表现在字的数量多，材料丰富，还突出地表现在文字的造字方式已经形成了自己的特点和规律。河南出土的和传世的文字资料数量丰富、门类齐全。它上至8000年前贾湖遗址的甲骨、陶石契刻符号，夏及商周时期的甲骨文、金文、陶文、玉石文、盟书、简册、古玺文、古币文，还有传世汉魏石经文字、汲冢竹书以及大量的历代碑石文字资料珍品。铸在青铜器上的古文字被称为金文。金文是上承甲骨文、下启小篆的一种字形结构比较成熟的文字。河南出土带有铭文的青铜器就达1600余件，这在全国是少见的。

汉字的统一发生在秦始皇统一六国之后，向秦始皇提出“书同文”的建议并具体组织实施的，正是上蔡人李斯。《说文解字 · 序》写道：“秦始皇帝初兼天下，丞相李斯乃奏同之，罢其不与秦文合者。”可见李斯是这次大规模统一整理、规范汉字的主要策动者和实施者。因为秦朝十分短暂，所以对于文字的统一程度是十分有限的，东汉许慎所著的《说文解字》这部文字学巨著使汉字得到比较完善彻底的规范。东汉的《熹平石经》、曹魏的《正始石经》等均立于洛阳太学前，是官府刊刻的儒家经典，对汉字的规范化也发挥了很大的作用。

汉末又出现了楷书。楷书也是在汉隶的基础上演变而来的一种字体，楷书笔画平直匀称，字体明晰方正，是为名正言顺的“楷模之书”。由于楷书容易书写，便于辨认，字体规范，形成了真正的“方块汉字”，故为人们所普遍接受，因而取代了各种字体而成为一种通行的汉字。自汉以来一直通用至今，不仅在书写上，而且在书籍印刷上也均普遍使用这种字体。最早的楷书书法家是三国时魏国的钟繇，其《宣示表》是现能见到的历史上最早的楷书。而钟繇则是今长葛人。

今天国人仍在普遍使用的宋体字，基本定型于北宋。活字印刷术的发明人毕昇是北宋宫廷里的铁匠，北宋都城东京开封正是宋体字和活字印刷术的诞生地和最初盛行之地。

计算机的发明对汉字是一个近乎生死存亡的挑战，电脑的民用化及高速普及使这种挑战更为严峻。然而汉字经受住了考验，第一个战胜挑战、跨过现代科技关的是河南人王永民，他在家乡南阳完成了五笔字型输录法的发明。今天的科学发展说明，汉字有比世界其他文字更先进、更适合电脑化原理的内在规律，汉字所独有的、任何其他文字符号系统所无法比拟的图形特征、智能化倾向及视听识别的优越性将表现出强大而旺盛的生命力。这一优越性正在引起日、韩等国学者对近代以来“弃汉字化”的深刻反思……

2009年11月，中国文字博物馆在最早的汉字系统甲骨文的诞生地——安阳开馆。

二、河南汉字文化的亮点

中国目前发现的最早的刻画符号。发现于20世纪70年代、发掘于80年代的裴李岗文化贾湖遗址，位于舞阳县北舞渡镇贾湖村东。在贾湖遗址出土的遗物中，发现了16例刻画而成的符号。这些符号分别刻于14件龟甲、骨器、石器和陶器上。其中龟甲符号9例，骨器符号2例，石器符号2例，陶器符号3例。其中有些符号与殷墟甲骨文的某些字形相似，如刻于龟下腹甲右侧的“目”字、刻于残腹甲上的“曰”字等，这些符号极有可能是文字。贾湖遗址刻画符号的发现，对于正确评估中国文明史具有重要意义。

仓颉造字与南乐仓颉故里。传说中，汉字起源于仓颉造字。据传仓颉原姓侯刚，名颉，号史皇氏，享年110岁，是轩辕黄帝的记史官员，因为创造了文字，被后人尊称为“造字圣人”。从历史角度来看，复杂的汉字系统不可能由一个人发明，仓颉可能在汉字的搜集、整理、统一上做出过突出贡献。今南乐县梁村乡吴村是仓颉的故里，这个村子以前就叫史皇村，现在村里人还大多姓史。这里现存仓颉陵一座，占地70多亩，陵前原来有仓颉庙，据传汉唐以来就一直存在，大殿内有北宋宰相寇准题的“盘古斯文地，开天圣人家”的楹联，现存石刻30 余件。据考古调查，仓颉陵是一处新石器文化遗址。

世界上唯一现存的成熟的古文字——甲骨文。甲骨文是古代刻在用以占卜的龟甲、兽骨上的文字，其时代为商代后期，发现地主要在今安阳的小屯村，即盘庚迁殷的商代晚期都城殷墟。中国历史上很早就有以龟甲兽骨进行占卜的习俗，但将占卜的内容刻在龟甲、兽骨上最早出现在商代，举凡祭祀、天象、年成、征伐、王事等内容都在占卜记述之列。甲骨文发现于1899年，迄今为止，殷墟发现的甲骨卜辞共有15万片之多，单字有5000个左右，目前无争议的可释字只有1000多个。20世纪20年代兴起的古史辨派掀起疑古狂潮，认为中国历史上的三皇五帝、夏、商、西周根本不存在，只是一种传说或神话，中国5000年的文明史被打了个对折。正是由于甲骨文的发现和甲骨学的研究，才证明了《史记》关于商代世系的记载基本正确，为中国史学的研究开辟了一个新的纪元。甲骨文发现100余年来，已形成了一门国际性的显学——甲骨学。殷墟甲骨文堪与古埃及纸草书、巴比伦泥版文字等相媲美，是世界古代文明宝库中的瑰宝。

春秋战国之际的珍贵文字材料——温县盟书。盟书出土于温县武德镇西张计村，是春秋晚期晋国卿大夫之间举行盟誓时记载誓辞的文书，多在圭形石片上用毛笔黑墨写成。西张计为一处古代盟誓遗址，1930—1942年曾多次出土这种圭形石片，大多流散。自1980年起，河南省博物馆等对盟誓遗址进行了发掘，出土石圭、石简、石璋1万余件。其中1号坎（坑）出土盟书4588片，包括科学发掘获得的2703片，已被扰动而仍在原地的1395片，自村民手中征集的有490片。

第一次规范汉字的秦相李斯。李斯（？—前208），战国末年楚上蔡（今上蔡西南）人。秦代著名的政治家、文字改革家和书法家。秦统一以前，因各诸侯国长期割据分裂，形成了语言异声、文字异形的局面。秦统一后，秦始皇命令擅长书法的李斯制定标准文字，李斯大胆地将大篆字体删繁就简，整理出一套笔画简单、形体整齐的文字，叫作李斯小篆，被秦始皇定为标准字体，通令全国使用，是为秦篆，也称小篆。小篆的出现，是汉字发展史上的一大进步，成为我国汉字由古体变为今体的一个重要里程碑。流传至今的《泰山刻石》《琅琊刻石》《峄山刻石》和《会稽刻石》等均传为李斯书写。上蔡县至今还有李斯墓。

字圣许慎与中国第一部字典——《说文解字》。许慎（约58—约147），汝南召陵（今属漯河市）人，字叔重，东汉经学家、文字学家。师事贾逵，曾任太尉南阁祭酒等职。他于东汉永元十一年（100）历时21年著成《说文解字》，共15卷，收文9353个，重文1163个，均按540个部首排列，推究六经之义，分部类从，至为精密。唐以后，科举考试规定要考《说文解字》。另著有《五经异义》《淮南鸿烈解话》等书，已佚。《说文解字》是中国第一部字典，它架起了汉字今文与古文之间的桥梁，是今天释读古文字的一把钥匙，在学术上有重要价值，研究《说文解字》还形成了一门专门的学问“说文学”。许慎被今人誉为“字圣”。许慎故里在漯河市召陵区姬石镇许庄村，村内居民多为许慎后裔。区内有清代修建的“许南阁祠”，内设“太尉南阁祭酒讳许慎字叔重之位”。

中国历史上最早的官定儒家经本——《熹平石经》。《熹平石经》始刻于东汉灵帝熹平四年（175），完成于光和六年（183）。故称“熹平石经”或“汉石经”。《熹平石经》共刻《鲁诗》《尚书》《周易》《春秋》《公羊传》《仪礼》《论语》七经，凡46块石，计200911字，由当时书法家蔡邕用标准的八分隶书体写成，故又称“一体石经”，立于洛阳太学门前，即今偃师市朱家圪垱村。

《熹平石经》与三国魏《正始石经》、唐《开成石经》为我国古代最著名的三大石经。经石几经兵火，毁坏殆尽，宋代以后屡有残石出土，现已集存8000多字，是当时通行的标准字体，也是中国历史上最早的官定儒家经本。

三种书体刻就的官定儒家经本——《正始石经》。曹魏时期刊刻的碑石经书。又名《魏石经》《三体石经》。刻制于正始二年（241）。原立于魏都洛阳南郊太学讲堂西侧，遗址在今偃师市佃庄乡。东汉末年战乱之后，魏文帝黄初元年（220）恢复太学，整理《汉石经》碑石，并刻古文经石作为补充。这次仅刻写了《尚书》《春秋》二经。它是用古文、小篆、隶书三种字体书写的，《三体石经》由此得名。碑石为平顶长方形，总数有28块石。北朝时期，《正始石经》与《熹平石经》一起被多次迁移，屡遭毁损。清末以来陆续出土了一些残石。1922年在洛阳太学遗址出土一块至今最大的残石，正面存《尚书》的《无逸》《君奭》两篇34行，背面存《春秋·僖公》等部分32行，共得1800余字。因盗卖者嫌转运不便，将其凿为两石，损坏数十字，现一半存中国国家博物馆，一半存河南博物院。

一代甲骨学大师董作宾。董作宾（1895—1963），甲骨学家、古史学家，字彦堂，号平庐，南阳人。他对甲骨学的贡献在于他曾于1928—1934年间8次主持或参与了安阳殷墟甲骨的发掘，他用现代考古学的方法和出土的甲骨文及文献记载进行综合研究，第一个发现了殷墟甲骨卜辞中记“贞人”之名的现象。所著《甲骨文断代研究例》提出了甲骨文断代的10项标准，并将殷墟出土的甲骨文划分为武丁（及其以前的盘庚、小辛、小乙），祖庚、祖甲，廪辛、康丁，武乙、文丁，帝乙、帝辛5个时期，建立了甲骨文断代学说，对甲骨文的断代研究有开创性的贡献。他还根据甲骨资料，探讨殷代年历之学，著有《殷历谱》。他与罗振玉、王国维、郭沫若并称为“甲骨四堂”，而在四堂之中，董作宾的贡献尤为突出，被誉为甲骨学大师。

第二节 书画文化

书画艺术在中国艺术史中一向被认为是同源的，宋代郑樵在《通志》中就明确提出："书与画同出。画取形，书取象；画取多，书取少。"依据书画同源论，除了可以将中国书法、绘画艺术的源头追溯到仓颉造字以外，同时还可以发现书法绘画艺术具有一些共同的特征：首先，书法艺术是中国所特有的线条造型艺术，而中国绘画同样是以线条为主要造型手段的艺术；其次，二者所使用的主要工具材料都包括笔、墨、纸、砚等，且在技法上具有共通之处；再次，从审美特征上，都追求气韵、生动、传神、意境等。但作为相对独立的艺术形式，书法与绘画在表现内容、艺术技巧等方面又各自具有独立的特征。

书法艺术，随着汉字的发展，经历了篆、隶、真、草、行等书体演变；书写形式也由甲骨、钟鼎器皿、碑刻墓志、丝帛绢书，最终发展到宣纸笔墨。书法艺术也因时代、文化等因素的影响呈现出不同的审美特征，由最初的"象形"，逐渐形成了汉魏"尚象"、晋"尚韵"、唐"尚法"与宋"尚意"等。

绘画艺术，从表现内容上可以分为山水画、花鸟画、人物画、风俗画等；形式上则由最初的器皿，历经帛画、壁画、画像石、画像砖、绢素等，最终发展到了宣纸。在审美特征方面，绘画与书法艺术相仿，在魏晋时期走向艺术自觉之后，也呈现出晋"尚韵"、唐"尚法"、宋"尚理"、元"尚意"和明"尚趣"的鲜明特征。

另外，书法绘画艺术在发展中并没有截然分离，除在艺术技法、技巧上出现交融外，在艺术形式上也出现了书画或诗书画一体的文化现象。书画艺术在从传统文化中汲取营养的同时，反过来也推动了传统文化的繁荣发展。

一、河南书画文化的概况

河南书法艺术有着深厚的文化积淀和辉煌的发展历程。根据考古发现，在早期文化中所出土的陶器等器皿上刻画有很多文字符号，如在偃师二里头遗址出土的陶器上便有这样的刻符，这可以看作是书法艺术的最早形式。而殷商甲骨文的出现则开创了书法艺术的先河。秦代小篆之祖李斯，则是中国书法史上第一位有记载的书法家。

到了汉代，中原书法得到了进一步发展。文字学之祖许慎不仅撰写了《说文解字》，而且擅长小篆，这在《说文解字》中得到了充分展现；禹州人刘德昇则是以行书闻名，并开创了由楷书转入行书的先河；隶书的集大成者蔡邕，则创造出体法多变的飞白书，并被后人尊奉为书法史上的笔法传授之祖；蔡邕的女儿蔡文姬则在草书上取得了一定成就。

书法艺术在魏晋时期走向了艺术自觉，在字体上呈现出由隶书向楷书过渡的迹象。楷书之祖钟繇，通过自己的书法实践使以民间俗体出现的楷书取代了隶书，从而使楷书占据了书法艺术的正统地位。而钟繇对书法艺术的美学追求，则与王羲之一起构成了书法艺术中“魏晋风韵”的主旋律。而比钟繇稍晚的北朝书圣郑道昭在隶变楷的过程中，则是自成一家。另外，这一时期书法理论也得到发展，如南朝梁时庾肩吾所著的《书品》，将自东汉至齐梁间的120多位书法家分为上、中、下三级进行品评。

到了唐代，河南书法艺术得到进一步发展，孙过庭擅长草书，并著有书法理论著作《书谱》；褚遂良则是唐初四大书法家之一，传世经典书作有《伊阙佛龛碑》《房玄龄碑》等。宋代书体虽基本完备，但中原书法界却无大家出现。北宋时代表人物有洛阳人郭忠恕、杞县人韩绛。但由于开封作为北宋的政治、文化中心，有很多书法大家在此活动，如宋徽宗赵佶创立“瘦金体”，并下令编纂了《宣和书谱》；“宋四家”的苏轼、黄庭坚、米芾、蔡襄在此也取得了巨大成就。而南宋时仅有名将岳飞的书法雄浑峭拔，别具风格。

随着中原文化在宋代之后的衰落，河南书法艺术也受到巨大影响。直到明末清初书法家王铎的出现，才为河南书坛增添了光彩。清代中原书坛虽仍无大家出现，但仍有一些书法家取得了很大的成就，如萧亮飞、徐炳麟、仓兆彬等人。在民国期间，河南书法在吸收借鉴前人成就的基础之上，迸发出一种变革意识，出现了秦树声等书法家。河南当代书坛则是成就显著，大家辈出。书法家张海当选中国书法家协会第五届、六届主席，王澄等七位书法家被推举为中国书法家协会理事，河南成为理事最多的省份。河南再次巩固了书法大省的地位。

另外，在河南现存的文物中拥有大量的碑刻、墓志等，著名的有洛阳的“龙门二十品”和被称为魏碑体的“邙山墓志”；新安有被誉为“石刻唐书”的“千唐志斋”。这些书法艺术瑰宝的书写者虽不能详细考证，但也是河南书法艺术博大精深的又一见证。

河南绘画艺术历史悠久。现今有据可考的最早的绘画作品，是在仰韶文化中出现的彩陶饰画。其中最为著名的是《鹳鱼石斧图》。而青铜艺术上的装饰图案则进一步佐证了河南绘画艺术在当时的高超水平。

秦汉时期，帛画、宫殿寺观壁画、墓室壁画和画像石、画像砖等，都是绘画艺术在河南地区的发展所取得的新成就。现在南阳汉画馆所珍藏的1300多块汉画像石足以说明当时河南绘画的成就。而到了魏晋六朝时期，河南绘画相对进入了一个酝酿发展期，渐渐走向成熟。这个时期绘画艺术与佛教的结合，在客观上促进了绘画艺术的发展。

河南绘画艺术在唐代开始进入繁荣阶段。“百代画圣”吴道子成为中国绘画史上最负盛名者之一；画家郑虔则是被唐玄宗盛赞为“郑虔三绝”。五代十国时则有山水画家荆浩，他不但开创了宋代的北派山水，而且在《笔法记》中提出了著名的“度物象而取其真”的美学命题，同时还提出了山水画法的“六要”法则。

宋代则是河南绘画的顶峰期，山水画、花鸟画得到了充分发展。宋徽宗赵佶就是一位著名的花鸟画家，同时还下令编纂了《宣和画谱》；洛阳人郭忠恕工于山水画；温县人郭熙不仅将北派山水推向了顶峰，而且创作了著名绘画理论著作

《林泉高致》；张择端创作了风俗画长卷《清明上河图》。到了南宋，先是出现了著名的人物画家武崇元，之后则有开创了南宋山水画新画风的李唐。另外，还出现了著名儿童风俗画家苏汉臣和画家李迪等。

但如同书法艺术一样，河南绘画在宋代之后也陷入了沉寂。值得提出的是，书法家王铎的绘画艺术同样精湛，代表了当时中原绘画的较高成就。

在经过长期的沉淀与反思之后，河南当代绘画艺术在20世纪80年代之后开始走向繁荣，在山水画、花鸟画、人物画、油画和版画等方面都取得了显著的成就。著名作品有李伯安的《走出巴颜喀拉》和王群的《正月》等。

二、河南书画文化的亮点

中国书法史上第一位有记载的书法家李斯。李斯在创立小篆之后，为了给世人提供规范的字体，便与赵高、胡毋敬等人写了《仓颉篇》《爰历篇》《博学篇》等范本，供大家临摹。可惜这三种小篆的样板书现在已经见不到了。而相传李斯在秦始皇出巡期间，每次都要以石刻记功，于是就产生了著名的秦六刻石：《泰山刻石》《琅琊刻石》《峄山刻石》《碣石刻石》《会稽刻石》和《芝罘刻石》。因此，李斯可以称得上是中国书法史上第一位有记载的书法家。

蔡邕创立飞白书。蔡邕（132—192），陈留圉（今杞县南）人。东汉文学家、书法家兼书法理论家。他博学多闻，经史、音律、天文无所不通，尤擅书法，以隶书著称。一次偶然的机会，蔡邕看到工匠用扫白粉的扫帚在墙上写字，从中受到启发而创立了“飞白书”。这种书体，笔画中丝丝露白，像是用枯笔写成，是一种独特的书体。不仅如此，蔡邕还在洛阳太学前立有《鸿都石经》，亦称《熹平石经》，以确定六经文字范本。石经字体结构严谨，点画俯仰，变化自如，古人有“骨气洞达，神采飞动”之评，据说每天观看及摹写人坐的车多达1000余辆。

女书法家蔡文姬。蔡文姬（约177—？），名琰，字文姬，蔡邕之女。受父亲的影响，博学而有辩才，知文史，通音律，擅长书法。初嫁于河东人卫仲道，夫亡后归居家中。战乱中被掳往匈奴，后被曹操赎回，使其整理蔡邕所遗文献400余篇，这也成为她的书法艺术的见证。宋代《淳化阁帖》收入其书迹。她的草书个个独立，连绵笔画不多，排布整齐，既飘扬洒脱，又蕴涵雅朴，颇类由隶书演变而来的章草。

楷书之祖钟繇的书体变革。钟繇（151—230），颍川长社（今长葛东北）人。自魏晋六朝开始，中原的书法开始走向美的自觉。社会上出现了一种简便的俗体，呈现出隶书向楷书过渡的面貌。他敏锐地观察到了这种变化，并在自己的书法实践中加以施行，完善了这种新书体，最终使其取代了隶书的正统地位，也因此被称为“楷书之祖”。钟书字体端整古雅，结体略呈扁形。笔法质朴浑厚，雍容自然，点画之间多有异趣，开创了由隶入楷的新貌。有《贺克捷表》《宣示表》《荐季直表》传世。

北朝书圣郑道昭。郑道昭（？—516），北魏荥阳人。他吸取了北朝民间书法的刚劲质朴，而抛弃了其中草率和俚俗的部分，又加上了文人书法的清秀，结合了楷书的端庄肃穆与行草书的简捷流畅，把北方粗犷的书风提到了一个新高度，在由隶到楷的演变过程中堪称一大流派，因而被誉为“北朝书圣”。所遗留下来的《郑文公上下碑》，乃为纪念其父郑羲所立，多用圆笔，变化巧妙，含蓄蕴藉，简静雍容，集刚劲柔媚于一身，堪称不朽。

魏碑体书法最优秀的代表——龙门二十品。现今流传下来的北朝书法主要是碑刻文字，这就是所谓的“北碑”，而北碑中又以北魏时期的居多。所以，北朝的书法一般就是指“魏碑”，其中包括墓志、碑版和造像记。北朝的墓志、碑版主要集中在洛阳一带，而造像题记石刻则主要集中在龙门石窟，内容多是为造像者记功德和替死者祈福。龙门二十品是从北魏所留下的两千余块造像记中挑选出的二十种精品，其碑刻庄重严谨、刚健质朴，既有隶书格调，又兼楷书风格，是北魏碑体书法最优秀的代表，反映了北魏时期的审美意识和书体风格。其中最有名的是《始平公造像记》《孙秋生造像记》《杨大眼造像记》和《魏灵藏造像记》。

中国书学史上划时代的书法论著《书谱》。《书谱》，陈留（治今开封）人孙过庭所著。孙过庭擅长草书，师法“二王”（王羲之、王献之父子），用笔神妙，笔势刚劲，峻拔刚断。《书谱》是他书法实践的理论总结，见解独特。其中，“同自然之妙有”的理论命题成为中国书法美学的重要理论之一；“古不乖时，今不同弊”的书法观，为书法美学奠定了基础。同时，《书谱》本身亦是一幅很好的书法作品，为后世学习草书的楷范，现有上卷传世，存于台湾。

唐初四大书法家之一的褚遂良。褚遂良（596—659），阳翟（今禹州）人。他的书法初学虞世南和欧阳询，尤其得益于虞世南，后取法钟繇、王羲之，融汇汉隶，自成一家。与欧阳询、虞世南、薛稷并称唐初最著名的四大书法家。其作品婉美华丽，变化多姿，如“孔雀阪佛，花散金屏”，古雅绝俗，瘦硬有余。他的楷书运笔遒劲，气势恢宏，成一代法则。传世作品有《伊阙佛龛碑》《孟法师碑》《房玄龄碑》《雁塔圣教序》等。

宋徽宗赵佶创立“瘦金体”。宋徽宗赵佶（1082—1135），虽是一个政治上昏庸、生活上荒唐的亡国之君，但他在书画方面却很有造诣，可称得上是一个“不爱江山爱丹青”的皇帝。在书法方面，他最重要的贡献就在于创立了“瘦金体”。其字体瘦直挺拔，横画收笔带钩，竖画收笔带点，撇如匕首，捺如切刀，竖钩细长，有些连笔字像游丝行空，已近行书。流传至今的有《千字文卷》《欲借风霜二诗帖》《夏日帖》等数种。

开清代雄健书风之王铎。王铎（1592—1652），孟津人，明末清初最有成就的书法家。他最精彩的是行草书。明末的书风多姿媚而少刚健，为扫荡当时的俗媚萎靡之书风，王铎在书法上力追古人，特别强调“宗晋”，他说“书不宗晋，终如野道”。他的行草，最大的特点是草中带楷，雄放恣肆，别具神采，字字都充满生机，被称为“雨加雪”。其行草的行气、章法也有其独特之处，讲究变化中求统一、对比中求调和、参差中求均衡的错综之美。他一生创作的书法作品极多，主要有《拟山园帖》《琅华馆帖》《龟龙馆帖》《弘月馆帖》，其中《琅华馆帖》最为完整。

中国第一篇山水画论——《画山水序》。《画山水序》的作者宗炳（375—443），南阳涅阳（今邓州东北）人，南朝宋画家。他爱山水，喜远游，曾西涉荆巫，南登衡岳。晚年曾将所游历过的地方“图之于室”，“卧以游之”。《画山水序》是中国历史上第一篇山水画论，为中国山水画成为独立的画科奠定了基础。其中涉及远近法中形体透视的基本原理和验证方法，比意大利画家勃吕奈莱斯克（1377—1446）创立远近法的年代约早1000年。

“百代画圣”吴道子。吴道子，唐代阳翟（今禹州）人。一生创作了大量的壁画和卷轴画。他改造了传统的线描技法，以莼菜条型笔法来表现衣褶，有飘动感，人称“吴带当风”。他曾在长安、洛阳寺观中作佛教壁画四百余堵，开创了宗教画中的“吴家样”。据记载，唐玄宗曾命吴道子绘制嘉陵山水，他一日之内，把三百里嘉陵山水的旖旎风光全部描绘出来，让人叹为观止。吴道子被尊称为“百代画圣”，代表作为《送子天王图》。

为唐玄宗称赞的“郑虔三绝”。郑虔，荥阳人，唐代著名画家、书法家、文学家。他在诗、书、画三方面都有很高的造诣。青年时期用功刻苦，《新唐书·郑虔传》中记载了他采叶练字、后终有所成的故事。其草书如“疾风送云，收霞推月”。绘画方面，郑虔尤其擅长山水，兼及人物鱼虫，在中国绘画史上占有重要的地位。杜甫形容郑虔的山水画是“沧洲动玉陛，宣鹤误一响”，意思是郑虔的山水画极其逼真，鹤见了他的画，以为是真山真水，竟然引吭高歌起来。郑虔曾作诗、书、画合为一卷，献给唐玄宗。唐玄宗看后，不禁拍案叫绝，赞赏不已，亲笔在画的下方题写了“郑虔三绝”四个字，并设立广文馆，任郑虔为广文博士。

荆浩开创了宋代北派山水。荆浩，五代后梁沁水（今济源）人。他在中国山水画史上占有重要的地位，他的全景式构图方式，是对传统绘画的一种革新，因此他的山水画也被称为“全景山水”。由于在绘画中大量运用皴法，他的作品气势宏大，逐步形成了北派山水苍劲雄健的特点，成为北派山水的先声。其代表作《匡庐图》具有“云中山顶，四面峻厚”的特征。

《宣和画谱》建立了中国古代绘画史上最完备的绘画分类学。宋徽宗赵佶在绘画方面除创立“宣和体花鸟”外，还大力开办画学，更重要的是命人编纂了《宣和画谱》。《宣和画谱》共20卷，包括了231家6396件作品。它将绘画分为十大类：道释（包含儒者画像）、人物、宫室、番族、龙鱼、山水、兽畜、花鸟、墨竹、蔬果，而且详细地论述了这一分类的根据，每一类画种的特征及其在艺术、审美上的作用、意义与价值，建立了中国古代绘画史上最为完善周全的绘画分类学。

郭熙的“三远说”是山水画发展成熟的总结。郭熙（1028—1085），温县人，北宋中期最有代表性的山水画家，传世作品有《早春图》等。他的儿子郭思根据他的绘画经验，整理而成绘画理论著作《林泉高致》。其中除提出写不同地区、不同季节的山水要注意其特点外，最重要的是提出了“高远、深远、平远”的“三远”构图法。“三远说”是对画家如何处理山水关系、创造“远”的意境的理论总结。其中，郭熙最为推崇平远之境，其作品也被称为“平远山水”。

中国最著名的市井风俗画卷——《清明上河图》。《清明上河图》，作者张择端，绢本设色，528.7厘米×24.8厘米，现藏于故宫博物院。作品描写了北宋首都汴梁在清明节的繁荣景象。全画共分三段。首段描写市郊风景，中段描写汴河，后段描写市区街道。从远郊、河岸到城郭街市，把形形色色、熙熙攘攘550多种人物活动场面以及52余头牲畜、20多艘船只、20余个车轿、不计其数的房屋店铺等有条不紊、清晰明确地表现出来。《清明上河图》不仅是我国绘画史上划时代的作品，而且为我们研究北宋社会生活提供了文字难以替代的文献史料。

李唐开创了南宋山水画风。李唐（1066—1150），河阳三城（今孟州市）人，和他的学生马远、夏圭、刘松年并称为“南宋四大家”。李唐初学李思训、荆浩、关仝、范宽等人，博采众家之长，自成一体。他的山水画，“高亢豪纵，简括清劲”，重在意境的创造。他创造了大、小斧劈法，其笔墨深重坚劲，画面给人以粗中有细、纵中有严、重中有轻的节奏美感，开创了南宋一代绘画的总体风貌，其代表作为《万壑松风图》。

第三节　诗文文化

“诗文”一词，顾名思义，包括“诗”和“文”两个方面的内容。作为最早产生的一种文学体裁，诗是用来集中表现人的精神世界和社会生活的。与“文”不同的是，“诗”在形式上一开始就在语句长短、语言韵律和声调搭配上有明确限制，往往要求诗能够“合乐”，也就是能够与演唱时的声调和舞蹈相吻合，达到“诗言志，歌咏言，声依咏，律和声”的标准。例如，中国现存的最早、最权威的诗歌总集《诗经》，就原本是与音乐和舞蹈相配而演奏的“乐歌”歌词。至于不能配乐、配舞的“类诗”型作品，在上古被称为“谣”或“谚”。后来，随着历史的发展，诗歌才与音乐、舞蹈分离开来，成为可以专供独立阅读的文本形态的诗。但时至今日，仍有不少好的诗歌，是与音乐和舞蹈相配演唱的。

关于“文”的经典解读，其含义亦是极其丰富的，内容涵盖面也比较广泛。此处之“文”，专指与诗歌、政论及哲学、历史等体裁有别的文学创作，如词、赋、散文、传奇、寓言、志怪、戏曲、笔记、小说等。如果说，“文化”在此主要指人类在社会历史发展中所创造的精神财富，那么，“河南诗文文化”在此则主要指清王朝灭亡以前河南籍诗人、作家所创造和保留下来的诗文方面的精神财富，它们主要包括诗、词、赋、散文、传奇、志怪、寓言、小说、戏曲、文论、文史等作品，以及这些作品中活跃着的人文精神、文化灵魂和这些文学作品中所创造出的艺术成果。在历史上，有不少诗人、作家原籍本不在河南，但他们在河南这块土地上从事创作，留下了宝贵的诗文遗产，因此也可纳入河南诗文文化的范围之内。

一、河南诗文文化的概况

回溯中国5000年的文明史，河南古代诗文，也就是以诗文为代表的河南古代文学，在中国古典文学中占有核心地位。据有关专家统计，在中国科学院文学研究所等单位主持编写的《中国文学史》中，国内一流的河南籍文学家占全国总量的50%以上。究其主要原因，是多方面的。概括起来讲，由于中原地势平坦，土地肥沃，河流纵横，水源丰足，且气候宜人、宜物，因此中华先民们将这块土地作为最早的开发区域，农业也成为最早的发祥地和繁荣地，因此自然成为人口繁衍聚居最密集的区域。正如毛泽东所说：“世间一切事物中，人是最宝贵的。只要有了人，什么人间奇迹都可以创造出来。”正因中原地区历来人口都相对密集，所以它也就成了原始时代、奴隶制时代乃至封建时代政治、经济、交通和文化最为发达的区域。

河南古典文学的繁荣，正是产生在这样一个雄厚的基础之上的。河南古典文学的历史，长达5000年之久。虽然历史悠久，但却贯穿着鲜明的基本精神，这种精神亘古不变，历久弥新。按王永宽、白本松主编的《河南文学史》中的观点，它们主要是“大一统”思想指导下的爱国主义精神，建立在“民为邦本”基础之上的同情人民疾苦的思想，以追求人生、事业、精神创造活动达到完善境界的忧患意识。

综观河南古代文学史的发展历程，若以《诗经》为起点，到清王朝灭亡止，大致可分为上升期和下降期两个大的历史阶段。其中上升期包括先秦时期、秦汉魏晋南北朝时期和隋唐五代时期。在此时期，河南文学体现出起源早、发展快、革新意识强和地域性特色逐渐减弱、全国性扩散逐渐增强的大趋势。而下降时期则自宋元始，历经明、清两朝，随清王朝灭亡为止。在此时期，虽然诗歌和散文依然是河南文学的主要形式，但在通俗文学新潮流的影响下，传奇、笔记、小说乃至戏曲文学开始逐渐发展壮大，逐步取代诗文而成为文坛主角。这种大趋势的转变，亦是时代变迁所致。简要讲来，由于科举取士方式由以诗文为主向以策论、八股为主转变，资本主义萌芽的产生与发展及市民阶层的兴起等，均是促变的主要原因和动力。

回顾5000年河南诗文的创作成就，可谓灿烂夺目，辉煌千古。在王天兴等主编的《河南历代名人辞典》中，共收录了河南籍名人3700余人，据统计，其中堪称重量级的诗人和文学家即占50%以上。他们为中国古典诗文宝库留下了瑰宝和奇葩。如果说，夏代的歌谣、殷商甲骨卜辞中的诗文，我们目前尚未能清晰破译出来的话，那么，现已出土的两周时代青铜礼器上刻的诗歌和现存的经典《诗经》，向我们展示了河南乃至中国第一次文学高潮的伟大成果。据当代《诗经》学家考证，现存《诗经》中的305首经典诗歌，有一多半产生于河南，这是一笔十分珍贵的文学财富。到了战国，河南文学展现出更大的创新性发展的轨迹。与诗相对，这是一个散文创生并形成高潮的时代。《老子》《邓析》《墨子》《列子》《庄子》《韩非子》《吕氏春秋》《吴子》《鬼谷子》《商君书》《申子》《尉缭子》《战国策》均产生于河南这片沃土。其中就文学价值讲，上述经典各有千秋，其中以《庄子》的文学艺术价值最大，它创造出的寓言这一全新文学形式和深湛的思想内容，可谓前无古人，后无来者。秦汉，辞赋又在散文的基础上独领风骚，贾谊、张衡为最杰出代表。魏晋期间，诗歌再度中兴，以“三曹”“建安七子”和“竹林七贤”为代表，古体诗歌再度辉煌。两晋时代，干宝创作《搜神记》，开志怪小说先河；而以谢氏、江氏、袁氏、周氏、范氏为代表的家族文学，孕育出了江淹、谢灵运、庾信等一大批中国古典文学领域的巨擘；

同时又产生了文论大家钟嵘及文论巨著《诗品》，其与《文心雕龙》一道，开创了中国文学批评史著作的先河。唐代是河南文学史的又一个辉煌时期，不仅产生了像上官仪、刘希夷、刘长卿等一大批著名作家，而且产生了以杜甫、韩愈、李贺、元稹、白居易、刘禹锡、李商隐为代表的一大批中国乃至世界范围内的一流诗人和大作家。他们的作品，为中国乃至世界增添了十分珍贵的文学财富。宋代以降，虽然河南文学发展整体呈日渐式微之势，但仍产生了以贺铸、陈与义、史达祖、苏舜钦、岳飞、孟元老、元好问、姚枢、许衡、许有壬、李梦阳、何景明、王廷相、何塘、朱载堉、侯方域、李绿园等为代表的一大批著名作家和诗人，他们的创作实践为中华诗文宝库增添了光彩。不妨试想，假如没有上述河南著名诗人和作家及其创作，那整个中华文学宝库又会是什么样的一种情况呢?

二、河南诗文文化的亮点

中国第一部诗歌总集《诗经》。《诗经》是中国现存最早的诗歌总集。本只称《诗》，后世称为《诗经》。据专家统计，现存《诗经》305首经典诗歌中，三分之二的国风和大部分雅、颂产生于河南境内。河南境内产生的诗歌在《诗经》中占如此大的比例，原因很多。但周公为西周王朝“制礼作乐”，且一生中主要时间在洛阳行政，是其主要原因。后人往往看重孔子编订《诗经》的功绩，常常忽略周公在西周初年主持创建礼乐制度过程中对《诗经》的形成所起的决定性作用。据当代诗经学家统计，其中可以肯定为周公创作的作品约占10%，其余大抵是周初至春秋中叶的作品。长期以来，《诗经》一直受到很高的评价。它对中国两千多年来的文学发展有深远的影响，而且是很珍贵的古代史料。

五言诗巨擘、“竹林七贤”精神领袖阮籍。阮籍（210—263），字嗣宗，陈留尉氏（今属河南）人，阮瑀之子。三国魏文学家、思想家。曾为步兵校尉，世称阮步兵。与嵇康齐名，为“竹林七贤”之一。与当权的司马氏集团有复杂关系。他蔑视礼教，常以“白眼”看待“礼俗之士”；后期则变为“口不臧否人物”，常用醉酒的办法，在当时复杂的政治斗争中保全自己。除了在哲学上有一定造诣外，他的诗专长五言。《咏怀》80余首，表现嗟生忧时、苦闷彷徨的心情，对当时黑暗现实多所讥刺，辞语隐约。又工文。《大人先生传》《达庄论》以老庄思想批判“礼法”。原有集，已散佚，后人辑有《阮嗣宗集》。

西晋辞赋作家的首席代表潘岳。潘岳（247—300），字安仁，荥阳中牟人。西晋文学家。曾任河阳令、著作郎、给事黄门侍郎等职。因与权贵贾谧关系密切，后为赵王司马伦及孙秀所杀。潘岳在诗赋领域创获卓著，名篇迭出，与陆机齐名。潘岳天赋极高，每作一赋文采华茂，具有强大的感染力。后人常以“潘才如江，陆（机）才如海”来形容作家才情富厚，下笔如有神助，并形成了“潘江陆海”这一成语。萧统《文选》中选潘岳的赋和诗较多。赋以《闲居赋》《怀旧赋》《秋兴赋》《西征赋》等为代表，除此之外尚有《悼亡诗》较有名。原有集，已散佚，明人辑有《潘黄门集》。

中国灵异故事的开山祖师干宝与《搜神记》。干宝，字令升，新蔡人。东晋文学家、史学家。勤学博览，并好阴阳术数。元帝时以佐著作郎领修国史，著《晋纪》，时称良史。今已佚。又编集神怪灵异故事为《搜神记》，原书已佚，今存本为后人辑录。《搜神记》开中国文学“志怪”体风气之先，故后人称其为灵异故事的开山祖师。

中国山水诗创始人谢灵运。谢灵运（385—433），陈郡阳夏（今太康）人，移籍会稽（治今浙江绍兴）。南朝宋诗人。幼时寄养于外，族人因名为客儿，世称谢客。谢玄之孙。晋时袭封康乐公，故称谢康乐。入宋，曾任永嘉太守、侍中、临川内史等职。谢灵运的诗大都描写会稽、永嘉、庐山等地的山水名胜，善于刻画自然景物，开了文学史上的“山水诗派”之先河。其诗风清新自然，冲淡玄远，带有“玄言”神韵。原有集，已散佚，明人辑有《谢康乐集》。

南朝辞赋大师江淹。江淹（444—505），字文通，济阳考城（今民权县东北）人，历仕宋、齐、梁三朝。入梁，官至金紫光禄大夫，封醴陵侯。文思敏捷，为当时负有盛名的作家。《别赋》《恨赋》为其代表作，反映了下层知识分子的情绪和离别愁思。

北朝骈文国手庾信。庾信（513—581），字子山，新野人。15岁入梁宫，为昭明太子的侍从，后为东宫学士。善为骈文，超绝于世，与徐陵齐名，其文号“徐庾体”，历来被视为骈文的典范之作。实则他的骈文成就也远在徐陵之上。其中最著名的如《〈哀江南赋〉序》，可以算是一首无韵的抒情诗，所以历来传诵的程度甚至超过原赋。此外，《拟连珠》也是很好的抒情短文，主要也是感叹自己的身世。骈文一般偏于绮丽、柔弱，但庾信的作品笔力却很刚劲。

中国首位诗歌评论大师钟嵘。钟嵘，字仲伟，颍川长社（今长葛市东）人。南朝梁文学批评家，也是中国第一代文学史家。齐时官至司徒行军参军。入梁，历任中军临川王行军参军和衡阳王、晋安王记室。所撰《诗品》，成书于梁武帝天监十二年（513）以后，品评自汉至梁一百多个诗人，提倡风力，反对玄言诗、声病说等。

“燕许大手笔”张说。张说（667—731），字道济，一字说之，洛阳人。唐大臣。武则天时应诏对策，得乙等，授太子校书。中宗时任黄门侍郎等职。睿宗时进同中书门下平章事，劝睿宗以太子隆基（玄宗）监国。玄宗时，任中书令，封燕国公。曾任朔方节度使，建议招募壮士以充宿卫。他擅长文辞，当时朝廷重要文件多出其手，与苏颋（袭封许国公）并称为“燕许大手笔”。亦能诗，被贬岳阳时的作品，较有特色。有《张燕公集》。

“诗圣”杜甫。杜甫（712—770），字子美，诗中尝自称“少陵野老”。其曾祖由原籍襄阳迁居巩县（今巩义），杜审言之孙。唐代大诗人。所作诗篇，大胆揭露当时统治集团的腐朽，广泛而又尖锐地反映出人民的苦难和社会矛盾，对藩镇割据与叛乱也给予批判，内容深刻。他的许多优秀诗篇反映了唐代由盛转衰的历史过程，因此被称为“诗史”，其本人亦被后人尊为“诗圣”。在艺术形式上，以古体、律诗见长，风格多样，而以沉郁为主；语言精练，具有高度的表达能力。对后世很有影响。《自京赴奉先县咏怀五百字》《丽人行》《春望》《北征》 和“三吏”“三别”等，皆为人传诵。有《杜工部集》 。

“文圣”韩愈。韩愈（768—824），字退之，河阳（今孟州南）人，自谓郡望昌黎，世称韩昌黎。唐文学家、哲学家。少孤，由嫂抚养，刻苦自学。贞元进士。曾任国子博士、刑部侍郎等职，因谏阻宪宗迎佛骨，被贬为潮州刺史。后官至吏部侍郎。卒谥文。政治上反对藩镇割据，思想上尊儒排佛。力反六朝以来的骈偶文风，提倡散体，与柳宗元同为古文运动的倡导者。其散文在继承先秦两汉古文的基础上，加以创新和发展，气势雄健，旧时列为“唐宋八大家”之首，被后人尊为“文圣”。有《昌黎先生集》 。

“宋型文化”的创始人白居易。白居易（772—846），字乐天，晚年号香山居士。其先太原人，后迁居下邽（今陕西省渭南市北），生于河南新郑。唐代大诗人。在文学上，主张“文章合为时而著，歌诗合为事而作”，反对“嘲风雪，弄花草”而别无寄托的作品，是“新乐府运动”的倡导者。早期所作讽喻诗，如《秦中吟》《新乐府》中的不少篇章，较广泛尖锐地揭露了当时政治上的黑暗现象，也反映出人民的痛苦生活。其诗语言通俗，相传老妪也能听懂。除讽喻诗外，长篇叙事诗《长恨歌》《琵琶行》也很有名。宋代开国以后，文人学士群起自发仿效白居易的诗风和文风，形成了以通俗晓畅、妇孺皆可诵可懂的宋代文风。因此，后人一致称许白居易是“宋型文化”的创始人。

《西厢记》的第一作者和原型人物元稹。元稹（779—831），字微之，河南（治今洛阳）人。唐代诗人。早年家贫。举贞元九年明经科、十九年书判拔萃科，曾任监察御史。因得罪宦官及守旧官僚，遭到贬斥。后转而依附宦官，官至同中书门下平章事。最后以暴疾卒于武昌军节度使任所。与白居易友善，常相唱和，世称“元白”。作有传奇《莺莺传》，为后来的著名杂剧《西厢记》故事所取材。有《元氏长庆集》。

浪漫主义诗歌奇才李贺。李贺（790—816），字长吉，福昌（今宜阳县西）人。唐代诗人。唐皇室远支，家世早已没落，生活困顿。曾官奉礼郎。因避家讳，被迫不得应进士科考试，韩愈曾为之作《讳辩》。早岁即工诗，见知于韩愈，并和沈亚之友善，死时仅27岁。其诗对统治集团的昏庸腐朽、宦官专权、藩镇割据的现实，加以揭露、讽刺，也表现出政治上不得志的悲愤。善于熔铸词采，驰骋想象，运用神话传说，创造出新奇瑰丽的诗境，具有积极浪漫主义精神。但有些作品，情调阴郁低沉，语言过于雕琢。有《昌谷集》 传世。

感伤主义诗歌的代表人物李商隐。李商隐（约813—约858），字义山，号玉谿生，怀州河内（今沁阳）人。唐代诗人。开成进士，曾任县尉、秘书郎和东川节度使判官等职。因受牛李党争影响，被人排挤，潦倒终身。他反对“学道必求古”之说，认为“夫所谓道，岂古所谓周公、孔子者独能邪”，并说“孔子于道德仁义外有何物”。在政治上，对当时藩镇割据、宦官擅权的局面感到不满，常以诗讽喻；“无题”诗也当有寄寓政治内容之作，至其实际含义，诸家所释不一。擅长律、绝，富于文采，具有独特风格，然有用典太多、意旨隐晦之病。也工四六文。今存有《李义山诗集》，文集已散佚，后人辑有《樊南文集》《樊南文集补编》。

千古名篇《岳阳楼记》与范仲淹。范仲淹（989—1052），字希文，苏州吴县（今江苏苏州）人。北宋大臣、文学家。大中祥符进士。仁宗天圣中任西溪盐官。建议在泰州修建捍海堰。宝元三年（1040）任陕西经略安抚招讨副使，兼知延州，加强对西夏的防御。庆历三年（1043）任参知政事，曾建议十事，实行新政。罢政后出任陕西四路宣抚使。后在赴颍州途中病逝。所作散文富于政治内容；词传世仅有5首，风格较为明健，善写塞上风光。有《范文正公集》。其中，脍炙人口的散文名篇《岳阳楼记》创作于今河南邓州花洲书院，堪称我国古代散文史上首屈一指的不朽作品。“先天下之忧而忧，后天下之乐而乐”亦成为超越时代、妇孺皆知的千古佳句。

宋词艺术的最后一个集大成者史达祖。史达祖，字邦卿，号梅溪，汴（今开封）人。南宋词人。曾为韩侂胄堂吏，掌文书。其词多抒写闲情逸致，在形式上追求细腻工巧，以咏物词著名。有《梅溪词》。后代宋词研究专家一致公认，在宋词表达艺术水平上，史达祖的词作艺术手法丰富多彩、老到自然，达到了出神入化、炉火纯青的地步，是宋词艺术的集大成者。

第四节 戏剧文化

戏剧是一种综合艺术形式。戏剧的文字载体——剧本属于文学，而戏剧的表演又包括了音乐、舞蹈、美术等艺术元素，戏剧演出的社会性则又和政治背景、社会舆论、风俗民情有密切的关系。因此，戏剧作为一种文化现象，是构成中华文化的一个重要组成部分，对于中华文化的形成与发展有着重要的影响。

中原戏剧文化，同中原文化的整体发展历程及主要特征是一致的。中原文化历史悠久，在中华文化体系中具有源头性。中原戏剧文化也同样有悠久的历史。成熟的戏剧产生之前，构成戏剧的主要元素音乐与歌舞在中原地区也起源很早，在夏、商、周三代都有光辉灿烂的历史。

中原文化在长期的发展过程中没有间断，在中华文化的整个体系中具有主体的与核心的地位。中原音乐、歌舞与戏剧从先秦到北宋时期都在全国处于领先和主导的地位，先秦时期的优戏、汉代的乐舞百戏、唐代的参军戏、五代时后唐庄宗对戏剧的提倡、北宋的官本杂剧及汴京戏曲演出的繁荣等，都是无可争议的事实。

南宋时国都南迁临安（今杭州），元、明、清三代定都北京，这使中原地区已不再是全国的政治中心，也不再是全国的文化中心，因而南宋以后中原地区也不再是全国戏剧文化的中心。南宋时南戏在南方兴起，造成了直到清代数百年间江南戏曲的繁荣；至清代中期，京剧在北京兴起，更成为影响全国的主要地方剧种。但是，由于中原地区的文化积淀丰厚，戏曲的根基相当牢固，因而中原地区在元代以后的戏曲创作与演出仍然非常活跃。近代以来，河南豫剧逐渐发展成为全国地方戏中影响较大而且成就辉煌的剧种，使河南省有“戏剧大省”的美誉。

从戏剧的构成要素来看，戏剧文化的内涵应包括戏剧的文字形态——剧本的创作，戏剧的声音形态——唱腔、道白与音乐，戏剧的动作形态——表演技巧、舞蹈、功夫、程式等。在这些方面，中原戏剧文化都有丰富的内容。

关于文学剧本，中原古代戏曲作家和作品在中国文学史上占有重要地位。在杂剧创作空前繁荣的元代，中原地区涌现出李好古、郑廷玉、宫天挺等不少杂剧作家，他们创作出了许多著名作品。明代分封在开封的周宪王朱有燉以创作20多个杂剧而成为戏曲史上少有的多产作家。清代孟津的王铣，新安的吕履恒、吕公溥祖孙二人，各以自己的传奇作品在戏曲史和文学史上占有重要的一页。清代后期以来，河南梆子、曲剧、越调等地方剧种都积累和改编了大量的传统戏剧本，成为全国地方戏剧本集成中的重要组成部分。

对于戏剧声乐，中原戏剧文化也有独特的贡献。元代周德清著《中原音韵》，强调指出戏曲中的歌唱应以中原音韵为正宗。周德清虽然是江西人，但他认识到了中原音韵在中华文化中的正统地位和在全国范围的规范性。这说明中原的传统文化在音韵方面的主导作用是不可替代的，而且是被全国认同的。明代朱载堉提出的“十二平均律”，在世界音乐史上是一个重要的发现。清代中期以后，梆子腔传入中原而逐渐形成独具特色的河南梆子，其声腔发扬了陕西秦腔的高亢、雄浑和表现力强等优点，这使豫剧在地方剧种中显得唱腔独特，从而具有感人的魅力。

关于戏剧表演技巧和舞蹈，中原地区原有的歌舞传统对于元代以后戏剧的形成和发展影响很大。汉代的百戏表演，主要是在中原地区形成并向外传播的，后世戏剧表演中的许多动作都来源于此。宋代汴京的杂技表演和官本杂剧的演出中，许多动作在后世戏剧表演中发展成为固定的程式。明代朱载堉绘制的《灵星小舞谱》（见《乐律全书》），也为其后的戏剧表演所仿效。

从戏剧的演出与传播来看，戏剧文化的内涵包括古代戏曲文物遗存、古代戏曲演出场所遗址等。这些方面，中原地区素有“戏曲之乡”和“文物之乡”的称誉。根据中华人民共和国成立以来的发现与整理，河南省现存的戏曲文物和演出场所遗址有千种以上，其中有青铜器、漆画、壁画、砖石雕刻与木雕、陶俑陶楼、手抄戏本、戏箱戏衣、碑记及古代戏台等。其数量之多，在全国各省市中仅次于山西。

从戏剧演出对于社会大众思想与生活的影响，以及戏剧活动与社会风俗民情的关系等方面来看，中原戏剧文化也有丰富的内容。关于戏剧演出的社会作用，陈独秀在清末戏曲改良运动兴起时就曾指出：“戏园者，实普天下人之大学堂也；优伶者，实普天下人之大教师也。”（《论戏曲》）鲁迅也说：“我们国民的学问，大多数却实在靠着小说，甚至于还靠着从小说编出来的戏文。”（《华盖集续编 · 马上支日记》）这种戏曲的教化作用与知识传播功能，在中原民众身上表现非常突出。《中国戏曲志 · 河南卷》和本省各地区、各县市的戏曲志中记载了这一类大量的事实。民间风俗中一年之内各种节日要演戏，祭祀、祭神及喜庆丧葬活动时也要演戏，这都是北宋时中原地区已经形成的风俗。元代以后全国各地民众生活中的演戏习俗，在很大程度上是受中原地区的影响。直到当代，中原地区的人们尤其是广大农村的民众仍然非常热爱戏曲，河南电视台《梨园春》栏目很受欢迎，这与中原地区的戏剧文化传统是有密切关系的。

一、河南戏剧文化的概况

在成熟的戏剧艺术形式出现之前，构成戏剧的重要元素音乐和舞蹈在中原地区起源很早。距今七八千年前，中原地区已出现农业文明，同时也出现了原始乐舞。舞阳出土的骨笛，经文物专家鉴定，即是在七八千年前制作的。夏、商时期，中原的乐舞已达到相当高的水平，考古发现的那一时期的钟、磬、管、箫等乐器，以及甲骨文中关于巫舞的记述，都是有力的证明。

春秋时，中原的歌舞已经相当兴盛，并且已有优戏表演。《诗经》中的大部分诗篇即是产生于中原郑、卫、陈、蔡等地。《墨子·公孟》中说“诵诗三百，弦诗三百，歌诗三百，舞诗三百”，就很能说明这时中原一带的歌舞盛况。禹州出土的西周青铜面具，洛阳出土的战国时期的舞女玉雕，淅川出土的楚国编钟乐器等，也说明先秦时期中原歌舞已在全国居于领先水平。

两汉时期，中原是全国的中心地区，尤其是东汉定都洛阳之后，这里的乐舞、百戏表演技艺高超，规模宏大，为全国之冠。南阳等地出土的汉代墓葬里的砖雕、石雕和壁画中，有不少歌舞表演的艺人形象。洛阳、济源等地出土的汉代歌舞百戏陶俑，对于了解这一时期的音乐、舞蹈发展状况都是非常珍贵的物证。后来到北朝时期，佛教已首先在中原立足，洛阳白马寺是中国第一所寺院，随后中原各地纷纷建造寺院，这些寺院为乐舞百戏表演提供了新的场所和机会。唐代是中原文化繁荣的一个高峰期，乐舞表演也达到新的水平。唐代洛阳为东都，唐玄宗开元年间在洛阳设立了主管歌舞的机构——左右教坊，据崔令钦《教坊记》载，“东京两教坊俱在明义坊中”。《新唐书·元德秀传》中还记述，唐玄宗曾在洛阳五凤楼设宴，举行了规模盛大的乐舞会演。唐代在洛阳等地表演的参军戏，已具有后世戏剧的雏形。戏剧叙事特征的基础——叙事文学在唐代以前已有很多成果，到唐代的传奇、叙事诗更达到新的高度，这为戏剧文学的形成提供了重要条件。五代时期，后唐庄宗设立伶官，他自己也亲自进行戏曲表演，这对后来汴京戏曲表演的发展起到了重要的引导作用。

北宋定都开封，这是中原戏剧文化兴盛的一个高峰期，也是戏曲这种艺术形式定型并走向成熟的一个重要阶段。北宋说唱艺术的发展，如说故事、讲史、鼓子词、诸宫调的表演，促成了戏曲文学剧本的产生和完善。都城中勾栏瓦肆的大量出现，使戏曲演出有了相对固定的场所，这大大促进了戏曲的社会化和商业化。北宋皇帝喜好戏曲，也是推动戏曲演出兴盛的重要因素，如曾慥《类说》

卷十五记述宋太祖赵匡胤冒雨观戏就是生动的一例。当时，宫廷中设立了“云韶部”，专司戏曲及歌舞演出。而且，汴京已有许多职业化的戏曲艺人，他们在社会民众中有相当大的名气和影响，如《东京梦华录》卷五“京瓦伎艺”一节记述的李师师、徐婆惜、张七七等。当时，汴京城中一年里重大节日演戏已成风俗，这在《东京梦华录》中也有详细记载。

南宋迁都临安之后，中原地区沦入金国版图。在金国迁都汴京之后，这里又重现了北宋时期的繁华，金杂剧比北宋杂剧涌现出更多的新作品。董解元的《西厢记诸宫调》就产生于这一时期，而且董解元即是河南人。焦作西北王庄出土的一座金墓中，有画像石23块，绘有戏曲演出故事图，即反映了金占中原时这里演戏的情形。金代的杂剧剧本形式也更加成熟。

元代是中国戏曲史上一个光辉灿烂的时期，中原地区的戏曲创作和演出都有许多新的成就。元代中原杂剧作家见于古籍著录的有10余人，其中主要的有郑廷玉、李好古、宫天挺、孟汉卿等。郑廷玉是元代前期彰德（今安阳市）人，生平事迹不详，今仅知他曾亲身经历过蒙古灭金的战争，一生大部分时光生活在豫北乡村。共撰作杂剧22种，今仅存《楚昭公》《看钱奴》《后庭花》《金凤钗》《忍字记》5种，最著名的是前两种。李好古，生平已难以详考，现今有关著作都说他是西平人。据贾仲明为他作的吊词，可知他可能是一位地位不高的落魄文士，撰作杂剧《张生煮海》《劈华山》《镇凶宅》3种，今仅存《张生煮海》1种。宫天挺，字大用，大名路开州（今濮阳市）人，曾任学官，著有杂剧6种，今存《范张鸡黍》《七里滩》2种。孟汉卿，《录鬼簿》记载他是亳州人，今应属商丘市，所著杂剧今知有《魔合罗》1种。此外，元代著名的戏曲评论家和戏曲目录学家钟嗣成本是汴梁（今开封市）人，后移居杭州，所著《录鬼簿》是考订元曲作家并评论其作品的一部重要文献。

元代以后，中原地区的戏曲创作同江苏、浙江等省份相比，显得作家人数较少而且作品较弱，但是仍然有一些值得一提的成绩。明代前期的朱有燉（1379—

1439），号诚斋，是明太祖朱元璋的孙子，其父朱橚被封周王，有燉袭封，他一生都在开封度过，当属于中原戏曲作家。他撰作的杂剧作品总称《诚斋乐府》，现存共31种，都是在其封地开封撰作的。以《曲江池》《义勇辞金》《香囊怨》等比较有名，这些作品取材广泛，反映了多方面的社会现实。明万历时沈德符的《顾曲杂言》评论说，朱有燉的杂剧“虽警拔稍逊古人，而调入弦索，稳叶流丽犹有金元风范”。这一评论较为中肯。还有明嘉靖年间的桑绍良，濮州（今属濮阳）人，他撰作的杂剧《司马入相》，也是明杂剧中的著名作品。

清代河南的传奇与杂剧作家见于古籍记载的有10余人，其中主要的有王铣、吕履恒、吕公溥等。王铣（1607—1671），字子陶，号大愚，孟津人。其兄即是明末大学士、著名书法家王铎，王铣排行第三，曾任直隶鹿城、江苏昆山知县。著作有《大愚集》《红药坛集》。他撰作的戏曲作品有传奇《秋虎丘》《双蝶梦》《拟牡丹亭寻梦》《华山缘》《司马衫》《大孝子》6种，前3种今存。吕履恒（1650—1719），字元素，号坦庵，新安人。康熙三十三年（1694）进士及第，官至户部右侍郎。著作有《梦月岩诗集》《冶古堂文集》，其戏曲作品今知有传奇《洛神庙》1种。吕公溥（1726—？）是吕履恒的孙子，字仁原，号寸田，平生未出仕，住在原籍从事著述，著作有《寸田诗草》等。所撰作的戏曲作品有传奇《弥勒笑》1种。

清代中期以后，地方戏曲声腔艺术蓬勃发展，全国各地方剧种逐渐各自形成。各地的戏班迅速增多，其演出活动也空前活跃。康熙后期，西北地区的秦腔传入中原晋、冀、鲁、豫各省，和传统的昆曲及地方性的演唱曲调结合起来，逐渐形成种类繁多的各种梆子腔。在河南境内，影响较大、流行较广的是河南梆子，其他声腔剧种还有曲剧、越调、大平调、二夹弦、道情等，河南广大民众对它们非常喜爱，甚至达到迷醉的程度。中华人民共和国成立后，党和政府领导艺术工作者进行了戏曲改革，中原戏剧文化又焕发出新的光彩，进入一个新的历史时期。

二、河南戏剧文化的亮点

舞阳贾湖新石器时代的骨笛。20世纪60年代初期，在舞阳县城北22公里的贾湖村附近发现一处新石器时代遗址，出土的文物中有一组骨笛，共16支，其形状固定，长22厘米，大多为七孔，磨制精细，保存完好，经测试现在还可以吹奏。这是一批原始乐器的文物珍宝，在全国范围内也是罕见的。

禹州西周青铜面具。1987年在禹县（今禹州市）出土的一处墓葬中，发现一件青铜面具，大小及形状和正常人的脸面相符合，可以戴在脸上，但是只有半截，仅能遮住脸的上部。经文物部门鉴定，此面具距今约有3000年，是西周时期的物品，它应是当时进行歌舞表演时所戴。这是研究我国古代早期歌舞表演的一件非常重要的文物。

元代李好古的杂剧《张生煮海》。《张生煮海》全名为《沙门岛张生煮海》，是李好古的代表作，是元杂剧中的珍品。此剧写书生张羽和龙女相爱，却遭到龙王反对，他用神仙给他的法宝煮得海水沸腾，迫使龙王答应他和龙女成亲。明代刊本《元曲选》收入《张生煮海》，有精美插图。此剧后来经过改编，成为豫剧的保留剧目之一，全国许多地方剧种也都对之移植改编。

元代郑廷玉的杂剧《看钱奴》。《看钱奴》全名为《看钱奴买冤家债主》，是郑廷玉的代表作，是元杂剧中的珍品。此剧写穷汉贾仁因偶然的机会得到周家埋在地下的金银而暴富，成为财主，周家后代周荣祖却贫困不堪，贾仁用欺骗手段买下周荣祖的儿子为己子，但是贾仁生性吝啬，他所有的家产实际上又归了周家。明代刊本《元曲选》收入《看钱奴》，有精美插图。这个作品揭露世相十分深刻而生动，因此郑廷玉被称赞为中国古典喜剧的创始人。《看钱奴》一剧先后被法国和英国作家翻译到西方。

明代朱载堉的“十二平均律”。朱载堉，字伯勤，号句曲山人。他是明朝宗室，其父朱厚烷袭封王爵，即郑恭王，封地在怀庆府（今沁阳），朱载堉后来却让出王位，后世称他为端清世子。他在音乐著作《律学新说》（见《乐律全书》）中提出“十二平均律”的理论，称之为“新法密律”。大体上是认为古代的所谓十二律和数学有密切的关系，可以用三分损益法测出其长度。他把“十二平均律”的生律数值称之为“密率律度”，把三分损益法及其生律数值称为“约率”和“约率律度”。研究中国科技史的英国专家李约瑟称赞朱载堉是“世界上第一个平均率数学的创建人”，并说“在过去三百年间，欧洲及近代音乐，确实有可能受到中国的一篇杰作的有力影响”（见戴念祖：《朱载堉——明代的科学和艺术巨星》一书附录四《外国学者论朱载堉》）。

清乾隆年间吕公溥的传奇《弥勒笑》。《弥勒笑》传奇没有刊行，现存世的是吕公溥的手稿本，私家收藏，非常珍贵。此剧是根据清代康熙年间剧作家张坚的《梦中缘》传奇改编的，写钟心和文佩兰、阴丽娟二女的爱情故事。它的可贵之处是不用传统的曲牌，而是用十字调梆子腔写唱词，这和现当代戏曲唱词的文体形式基本一致。有关研究戏曲史的文章认为，古代剧本中七字句式和十字句式交替使用，最早见于清代嘉庆十三年（1808）的同州梆子抄本《刺中山》（见孟繁树《＜古柏堂传奇＞中的戏曲史料及其价值》），其实《弥勒笑》早在乾隆四十六年（1781）就已经是用十字句式写作的梆子腔剧本，这比《刺中山》要早20多年。

社旗山陕会馆悬鉴楼（戏楼）。河南省内现存古代戏台遗址很多，其中最典型和最有代表性的是社旗县山陕会馆悬鉴楼。社旗县城赊店镇在清代中期是豫西南著名的水旱码头，商业兴旺，山西、陕西的商贾云集，戏班的演出也非常活跃。悬鉴楼位于社旗古镇中心山陕会馆内，坐南面北，高约30米，总宽28米，三层重檐歇山式建筑，其主楼居中，两侧有歇山式边楼，下层中间为戏台。整体建筑宏伟，楼体坚固，现保存基本完好，对于研究古代戏台建筑和戏剧文化都具有非常重要的价值。

河南梆子。乾隆年间，“梆子腔”在中原已经相当流行，河南境内有“梆锣卷”的声腔（小说《歧路灯》第九十五回提及），其中梆戏即逐渐形成后来的“河南梆子”。到清末至民国时期，河南梆子在中原各地非常普及，受到广大民众的喜爱，河南梆子的声腔又有祥符调、豫东调、豫西调之分，形成各具优势的流派特色。河南梆子自清代末年起，出现许多科班，这对于河南梆子的传播起到非常大的作用。河南梆子在现当代的代表性艺术家有樊粹庭、陈素真、常香玉、桑振君、马金凤、崔兰田、阎立品、唐喜成、牛得草等，代表性剧目有《三上轿》《花木兰》《穆桂英挂帅》《秦香莲》《秦雪梅》《打金枝》《三哭殿》《七品芝麻官》和现代戏《朝阳沟》等，其中影响较大的是常香玉和她的代表作《花木兰》。

“现代豫剧之父”樊粹庭（1905—1966），原名樊郁。河南遂平人。著名豫剧作家、改革家和教育家，1929年毕业于河南中山大学。1934年在开封创办豫声剧院，自任院长、编剧和导演。对豫剧的表演、音乐、服装及化妆进行了一系列改革　。抗日战争全面爆发后，取“醒狮怒吼”之意，豫声剧院改为“狮吼剧团”。一生编写创作剧本58部，像《凌云志》《霄壤恨》《涤耻血》《义烈风》《三上轿》等，时称“樊剧”；导演剧目60余种。樊粹庭是豫剧诞生以来第一位真正意义上的剧作家，也是中国戏剧文化史上罕见的集编剧、导演、剧团管理、戏剧教育、文化传播于一身的艺术家，更是豫剧现代化进程的奠基者与开拓者。新中国成立后曾任中国戏剧家协会陕西分会副主席。

曲剧。曲剧又名“高台曲”“曲子戏”，20世纪50年代改称曲剧。它是在河南民间说唱艺术——鼓子曲（洛阳称“洛阳曲子”、南阳称“南阳大调曲子”）的基础上，吸收其他剧种的艺术成果形成发展起来的。清末时，曲子戏的表演常和民间的“踩高跷”结合在一起，称为“高跷曲”。民国时期，其表演形式逐渐固定，舞台演出已不再用高跷，而是和其他剧种表演特点接近。现代，曲剧在河南省内非常普及，许多市都有曲剧团。曲剧的代表性艺术家在现当代有李金波、张新芳、海连池等，代表性剧目有《陈三两》《卷席筒》和现代戏《掩护》等。

越调。越调产生于明末清初，明末傅一臣的杂剧《苏门啸 · 卖情扎囤》中就出现了“越调”一词。清乾隆年间，禹州的州衙和车马行会就曾组织过越调戏班。民国初年越调戏班进入省城开封演唱，引起轰动。20世纪30年代前后，越调主要在南阳、许昌一带的乡村活动。中华人民共和国成立后，人民政府对越调给予扶持，郑州及许昌、南阳、周口等地先后成立了越调剧团。越调在当代的代表性艺术家有毛爱莲、申凤梅等。毛爱莲有“越调皇后”之称，代表性剧目有《火焚绣楼》《白奶奶醉酒》。申凤梅以饰演“诸葛亮”而知名，有“活诸葛”之称，其代表性剧目有《诸葛亮吊孝》《收姜维》和现代戏《卖箩筐》等。

大平调。大平调又称“平调”“大梆戏”“大油梆”，主要流行于豫北、豫东及冀南、鲁西南、皖北等地。其声腔属于梆子腔系统，也有高台演出的特点。清代乾隆年间濮阳一带就有大平调的职业戏班。20世纪40年代初抗日战争期间，一些大平调戏曲艺人在中国共产党领导下的冀鲁豫边区根据地演出一些宣传抗日的改编剧目。中华人民共和国成立后，濮阳、清丰等7县都成立了大平调职业剧团。其代表性剧目有《白玉杯》《三传令》和新改编的历史故事剧《三搜太白府》等。

第八章　民俗：散落在民间的文化遗珍

民间文化是保留在现代人群中的历史传承积淀的外在表现。无论是礼仪、习俗、节会、饮食、技艺、服饰、崇拜，都是当地历史传承的结果。从中原的历史地位看，汉民族的主要民间习俗与中原都有着较为密切的关系，换句话说，在中原可以体验到正宗的汉族民间文化。

阴阳观念，是中国文化最本质的特点，中原武术诠释了这种观念。少林武术的硬朗雄劲，太极武术的刚柔并济，从不同的侧面反映了中华魂，展示了中华文化的博大与精深，更体现了中原厚土的凝重与深沉。

民间的节令，是一个民族带有图腾性质的民间纪念日。汉民族重要的节令，如果寻找源头，都可以追溯到中原。腊月二十三祭灶，春节吃饺子，正月十五闹元宵，五月端午插艾叶，七夕牛郎织女相会，八月中秋赏月，九月重阳登高……所有这些带有传奇性的“中国节日”，在中原都可以找到原型。淮阳太昊伏羲陵的人祖庙会，那带有写实而略有夸张的“泥泥狗”，让我们感受到了远古时代人们对生命繁衍的强烈追求和渴望；那带有巫祝色彩的“担经挑”舞，以及与之相关的程式，似乎是上古巫祝文化的典型标本。马街书会所展示的民间艺人的不期相会、浩大的文艺盛宴，是民间文化内聚力的具体表现。

民间传说是一个民族的口述历史。在中原，与汉民族起源有关的创世神话与英雄传说，占有较大的比重。盘古创世、女娲补天、人祖造人、洪水滔天、牛郎织女、后羿射日、夸父追日、大禹治水、愚公移山……这些在古典文献中占有较大篇幅的上古神话，在河南民间广为流传。特定的神话与特定的区域、特定的文化相关联，形成特色鲜明的地域文化。

民间饮食所表现的二重性，实际上是中原先进与落后两个时代的具体体现。从杜康造酒一路走过来的中原饮食在相当长时间里都是食客所追求的饮食时尚。洛阳水席、开封饮食的考究，还可以寻觅到这种奢华。胡辣汤与郑州烩面，不仅反映了中原人的包容性，某种程度上也反映了黄河泛滥、兵荒马乱时人们饮食的匆忙。好在中原人已习惯于接纳东西南北而来的人群，连同他们的饮食在这儿都可以找到市场。

中国民间文化是中华民族的文化基因，是中华民族有别于其他民族的标签。当一个民族再次崛起时，我们每个人都将在举手投足之间展示“大国风范”，而浸润在我们血液中的文化元素将成为“软实力”，走向世界，形成时尚。

第一节　武术文化

武术，古称“拳勇”“技击”，后来又叫“国术”，外国人则称之为“功夫”。中国武术，不仅仅是搏击术，更不是单纯的拳脚运动，它是民族智慧的结晶，也是民族传统文化的一道亮丽的风景。

武术全面表现了中华民族对攻防技击的理解和运用，同时还体现了中华民族的思想感情、意志、理想、追求、欣赏习惯、思维特点等各种心理素质和民族文化特点，因而武术文化可以说是一个以武术为载体的、其内容具有哲理性和艺术性、其方法具有科学性的独立完整的文化体系。

武术文化的核心是儒家的中和养气之说，同时又融合了道家的守静致柔，释家的禅定参悟。武术讲究刚柔并济，内外兼修，既有刚健雄美的外形，更有典雅深邃的内涵，蕴涵着先哲们对生命和宇宙的参悟。随着人类社会的发展和各民族文化的相互交融渗透，特别是希望武术进入奥运会的今天，深刻理解和挖掘武术文化的内涵更具有现实意义。

一、河南武术文化的概况

河南自古便是兵家必争之地，尚武之风盛行，又是古代行气术（今通称气功）的重要发源地。厚重的历史文化积淀，形成了富含中原文化特色的中原武术体系。著名武侠小说作家金庸数年前中原“论剑”，曾在河南留下这样的题词：“河南——武术的故乡，武术的心脏。外家功夫少林派，刚猛无俦；内家功夫陈家沟太极拳，极顶造诣。强身健体，国魂所倚。八方武学，源自中州。”

河南武术文化资源丰富、分布广泛。源于河南的武术有少林拳、太极拳、形意拳、苌家拳四大拳派，少林拳系涵盖了北方的大部分拳种，并对其他诸大拳系产生了重要影响；太极拳最能体现中国人的智慧和处世之道，使武术步入更高的文化境界；形意拳各种仿生动作表现自然，简洁实用。苌家拳注重炼气和养气，自成体系。除了四大拳派，还有流传于中原各地的拳法和独门武技，在当地自成一家，世代相传。晚清以来，开封的查拳、猴拳、梅花拳，安阳的弹腿，豫东的洪拳，淮阳的六步拳，博爱月山寺的八极拳，开封朱仙镇回民的汤瓶拳，以及博爱王堡的枪法，荥阳汜水、三门峡陕州、禹州的弹弓，淮阳回民的棍术，长垣的六合枪，开封的剑术和跤术，滑县的虎尾镰，鹿邑的跤术等，都曾名动一时。此外还有不少拳论拳谱，散落于民间。所有这些都是中原文化的宝贵资源，有待于深入发掘、保护和研究。

改革开放以来，河南省的武术事业得到快速发展。竞技武术保持了在全国的先进水平，竞技武术后备人才充足，武术馆校、习武场所发展迅速，馆校数量和在校学生数在全国均名列前茅。在郑州大学、河南大学等高校专门设立了武术文化研究院所，开展中原武术文化的研究、保护、开发和利用。创作了一批武术文化演绎的精品，如舞剧《风中少林》、大型实景演出《禅宗少林》等，使古老的武术与现代的声、光、舞技术相结合，大大提高了武术的观赏性和艺术性。河南卫视以弘扬中华武术文化为宗旨的竞技类节目《武林风》，也备受海内外武术爱好者关注，成为一个知名品牌栏目。

河南丰厚的武术文化资源只有得到开发研究，才能在促进中原崛起、构建和谐社会中发挥作用。当前，河南提出要建设文化强省，加大对武术文化资源的开发、利用和保护力度。心意六合拳（形意拳）、八极拳、苌家拳已被列入传统体育与竞技类的国家级非物质文化遗产名录。那些藏于民间的武术文化资源也将会得到发扬光大，焕发出新的生机和活力。

二、河南武术文化的亮点

汉画像石中的中原武术。在河南大地上出土的许多汉画像石中，发现了不少有关古代中原武术活动或与武术相关的题材与内容的珍贵资料。在唐河发现的一块汉画像石，内容似为荆轲刺秦王图。还有郑州新通桥出土的“剑戟对刺图”，南阳出土的“舞剑图”“空手夺枪图”等，无论是徒手相搏、徒手夺器械还是器械对器械演练，都反映出当时的武术已经出现了单练套路和对练套路，而且达到了相当高的水平。这些形神兼备的武术画像，展示了中原武术的博大精深与源远流长。

天下功夫出少林。少林武术是中华武术的一个重要流派。由于它发源于中岳嵩山的少林寺，故名“少林武术”。少林武术对其他拳派的形成与发展产生了积极的影响，故赢得了“天下功夫出少林”的美誉。少林武术的渊源是中原地区的民间武功，少林武术是僧众在长期的习武中逐渐形成的。少林武术内容广博，按其性质可分为内功、外功、轻功、气功、硬功等，按技法分为拳术、枪术、刀术、剑术、棍术、技击、器械和器械对练等百余种。目前，仅少林寺内秘传的拳路就有234种、器械套路137种，另外还有以“少林七十二艺”为代表的若干功法和各种用药法、救治法等。作为中华武坛一朵奇葩的少林武术，以丰富的内涵、独特的风格特点自成一派，在健身、防卫甚至对外交往方面都有着重要作用。

有文献记载最早的少林武僧稠禅师。稠禅师为邺（今安阳一带）人，自幼出家，苦练武艺，志向高远，他的禅学武功，在古代民间流传甚广。跋陀主持少林寺后，四方学者闻风皆至。僧稠仰慕跋陀，奔少林寺拜师求法。跋陀对他十分宠爱，夸他是“葱岭以东，习禅之最”。后来，僧稠就成了大名鼎鼎的稠禅师。在武功方面，唐人张鷟的《朝野佥载》、北宋初年李昉等编辑的《太平广记》对僧稠禅师都有相同的神话般的记载，其中《太平广记》中写道：“稠禅师又跃首至于梁数四，乃引重千钧。其拳捷骁武，动骇物听。”因此稠禅师是少林寺有文献可考的最早的著名武僧。

《少林拳谱》为少林寺发展史上一部重要的拳术专著。福居和尚为少林寺方丈时，德高望重，佛、武、医、文皆通，很有名望。为了增强众僧武功，北宋初年，福居邀集全国18家武术名手到少林寺演练武术，各路好手都在这里将自己的看家本事亮出来，相互切磋，取长补短，历时3年。武会过后，福居和尚概括出了18家之长，吸取其精华，汇编成了《少林拳谱》，为少林寺发展史上一部重要的拳术专著。福居和尚所做的这件事情十分有益于当时各种武功的共同进步。

少林传奇故事——十三棍僧助秦王。在少林寺天王殿右边一座钟楼的前方，立有唐太宗御书碑，碑文为李世民亲笔所写，这里有一个少林传奇故事，即少林十三棍僧助秦王。隋朝末年，王世充占领洛阳，自立为皇帝，定国号为“郑”。620年，唐朝秦王李世民进兵洛阳，少林寺武僧志操、昙宗等十三人率众助战，擒拿了驻守辕州（今登封市）的王世充的侄子王仁则，献给了秦王，为李世民进军洛阳立了军功。李世民登基后，颁布诏书嘉奖少林寺，在圣旨中高度赞扬十三棍僧救驾和助战的赫赫战功。十三棍僧的名字、功绩和所受封赏都被刻在了《太宗文皇帝御书》碑上。

演绎少林功夫的精品——《风中少林》。《风中少林》为大型原创歌舞剧，讲述的是一名少林武僧的传奇故事，对“舞”与“武”的处理做出了成功的探索。在战争与武打场面上，既有原汁原味的少林功夫展示，又有经过过滤、提升的武术肢体语言与舞蹈语汇的结合，使整个表演的艺术性、观赏性大为提高。这部歌舞剧在海内外多次演出，取得了很大成功，并摘取了中国舞蹈界最高奖项“荷花奖”金奖。

培育武术冠军的摇篮塔沟——武术学校。塔沟武术学校位于登封市城西区的少林武术城内，由出身武术世家的国家武术八段刘宝山在1978年创办。目前占地面积2300余亩，建筑面积198万余平方米。共参加国内外重大武术比赛840多场次，共获得奖牌12852枚，其中金牌6031枚；获得世界冠军686人次；获得全国冠军1010人次，在全国性大型武术赛事中获得45次团体冠军。学校武术艺术团在弘扬和传播少林武术方面成绩显著，艺术团曾多次在中央电视台演出，连续13年参加央视春节联欢晚会演出，并经常在各省、市政治、经济、文化大型活动上表演。

传播少林武术影响最大的一部电影——《少林寺》。《少林寺》是1982年由李连杰主演的大陆第一部武打片，电影里的少林寺和尚们，救唐王，除奸臣，扶正义，济穷人，个个身怀绝技，尤其是李连杰的出色表演，不但造就了一代功夫明星，而且栩栩如生地塑造了少林寺和尚的形象。电影《少林寺》在世界范围内掀起了一股少林热潮。有数据显示，从1974到1978年少林寺总游客量是20万左右。而1982年一年少林寺的游客就达到了70多万人，1984年更是达到历史最高峰260万人。嵩山少林寺景区2017年游客接待量突破350万人次。少林寺已成为广大功夫片爱好者的圣地。

少林武术表演与竞赛的综合性活动——国际少林武术节。中国郑州国际少林武术节设少林套路、国际竞赛规定套路、散打比赛及各种流派、各种风格的武术拳械套路、功法、对练、绝技等表演项目，设表演奖，同时还举行武术文化旅游活动。少林武术节从1991年开始，已连续举办了11届，吸引了五大洲68个国家和地区的武林精英，参加少林传统拳法、器械及散手搏击的比赛和表演。各怀绝技的少林武僧和身手不凡的少林“洋弟子”，同台竞技，互相交流，以各自不同的身心功法和力度，发扬光大了博大精深的少林武术和少林精神。

舒展大方、刚柔相济的太极拳。“太极”一词源出《周易·系辞》：“易有太极，是生两仪。”意为最原始的混沌之气，是派生万物的本原。清乾隆年间，山西人王宗岳著《太极拳论》，确定了太极拳的名称。关于太极拳的起源与创始人，众说纷纭，大致有唐朝许宣平、宋朝张三峰、明朝张三丰、清朝陈王廷和王宗岳等五种不同的说法。现在多数拳家认为现传各式太极拳均源出陈式太极拳，而持温县陈王廷创拳之说。太极拳是内家拳中最富智慧的拳种，它把技击与导引吐纳之术相结合，以意念为指导，以经络为基础，以螺旋、缠绕为基本运动形式，以意行气，劲由内换，柔中有刚，刚柔相济，使中国武术步入了更高的文化境界。太极拳经过长期的流传，演变出了许多的流派，有陈式太极拳、杨式太极拳、孙式太极拳、吴式太极拳、武式太极拳五大派系，誉称为“五式太极拳”。

中华太极拳的创始人陈王廷。陈王廷（1600—1680），字奏庭，陈式太极拳的创始人，是陈家沟陈氏第九世，祖、父均为明朝官吏。陈王廷年轻时曾走镖于山东一带，很有声望。可惜生不逢时，无法抒发报国之志，明末仅为乡兵守备。清初，社会动荡不安，他遂隐居乡间，终日以《黄庭经》为伴。晚年立志创拳，以遗后世。据“河图”“洛书”之太极阴阳学说，与导引、吐纳及中医经络学说相结合，融诸家之长，创编出一种阴阳开合、虚实转换、刚柔相济、快慢相间、老少咸宜的拳术，即太极拳。陈王廷也被中外太极拳界尊为鼻祖，受到世人敬仰。

中华太极拳的发源地陈家沟。陈家沟位于温县城东5公里清风岭的中段，原名常阳村。明洪武年间，山西泽州人陈卜迁至该村，因村中有一条南北走向的深沟，随着陈氏人丁繁衍，该村更名为陈家沟，这里是太极拳的发源地，由这里，太极拳走向了全世界。陈家沟是太极文化的圣地。陈家沟有非常浓厚的习练太极拳的氛围，村里80%的人都会打太极拳，就连小孩做游戏也离不开太极招式。现在，每年都有大批太极拳爱好者到这里修学观光，朝觐拜师，切磋技艺。

世界太极拳的重大赛事——焦作国际太极拳年会。焦作国际太极拳年会是由温县国际太极拳年会发展而来的。温县从1992年开始举办太极拳年会，连续举办了9届，在国际上产生了较大影响。2000年以后，温县国际太极拳年会升格为中国焦作国际太极拳年会，举办地从温县迁移到焦作市，由国家体育总局武术运动管理中心、中国武术协会、河南省体育局主办，焦作市人民政府承办。太极拳年会主要内容有太极拳传统套路、太极推手、太极器械等项的比赛和表演以及太极拳学术研讨、太极拳论文评定等活动。同时还把太极拳比赛交流和焦作山水旅游、山水风光摄影结合起来，让人们在感受中国传统的太极拳文化的同时，又能饱览中原大地的自然风光。

古朴淳厚的仿生内家拳——形意拳。形意拳又叫心意拳或心意六合拳，与武当、太极、八卦合称内家四大拳派。形意拳出现于明末清初，迄今已有300多年历史。形意拳在发展的历程中，逐步形成了三种独立又相互关联的拳派：山西派、河北派、河南派。河南的形意拳也称心意拳、心意六合拳。形意拳基本属于象形拳，是模仿一些动物的捕食及自卫动作编成套路，即所谓“象形而取意”。形意拳雄浑质朴，动作简练实用，整齐划一，讲究短打近用，快攻直取。形意拳在武术理论上最大的贡献是提出了武学的三大境界，即炼精化气、炼气化神、炼神还虚，首次理清了武术功力的层次差别，从而大大丰富了中国武术的理论宝库。洛阳马坡村人马学礼（1775—1790），是河南形意拳的开山鼻祖。

注重炼气和养气的内家拳——苌家拳。苌家拳是清朝至民国时期河南影响较大、流传时间较长的著名拳种之一，迄今已有200多年的历史，目前仍经常出现在民间及武术比赛中。苌家拳拳法以正大淳厚的功力、奇幻莫测的技击打法、独有的形神风格套路而自成体系。苌家拳流传至今，名家辈出。近至开封、安阳，远至福建、香港、台湾，均有苌家拳传人，美国等国家也有苌家拳流派。苌家拳因此成为与少林、太极齐名的河南地方拳派之一。苌乃周（1724—1783），字洛臣，汜水苌村（今属荥阳市王村镇）人，出身于世代书香门第。自幼就痴迷武术，后来得到多家流派武术大师的指点，学得精湛武功。苌乃周在吸收少林、太极、峨眉等诸家之长的基础上，创立苌家拳派，为一代儒士拳术大师。他著有《中气论》《拳谱》《枪谱》《剑谱》《棍法之说》等书，理法精微，图文并茂。

八极定乾坤的博爱月山寺八极拳。八极拳为中国传统拳种之一，全称开门八极。即有六种开（攻）对方门户的方法，出劲可达四面八方极远的地方。关于八极拳起源的考证和传说有多种，但得到最多支持的是源自沧州孟村，由回族人吴钟所创，至今各家八极拳多奉吴钟为八极拳始祖。河南的八极拳源于月山寺。月山寺，位于博爱县北郭之月山，金代所建，为河南四大名寺之一。月山寺第二代住持苍公大师，研究天下武学，集武功之精华，精心演化八极拳，终于成功，并广收弟子，盛极一时，被清乾隆帝称为“文有太极安天下，武有八极定乾坤”。

第二节　节令文化

节令文化，广义上是指中华民族在传统岁时节令里约定俗成、一致遵循和享用的一整套文化通则和文化符号系统。节令，《辞海》解释为“节气时令”。节气在古代称为“气”，泛指二十四节气。二十四节气是把一年内太阳在黄道上的位置变化和引起的地面气候的演变次序分为二十四段，每段约隔半个月，分别在十二个月里面。在月首的叫“节气”，在月中的叫“中气”。所谓“气”就是气象、气候的意思。十二个节气是立春、惊蛰、清明、立夏、芒种、小暑、立秋、白露、寒露、立冬、大雪、小寒。十二个中气是雨水、春分、谷雨、小满、夏至、大暑、处暑、秋分、霜降、小雪、冬至、大寒。后人把节气和中气统称为节气。其中立春、春分、立夏、夏至、立秋、秋分、立冬、冬至是用来划分一年四季的；“二分”“二至”是季节转折点，“四立”表示季节的开始。小暑、大暑、处暑、小寒、大寒表示一年中最热、最冷的出现时期。白露、寒露、霜降反映气温下降的过程与程度；雨水、谷雨、小雪、大雪反映降雨降雪的过程和程度；惊蛰、清明、小满、芒种反映季节和农作物的生长现象。

我国是最早进入农耕社会的国家之一，二十四节气可以说是古代劳动人民掌握农事季节的经验总结，是对农业生产的贡献。完整的二十四节气的记载，最早见于汉代淮南王刘安所撰的《淮南子》中。时令，犹言月令，是指古时按照季节制定的关于农事等政令。后谓岁时节令为“时令”。2006年，“二十四节气”被列入第一批国家级非物质文化遗产名录；2016年，“二十四节气——中国人通过观察太阳周年运动而形成的时间知识体系及其实践”被列入联合国教科文组织人类非物质文化遗产代表作名录。

节令文化，狭义上就是指中国传统节庆文化。节日的起源和发展是一个逐渐形成、潜移默化地完善并慢慢渗入社会生活的过程。它是人类社会发展到一定阶段的产物。中国古代的这些节日，大多和天文、历法、数学以及后来划分出的节气有关。当然随着历史的变化、社会的进步，节令文化也发生了变化。这里所说的节令文化，不仅指中国传统节日文化，而且指现代节会文化。

中华传统节令文化自先秦发端，至今已延续了数千年。对它的描绘与诠释，可以说自古有之。先秦文献如《诗经》《礼记》诸书中已见其踪影，东汉应劭的《风俗通义》、隋人杜台卿的《玉烛宝典》、宋人周密的《乾淳岁时记》和清人顾禄的《清嘉录》等，都对节庆文化的种种景象给以或详或略的记载和描述。近代以降，民俗学、文化学兴起，专家学人又在记载、描述节令文化的固有基础之上，着力从新的切入点来对其加以更加深入而细致的剖析和研究。

几千年来，中华传统节令文化在人们的日常生活中占据着十分重要的位置。可以说，它早已成为传承中华文化、和谐天人关系、点缀和丰富生活内涵的不可或缺的生存手段和表达方式。

一、河南节令文化的概况

河南节令文化的发展大致可以分为孕育期、形成期、融合期、丰满期以及变革期这五个阶段。

先秦是中原节令文化的孕育期。这一时期还没有完全成形的民俗节日，但与节日起源有关的祭祀活动已经相当盛行，其中大规模的祭祀活动为传统节日的产生奠定了坚实基础。传统节日起源于原始宗教仪式。这一时期，中国的原始信仰已经发展起来，在商、周两代的文献中，已经明确出现了祭祀神龙、山川、日月星辰等的宗教仪式与信仰。

秦汉时期，是中原节令文化的形成期。许多重要节日如除夕、元旦、人日、元宵、上巳、寒食、端午、七夕、重阳等，都是在这一时期定型的。这些民俗节日由于刚刚脱胎于原始宗教，因此带有明显的宗教仪式特点。如这时期除夕仪式的核心内容是驱鬼，元旦仪式的核心内容是祭祖，元宵仪式的核心内容是祭祀太一神，上巳节仪式的核心内容是祈子，而端午节仪式的核心内容是驱邪禳灾。这时的节日几乎无一不与祭祀仪式发生关系。但同时，这一时期，特别是这一时期的后半阶段，也是中原传统节日从以自然神为本走向以人格神为本的重要时期。

魏晋至隋唐，是中原节令文化的融合期。这一时期的中原节日民俗是在继承秦汉以来传统节日文化的基础上发展起来的。由于受到魏晋玄学以及社会大动荡、南北文化大融合的影响，这一时期的节日习俗也出现了一些新变化。

受道教的影响，民俗节日中不但出现了月、日同一单数的节日习俗，同时，道教隐居山林、清谈饮酒、避邪禳灾等主张，也纷纷融入此时的民俗节日之中，成为这一时期节日民俗的一个新亮点。这一时期也是中国历史上南北文化的一个大的融合期。一些中原地方性节日活动也随着南北文化的大融合，而成为全国性节日。

宋代是中原节令文化发展的高峰期。传统节日也开始从古老的信仰中解放出来，开始了向礼仪化、娱乐化方向的过渡。如传统的春节仪式——放鞭炮、贴门神、守岁等原本用于驱鬼的仪式，在这一时期都演变为具有明显的娱乐性特征的民俗活动。此时的元宵节也从祭祀北极星太一神的宗教活动，转为焰火艺术的展示。而以祈子、野合为主旨的传统节日上巳节，也发展成为春游、踏青等民俗娱乐活动。元、明、清三代，中原传统节俗的总体格局并未发生大的改变，它基本上承袭了唐宋以来都市化、世俗化及享乐主义的人文传统。

近代以来，随着中外文化的交流及社会经济的发展，中原节令文化的内容也发生了一些变化。改革开放以来，中原地区的节会活动如雨后春笋般不断涌现。越来越多的城市借助节会活动塑造和提升自身的形象，给河南的经济、社会、文化带来了新的活力。

二、河南节令文化的亮点

河南是中华民族传统节日的源头。河南与中华民族六大传统节日（春节、清明、端午、七夕、中秋、重阳）均有着深厚的历史渊源。如春节祭灶、守岁、吃饺子、拜年，正月十五闹元宵，三月祭祖扫墓，五月端午节插艾叶，七月七观星，八月中秋赏月，九月重阳登高等等，大多起源于中原，并通行全国。

腊八枣树“吃米饭”。农历十二月初八，是中国汉族传统的腊八节，这天大多数地区都有喝腊八粥的习俗。在豫北，腊月初八早上，天刚蒙蒙亮，人们就赶快起床熬粥。粥熬好后，第一件要做的事情不是自己吃饭，而是将熬好的粥喂给枣树，在枣树上砍一些小口子，再虔诚地把粥抹在树痕上，这就算是枣树把饭吃掉了。直到现在，豫北还保留着腊月初八让枣树吃米饭的风俗。当地流传这样一句民谣："腊八枣树吃米饭，枣儿结得干连蛋。""干连蛋"是河南土语，意即枣树硕果累累，果稠个大。

中秋节吃月饼起源于中原。中秋节吃月饼相传始于元代中原人民反抗元朝的残暴统治。当时，中原广大人民不堪忍受元朝统治阶级的残酷统治，纷纷起义抗元。朱元璋联合各路反抗力量准备起义。但朝廷官兵搜查严密，传递消息十分困难。军师刘伯温便想出一计，命令属下把写有"八月十五夜起义"的纸条藏入饼子里面，再派人分头传送到各地起义军中，通知他们在八月十五日晚上起义响应。起义成功后，朱元璋高兴得连忙传下口谕，在中秋节将当年起兵时用以秘密传递信息的"月饼"，作为节令糕点赏赐群臣。此后，"月饼"制作越发精细，品种更多，大者如圆盘，成为馈赠的佳品。以后中秋节吃月饼的习俗便在民间流传开来。

中国的重阳节起源于上蔡县。上蔡古称蔡地，是蔡姓的发源地。南北朝时，南朝人吴均在《续齐谐记》一书中引用了一个故事。汝南人桓景跟随一个叫费长房的高人游学多年。有一天费长房对桓景说："九月九日你们家有灾。让你的家人缝制布囊，里面装上茱萸，然后把茱萸囊系在手臂上，登山喝菊花酒，此灾可消。"桓景依费长房所言，举家登山。傍晚，桓景一家归来，发现家中饲养的鸡犬牛羊全都死了。费长房知道后说："这些家畜已经代人受灾了。"东汉桓景"齐家登山"避邪免灾的故事发生后，人们遂纷纷效仿，上蔡人就把这里和城墙北垣的烽火台等高处作为重阳登高之地。在后世的流传中，经过不断的传承、选择、优化和积淀，形成了重阳节独具特色的民俗活动。今天，大多数专家和学者认为桓景登高躲灾避祸是重阳节登高风俗的源头。登高的习俗在晋朝已经开始，兴盛于唐宋，现在的上蔡县还保留着这样的传统，每年的重阳节，就会有大批的人登到高处祈福。蔡国故城西面城垣的一处高台（春秋时期叫作冈山），就是当年上蔡的至高处，南北长25公里，东西宽7公里，高97米，上土下石，现在叫芦岗，只留个高60多米的小山头。芦岗上的望河楼，应该是当年桓景登高的地方。

太昊伏羲陵庙会是中国最古老的庙会。淮阳城北的太昊伏羲陵，占地36公顷有余，当地俗称人祖庙。据考，太昊伏羲陵始建于春秋，汉代曾在陵前建祠。太昊陵庙会的声势之大、会期之长为中原地区庙会所独有。每年自农历二月二日始，至三月三日止，会期约一个月。由善男信女组成的朝祖进香会，高举黄绫青龙旗，手捧香炉，肩挑花篮，在器乐声中，十分庄重地向人祖焚香跪拜，表达对祖先的崇敬。大凡祭祖朝香者，都要从家乡带来一把泥土，进香之后，添洒在伏羲陵墓上，寓意子孙繁荣昌盛。如今的太昊陵庙会，规模更加宏大，朝圣者来自全国各地乃至海外。

中国最早的天文台商丘火神台的庙会。火神台庙会是商丘最为古老和盛大的庙会，简称“台会”，老百姓又称其为“朝台”。阏伯是轩辕黄帝的四世孙，帝喾高辛氏之子，司火正之职，一是管理火种，二是祭祀火星并观察火星的运行。人们尊阏伯为“火神”，并建庙供奉，即为现在的阏伯台，又名火神台。此台被认为是我国最早的天文台，距今已有4000多年。传说农历的正月初七是阏伯的生日，于是这一天人们都赶来祭拜，这便是阏伯台庙会的雏形。它是由人们对祖先阏伯（火神）的祭祀演变而成的盛大庙会，每年农历正月初四至初八，许多参加祭祀和庙会的人们，为阏伯添土圆坟并以敲打木棒、石块，吟诵悼念之词等古老的方式祭祀阏伯。随着时间的推移，朝台的人越来越多，香火越来越盛，至唐代已发展成相当隆重的庙会。据考证，火神台庙会至清代乾隆年间最为盛大。

马街书会是中国最大的民间曲艺集会。宝丰县的马街镇每年正月十三举办的全国性的集会，人们习惯称它为“马街书会”或“十三马街会”。马街书会，是民间曲艺界一年一度的重大活动，也是群英荟萃的一次献艺会演。全国各地的说书艺人长途跋涉，云集于此。据马街广严寺和火神庙碑文记载，早在元朝延祐年间（1314—1320）前后，书会已初具规模。从清末起规定，凡到会艺人都要向火神庙进一枚铜钱作为香火钱。书会最盛时，到会艺人达2700位。近年来，马街书会得以复兴和创新，书摊多达七八百个，说书艺人在千人以上。书会期间，三弦、河南坠子、徐州琴书、湖北渔鼓、道情、乱弹、大调书、评书、四川清音、柳琴、凤阳花鼓坠子、曲子、琴书等应有尽有。会场内万头攒动，熙熙攘攘。2006年，马街书会列入第一批国家级非物质文化遗产名录。

洛阳牡丹花会是中国最盛大的牡丹花会。每年4月15日至25日是洛阳一年一度的“牡丹花会”。1983年至今，洛阳已成功举办35届。洛阳牡丹花会被列为全国24个重大旅游节庆之一。洛阳牡丹甲天下，已有1500年栽培史。唐宋时期，洛阳人植牡丹、赏牡丹已达到了空前规模。现在洛阳牡丹花会已发展成为融赏花观灯、旅游观光、经济贸易、对外交流和文化体育活动为一体的大型综合性经济文化盛会。

开封菊花花会是中国最大的菊花花会。开封的养菊历史悠久，远在唐代就初具规模。至北宋，开封菊花更遐迩闻名。每逢重阳佳节，不仅民间有花市赛菊之举，而且宫廷内也养菊、插菊花枝、挂菊花灯、饮菊花酒，甚至还开“菊花花会”。明清时代开封养菊、赏菊之风依然盛行，清代乾隆皇帝南巡来到开封禹王台赏菊时，就留下了“枫叶梧青落，霜花菊白堆”的著名诗句，并被刻在当今禹王台公园保存的“乾隆御碑”之上。中华人民共和国成立之后，开封人民酷爱菊花的传统习俗犹浓。1983年开封市把菊花命名为开封市“市花”，每年10月18日至11月18日为“菊花花会”的会期。中国开封菊花花会已成为开封乃至河南众多旅游资源中的一个独具特色的品牌。1999年在昆明举办的世界园艺博览会菊花专项大赛中，开封参赛菊花更是一鸣惊人，夺得大奖总数第一、金奖总数第一、奖牌总数第一3项桂冠，“开封菊花甲天下”成为不争的事实。

中原最大的药交会——禹州孙思邈国际文化节。禹州既是“药王”孙思邈的第二故乡，又是中国中医药发祥地之一，具有悠久的中药材种植、采集、加工历史。据说“药王”孙思邈长年在此采药行医，著书立说，死后葬在禹州，当地人为他建祠纪念。也正是孙思邈与禹州密不可分的历史渊源才成就了禹州中药材交易的兴盛与繁荣，后来到每年的三月都会在禹州举办药材交易大会。据史料记载，禹州药市始于唐朝，在明清时成为中国四大中药材集散地之一。蒙古大汗忽必烈至元元年（1264），禹州已成为药材汇集之区，农家深山大壑采药者往来不绝。明洪武元年（1368），明太祖朱元璋曾诏令全国药商来禹州集结，使禹州成为当时全国性的中药材交易集散地。清乾隆年间禹州药市达到鼎盛时期，乾隆十三年（1748），形成了春、秋两季定期交易会。200多年来，禹州药交会规模越来越大，客商云集，形成了以药材为中心的山货行、中药行、切药行及丸散业四大专业市场。

全国三大药交会之一的百泉药会。辉县市百泉是享誉中外的中药材集散地。百泉药交会是从隋代的庙会演变而来。明洪武八年（1375）正式形成以药材为主的定期商品流转市场，素享有“春暖花开到百泉，不到百泉药不全”之盛誉。百泉药交会迄今已有600多年的历史，是全国三大（河北安国、江西樟树、河南百泉）著名药交会之一。每到会期，交易市场内商贾云集，人头攒动，有三步之内会遍天下朋友之说，全国除了台湾、西藏的药商外，各省、自治区、直辖市代表都要来这里同场交易、交流。

中州一奇——灵宝骂社火。每年春节前后，是中原汉族地区民间传统游艺活动的高潮，踩高跷、划旱船、舞狮子、挂灯笼等活动遍布中原城乡，人们俗称为“耍社火”。然而，在灵宝市阳平镇的节日社火却称为“骂社火”，节日期间，骂声不断，正因为有了“骂”才使社火表演达到了高潮。当然，这里所说的“骂”和普通意义上的骂有很大区别，并且还起到了一定的社会教化作用。灵宝市阳平镇的两个自然村东常村和西常村连畔种地，互结姻亲，友好相处。到了春节耍社火的时候，两村相互对骂，却从来不翻脸。此俗在两村世代相传，至今仍存。农历正月十一到十六，是两村约定俗成的耍社火时间。起社火的顺序为东起西落，即东常村先耍，社火队到对方的村子里边舞边骂。然后，西常村在第二天再返回头来耍。这样一替一天交叉进行，至正月十六结束。骂社火是中州一奇。

这种风俗的生命力是因为骂社火起到了乡规民约的作用，推动了精神文明建设，有一定的积极意义。

浚县古庙会是中原第一古庙会。浚县古庙会是河南省影响较大的三大古庙会之一，它起源于后赵皇帝石勒开凿大伾山大佛时期，当时的人们集结进香、朝山拜佛，庙会由此形成，只是规模较小，人数也少。随着浚县县城千余年的发展变迁，两山相继修筑了许多寺庙和道观，庙会规模也逐渐扩大。至明嘉靖二十一年（1542），浚县知事蒋虹泉主持修建浮丘山碧霞宫，从而形成了浚县古庙会的基本规模和每年两届的惯例，农历正月一届，八月一届。浚县正月古庙会规模大，会期长。从正月初一开始至二月初二，历时月余，吸引周边五省八十多个州县的众多游客慕名而来，被称为“中原第一古庙会”。正月初九和正月十六分别是浚县古庙会的高潮，民间文艺团体进行各式各样的文艺表演，山上山下人山人海，势如潮涌，整个县城热闹非凡。八月会与正月会基本相同，会期自农历七月中旬至八月初，也称“八月初一会”。

第三节　传说文化

传说是指广大民众创作的与一定的历史人物、历史事件和地方古迹、自然风物、社会习俗有关的故事，包括人物传说、史事传说、地方风物传说等。人物传说是以人物为中心，记叙他们的事迹或经历，表达民众对他们的评价。人物传说又可以分为帝王将相传说、清官良将传说、民族英雄与革命领袖传说、能工巧匠传说、文人传说、名医传说、虚构人物传说等。史事传说是以叙述重大历史事件为主，往往从不同角度和侧面记录历史事件的某一个片段，而不关心历史事件的全过程，侧重记事，刻画各阶层、各色人等的心态，揭示历史真相，表现人心归向。地方风物传说是叙说山川古迹、花鸟虫鱼、风俗习惯和乡土特产的由来或特点的解释性传说。地方风物传说可以分为自然风物传说、风俗传说、物产传说等。这里所说的传说文化还包括某些史前神话。

传说中的信仰内质，是其得以创作、流传的心理基础。相对稳定的、民族的共同信仰，具有一种向心性、内趋力，使其带上明显的向心性结构。传说是在共同民族心理基础上形成，又在传播过程中不断强化的民族凝聚力。共同的民族信仰是民间传说得以产生、流传的心理基础。

传说具有较强历史性，有真实的历史人物、事件、地方风物作为“传说核”。对人物、事件、风物的历史追述，是传说的重要内容。传说所涉及的人物大多为历史实有，即使是虚构的人物（如“四大传说”中的人物），也为历代民众所认可。传说多采取溯源和说明等历史表述形式，使传说带有历史性因素和情感。传说可以算是一种“野史”，而成为“正史”的补充。

传说文化是人民群众创造的最古老的文化，因为它的根源可以追溯到人类发展的初始阶段，传说文化同时也是最年轻的文化，因为它仍然活生生地存在于人民的日常生活和口碑之中。民间传说是民间文学百花丛中的一枝奇葩，是老百姓用口头语言来描述自己的生活、讲述自己的故事、叙述自己的历史、表达自己愿望的一种形式，千百年来在老百姓中流传，并与老百姓的生活融合在一起，娱乐了一代又一代人，教育了一代又一代人，也把民族文化习俗一代代传承了下去。

一、河南传说文化的概况

河南民间传说蕴藏量极为丰富。特别是中原神话的被发掘，在国内外都引起了很大的反响。如新郑、新密、登封、灵宝、济源一带所分布的黄帝神话群，桐柏山地区的盘古神话群，淮阳一带的伏羲神话群，西华一带的女娲神话群，商丘一带的阏伯神话群，濮阳一带的帝喾和颛顼神话群，济源王屋山一带的王母神话群，禹州、登封一带的大禹神话群，灵宝一带的夸父神话群等。这些神话群都有古老的神庙或“遗迹”作为依托，而形成一定的语域中心。

从商周到明清，史籍所载的许多著名历史人物，在河南的民间传说中都有所表现，构成了一部“民间口述通史”。这些传说在河南的出现，是与中原地区长期作为全国的政治、经济、文化中心的特殊地位分不开的。在远离都市的山区村镇，民间传说更为丰富。临颍、西华一带和卫辉、淇县一带的殷商传说群，民间百姓对历史上的纣王等人还有另一番评价。秦汉之后，一些出生在河南的历史人物，或曾经生活在河南的历史人物，民间传说都给予浓墨重彩。河南民间传说涉及的历史时期，集中在汉、魏晋、唐宋、明清几个阶段。

中原大地上的山水草木都有美丽的传说，各种民间节日也都有独特的风物故事，如二月二“龙抬头”，清明插柳，端午吃粽子、插艾，中秋吃月饼等。各种传说和各种民间寓言，与民间戏曲、民间歌谣、民间谚语一样，是河南人民的百科全书，是他们进行自我教育、自我娱乐的一种工具。

河南民间传说呈现出全国少见的“古典性”色彩，即与古典文化在整体上相吻合。这也是河南民间文学的一个重要特色。

河南民间传说在中国文化史上具有独特的价值和意义。比如中原神话，其保存之完整，流传之广泛，被著名学者钟敬文称为“文化史上的一个奇迹”。但是也应该看到，这种“奇迹”随着现代化的迅速发展已日益减少。民族民间文化遗产的保护，并不是一个简单的硬件维持问题，还应该注意到这些口头流传的非物质文化遗产。

民间传说是中华民族文化的重要组成部分，是民族文化的底色。民间传说是发自社会最底层、最具有人民性的心声，我们走近了民间传说，就意味着走近了人民。河南传说文化中有许多反映劳动人民反抗封建剥削的故事。像“长工斗地主”的故事，随处可见。此外，还有许多劳动妇女，不愿忍受“三从四德”的束缚而反抗封建礼法的，这也是民间传说的主题之一。在反抗封建压迫和褒贬忠奸、为民请命、昭雪民冤的故事里，还流传有大量的历史人物传说（像包公传说、岳飞传说、子产传说等），对那些清官忠臣予以歌颂，表达了人民的心声。

中原是我国古典神话、传说产生和流传的典型地区之一。中国不少著名的神话、传说，早已在古典文献里有所记载。值得庆幸的是，这些作品至今还在河南广大地区人民的口头上流传。这些珍贵的民间传说不仅是优秀的民间文学，而且也是人文科学研究非常重要的资料。

二、河南传说文化的亮点

“盘古之乡”落户桐柏，“盘古圣地”扎根泌阳。盘古是中华民族的始祖，是华夏文明智慧、勇敢无畏、战天斗地、艰苦创业、自强不息精神的代表。在豫南的桐柏山系中，有一座山，名叫盘古山，又名九龙山，这里就是盘古传说的发源地。山北归泌阳县，山南为桐柏县。2006年桐柏县被中国民间文艺家协会正式命名为“中国盘古之乡”。在泌阳民间文化中也广泛流传着盘古的传说。泌阳县盘古山上的盘古庙年代十分久远，隋唐时期就开始祭祀盘古。2005年12月，中国民间文艺家协会正式命名泌阳县盘古山为“中国盘古圣地”。河南的盘古神话不仅有每年的三月初三盘古庙会传延，而且盘古山周围地域乃至桐柏山区，还广泛分布着与盘古神话有关的活化石，如盘古墓、八子山、盘古磨、石狮子、盘古村、百神庙村等，从而构成了一套完整的有关盘古文化的神话故事和域名体系，具有丰富的盘古文化资源和深厚的盘古文化底蕴。

邵原被海内外誉为“中国神话故事的集中源发地”。济源市邵原镇，古称邵州，曾为东周召公采邑。邵原历史源远流长，文化积淀深厚，民间流传着丰富的神话故事，被诸多海内外专家誉为神话传说的“黄金洼地”。邵原镇东北有座四空山，又称“娃娃崖”，自上而下贴壁爬满了千千万万、大大小小的浅黄色裸体“娃娃”，一个个憨态可掬，栩栩如生。相传，始祖女娲为繁衍子孙，昼夜不停揉泥捏人，后来嫌慢，改用藤条抖甩黄泥，落地的皆成活蹦乱跳的小人儿，溅到悬崖山壁上的，就成了娃娃崖上的石娃娃了。邵原镇西北20公里，有一处原始森林，其最高峰叫“斗顶”，古称不周山、天柱山，是华夏先民称之为“西边天”的地方，也就是古人说的“天塌地陷”的天塌之处。相传幻化为黑龙的水神共工，与颛顼争帝，“怒而触不周之山，天柱折，地维绝，天倾西北”。洪水从塌天窟窿倾泻而下，顺黑龙沟、东阳河直达邵原南部的孤山峡和黄河八里胡同，沿途淹死生灵无数。为拯救子民于水火，抟土造人的女娲娘娘，在邵原小沟背摆开战场，采金、木、水、火、土五色灵石，以火山为炉，冶炼成石液，浇铸于天窟之上，堵住了自天而降的滔滔洪水。小沟背满沟都是五彩斑斓的石头，据说那是昔日女娲补天炼石的遗迹。至于倾斜的天体，女娲则捉来东海巨鳌，断其四足以支撑，这便留下了可为佐证的邵原东北角的鳌背山。共工怒触不周山，致使黄河洪水泛滥，大禹看在眼里，急在心头，遂于黄河之八里胡同因势利导，凿山开石，疏浚河道，保护黎民百姓。如今，八里胡同的九蹬莲花栈，据说就是当年大禹高举硕大神斧劈下的一道洪水东泻之路的遗痕，故又称“鲸山禹斧”。古邵州的神话传说还有很多，如药柜山、砍头山、尤颅寨、梨花寨、回耧地、禹望台、金鱼石等。这些神话，大都是关于神或半人半神的故事，是远古时代人们解释自然现象、解释人与自然的关系、说明人类和物种起源等具有高度幻想的故事。邵原镇，不但有民间传说，有历史传承，有古地名，还存在着大量与神话故事相对应的象形物、原型物，这是许多地方无法比拟的。

夸父在灵宝“生邓林”。夸父是古代神话传说中的巨人，是幽冥之神后土的后代，住在北方荒野的成都载天山上。他双耳挂两条黄蛇，手拿两条黄蛇，去追赶太阳。当他到达太阳将要落入的隅谷之际，觉得口干舌燥，便去喝黄河和渭河的水，河水被他喝干后，口渴仍没有止住。他想去喝北方大泽的水，还没有走到，就渴死了。夸父临死，抛掉手里的杖，这杖顿时变成了一片鲜果累累的桃林，为后来追求光明的人解除口渴。《山海经》记载这个神话时说他“不量力”，晋代陶潜在《读<山海经>》诗中却称赞说“夸父诞宏志，乃与日竞走”。夸父神话故事主要见于《山海经 · 海外北经》和《大荒北经》。《列子 · 汤问》中关于手杖化桃林的细节稍有不同，说夸父“弃其杖，尸膏肉所浸，生邓林”。

关于邓林，据清人毕沅考证，邓、桃音近，邓林即《山海经·中山经》所说“夸父之山……北有林焉，名曰桃林”的桃林。此夸父之山，清朝经学家、训诂学家郝懿行说一名秦山，与太华相连，在今灵宝市。

西平是中华嫘祖故里。西平有西陵亭，为西陵氏居地，在今西平县城西师灵镇一带。嫘祖是西陵氏的女儿，黄帝的妻子，她发明了养蚕、缫丝、织布。东周之后，嫘祖便被后人推崇为神，誉为天蚕，作为蚕神世代敬奉。传说，嫘祖去树林中捡拾柴草，一张大蜘蛛网蒙到脸上。她不知何物，跑到水边一照，像蒙了一层纱，觉得很好看。她想，把纱制厚实一些罩在身上，比穿戴树皮树叶更轻松方便。她后来又发现了山上的蚕会吐丝，比蜘蛛的丝结实，便把野蚕家养。但是，养了蚕结出茧子又抽不出丝来。有一次，嫘祖煮水烧饭时，几颗茧子掉进了沸汤里，她慌忙捞出，茧子扯起了丝线。黄帝奖赏了嫘祖，赐给桑林，让她教人们养蚕抽丝，织布做衣。后人为纪念嫘祖的功绩曾在师灵建嫘祖庙，此后，庙宇扩为七进院落，建筑宏大，并建立七级浮屠一座，四周苍松翠柏，银杏古槐，郁郁苍苍。每年三月三，人们为嫘祖举行庙会，七天会期，唱大戏，祭祖宗，人山人海，热闹非常。清人杨守敬、熊会贞《水经注疏》载：“（西陵）亭当在今西平县西。”又据杨守敬《水经注图》，吕墟（古西陵亭）在今西平县城西27公里处吕店乡和师灵镇交界的缓冈上（吕店的董桥）。西平一带流传有大量嫘祖植桑养蚕的历史传说、神话故事等口碑资料；有嫘祖坟、娘娘庙，村名、地名和沿袭久远的蚕祖祭典等风物掌故和民风民俗。嫘祖故里就在今天的西平县。

“愚公移山”的传说就发生在王屋山下的愚公村。传说古时候家住王屋山下愚公村的愚公，家门前有两座大山挡着路，一座叫太行山，一座叫王屋山。愚公每次出门，都因被这两座大山阻隔，要绕很大的圈子，才能到南方去。一天，他把全家人召集起来，要搬掉太行山和王屋山，修一条通向南方的大道。老人智叟笑他太傻，认为不可能。愚公说：“我死了有儿子，儿子死了还有孙子，子子孙孙是没有穷尽的，两座山终究会凿平。”当时山神见愚公他们挖山不止，便向天帝报告了这件事。天帝被愚公的精神感动，派两个大力神下凡，把两座山背走了。从此，这里不再有高山阻隔了。这里的王屋山就是济源的王屋山。

汝阳县蔡店乡杜康村为杜康造酒之处。杜康，是中国酿酒业的鼻祖、酒神。在汝阳，杜康造酒的传说广为流传。据考证，今汝阳县蔡店乡杜康村为当年杜康造酒之处。该村三山环抱，一溪旁流。村南杜康河里流水潺潺，清澈见底，其中酒泉沟一段，百泉喷涌，清冽碧透，景色宜人。酒泉沟旁有杜康祠，为汉光武帝刘秀建武年间始建。

赵氏孤儿抚养地在温县。传说赵氏孤儿的故事发生在温县岳村乡三家庄。春秋时，温属晋，是赵氏封地。赵家几代人墓地均在温县三家庄附近。赵衰墓在三家庄东不远处。《左传·昭公元年》有赵孟于公元前541年祭祀曾祖的记载。赵盾墓地在三家庄西南方头村，墓前有金章宗乙丑孟春县丞所树石碑，现残碑尚存，碑文及历代诗赞散见温县历代志书。赵孟祭祀曾祖时不幸于当月初七卒于温，也葬于赵盾墓不远处，人称“孤儿冢”，现残碑仍存。程婴抚养赵氏孤儿的三家庄现在已经成为抚孤纪念地。三家庄怀梆剧团一直编演《赵氏孤儿》一剧。秦腔《赵氏孤儿》剧本、京剧《赵氏孤儿》剧本、豫剧《赵氏孤儿》剧本也都标明赵氏孤儿抚养地在温县三家庄。赵氏孤儿的传说是通过救孤、搜孤、抚孤、复仇等情节，向人们展现了舍己救人、除恶扬善的民族精神。

董永与七仙女传说起源于武陟县、西平县。董永与七仙女的故事始于汉代，形成于魏晋。董永是春秋末期晋国史官董狐之后，生于西汉末年，焦作武陟小董人，幼年丧母，其父亡故后，卖身葬父，到傅村当推磨长工。董永聪明俊秀又忠诚憨厚，七仙女十分爱慕，瞒着玉皇大帝和王母娘娘，不惜触犯天条，下凡到人间，老槐树为媒、土地爷作证与董永成婚。百日后，玉皇大帝拆散美好姻缘，将七仙女追回天庭。次年，七仙女送回儿子。怀县令举荐董永为孝廉，司徒蔡茂复议后上报光武帝，董永遂成为传统文化二十四孝中的人物。不同时代的二十四孝版本均记载了七仙女配董永的故事，意在突出“善有善报”。但民间流传的却是七仙女冲破天条，勇敢追求真正爱情的故事。董永和七仙女的故事广为流传，家喻户晓，人们在董永墓、七仙女下凡的落仙台和老槐树等处修建庙宇，香火不绝，东晋文学家干宝最早记载了董永传说。西平董永传说最早见于明修《汝宁府志》。清《重修汝宁府志》及《西平县志》中都明确记载："仙女池在县城东南十五里仙女铺迤北，徐魏庄南，相传董永遇仙于此，故名。""董永墓旧志云在县城东十里仙女池畔。""妆台，在西平县城东南一十里。"清《河南通志》记载："仙女池，在西平县东南十里，相传董永遇仙女于此。"又云："妆台位于西平城东南十里许，传说为七仙女浴洗梳妆处。""妆台野云"旧时为西平八景之一，历代众多文人墨客来此凭吊，留下了不少优美诗篇。西平董永传说应是董永传说起源地之一。

王莽撵刘秀的传说在河南广为流传。在平舆县的一些地方流传着关于王莽撵刘秀的传说。其中还有很多遗迹可循。在前岗南部，有一个桥叫作迷人桥，说是站在桥上很难找到北。原因在于桥旁边的一个村庄，这个村庄的房子都不是正朝南的。在平原地带有这么一个村庄是很少见的。传说就是刘秀跑到这个桥上后眼看王莽就要撵上自己了，就说了一句话："要是王莽走到这儿的时候能迷路就好了。"于是这个桥旁边的最近的一个村庄的房子就全变得门不正朝南了。王莽追到这里后迷路了，二人才拉开了距离。不过由于时间的变迁，这个桥虽还存在，旁边村子的房子有很多已经改成正朝南的了。还有一条河，说河岸有一边的青蛙都不叫。因为刘秀在这里睡觉的时候青蛙叫，吵着他了，他说了一句："烦死了，吵得我都睡不着了。"于是河这边的青蛙都不叫了。可是河那边是王莽睡觉的地方，青蛙还是叫着的。

这里所有的树木中椿树是最好的，长得又高又直，在这里也有关于这方面的传说。说是刘秀走着走着饿了，这时候看到有两棵树长在一块儿，其中一棵树上结了很多红色的东西。于是刘秀说："如果你结的东西能吃，等我恢复了帝位就封你为树中之王。"结果树上结的东西真的能吃。刘秀当了皇帝以后没有忘记当年的诺言，就派人去找这棵树。其实当时这两棵树一棵是椿树，一棵是桑树。可是桑树已经被人给伐掉了，只剩椿树在。刘秀就封了椿树做树中之王。桑树知道后，很生气，气得都变了形，所以现在的桑树长得都是歪歪扭扭的，啥也做不成。据南阳民间传说记载，那时南阳城里有一姓李名文的烙花高手，当年王莽撵刘秀，李文曾救过刘秀并送一只烙花葫芦给他做盘缠，刘秀不胜感激，此后历经千辛万苦，也不曾将那只烙花葫芦卖掉。刘秀称帝后，仍不忘烙花高手的救命之恩，查访到他后即宣进京，赐银千两，加封“烙花王”，并把南阳烙花列为贡品，供宫廷御用。在灵宝市也流传着王莽撵刘秀的传说，今寺河乡邮政所院中的一棵黑槐树，高约10米，近两抱粗，据说当年王莽撵刘秀时，刘秀在此树上拴马、挂鞭。

治理黄河的英雄柳毅故里在卫辉市。卫辉市庞寨乡柳位村的历史，可以追溯到西汉年间。据史料记载，当时该村叫福村；到了隋朝，该村又被改称柳元口村；到了唐高宗年间，该村出了一位治理黄河的英雄——柳毅。“柳毅传书”的故事也就由此诞生。后来，柳毅为治河而死于洪魔之手，方圆数百里的百姓因感其恩德，尊奉他为“河神”“水神”，家乡的人民为了表示对柳毅的敬仰和怀念之情，将村名更为柳毅屯，并在村中修建了柳毅大王庙，至今，一座刻有“柳毅故里”的石碑还竖立在庙前。

“竹林七贤”的“竹林”在修武一带。修武是一个千年古县，是全国现存的700多个千年古县中最古老的一个，文化资源内涵丰富，尤其是“竹林七贤”的故事体现了深厚的山水文化底蕴。“竹林七贤”是三国魏末七位名士的合称。他们是嵇康、阮籍、山涛、向秀、刘伶、阮咸、王戎。由于他们相与友善，游于山阳（今修武）竹林之下，肆意酣畅，故世称“竹林七贤”。今修武云台山百家岩一带还留下不少与“竹林七贤”有关的遗迹，如嵇康旧居和淬剑池、刘伶醒酒台等，有关传说更是传承不绝。

牛郎织女的传说发生在南阳。相传天上的七仙女下凡同牛郎结婚，男耕女织，生儿育女，生活幸福美满。不料由于七仙女私自下凡，触犯了天条，王母娘娘发觉后，派天兵天将把她抓回天界，从此夫妻分离，只能隔着银河遥望。后来牛郎织女的忠贞爱情感动了天上的喜鹊，喜鹊们便相约每年七月七日会集银河，搭成一座巨大的鹊桥，让牛郎织女在桥上相会。牛郎织女的传说明确指出故事发生地在南阳："南阳城西20里有个牛家庄，牛家庄有个牛郎。"在南阳保留了大量的与"牛郎织女"神话、"七夕"风俗有关的遗迹。汉画馆有一块表现牛郎织女的汉画像石。此石于20世纪70年代在南阳北郊独山东坡白滩村发现，画像右上角有一牵牛星，星下画一牛，牛前有一人作扬鞭牵牛状；左下角有一织女星，里面跪坐一位头挽高髻的女子。从画中可以看出，传说中的老牛体形，和现在南阳黄牛是一样的。

中国梁祝之乡在汝南县。作为中国四大民间传说之一的"梁山伯与祝英台"的爱情故事发生于西晋时期，起源于汝南县境内，迄今已有1600年的历史。相传西晋时期，汝南县城南60里的梁岗、祝庄、马庄分别住着梁山伯、祝英台和马文才，祝英台爱上了同窗共读三年的梁山伯，却被父亲许配给了马文才，梁祝双双殉情而死，死后化蝶，梁祝故事由此起源。如今，汝南县境内仍保留有红罗山书院、曹桥、梁祝墓、一步三孔桥等梁祝传说故事中的遗址，保留有七月十五送灯、祝马不通婚的习俗。"梁山伯与祝英台，死了哪儿也不埋，埋在马乡路两沿儿"的民谣更是家喻户晓，妇孺皆知。

花木兰的故里在虞城县。花木兰的故里在虞城县南魏庄。朝廷募兵，因父老弟幼，木兰代父从军，凯旋，帝欲纳为妃，木兰以死拒之。唐代为表彰巾帼英雄花木兰，追赠将军，谥孝烈，并在其故居建祠塑像，每年农历四月八日，豫、鲁、苏、皖交界百余里乡众来此祭祀、贸易，形成古会，千余年来一直不衰。虞城木兰祠一直保留着有关木兰生平的石碑，该石碑立于元代元统二年（1334），石碑有3000多字，详实地记载了木兰的出生地、姓氏、事迹以及家人资料。这一石碑有力地证明了花木兰为虞城人。根据这一历史资料，文化部确认木兰故里为虞城，并将该县木兰传说定为国家级非物质文化遗产。豫剧《花木兰》和美国迪斯尼动画片《花木兰》更使花木兰这个形象深入人心、广为流传，成为巾帼英雄的杰出典范。

白蛇闹许仙的传说发生在鹤壁淇滨区。“白蛇传”故事是中国四大爱情传说之一，起源于1000多年前的北宋时期，发源地在鹤壁市黑山之麓、淇河之滨的许家沟村。1991年，山西省社会科学院的孟繁仁研究员在鹤壁市考察罗贯中在隐居地黑山写《三国演义》《水浒传》情况时意外发现，《白蛇传》的故事发源地在鹤壁黑山一带，当地人把这个传说叫“白蛇闹许仙”。黑山南麓有建于北宋嘉祐年间的金山寺，西麓有许姓世居的许家沟村，向西5公里的“青岩绝”上有白蛇洞，淇河贯穿其间，至今当地民间广泛流传着“白蛇闹许仙”的传说。随着金兵入侵，宋室南迁，“白蛇闹许仙”的传说随之流向南方，与话本《西湖三塔记》相融汇，后经明冯梦龙（1574—1646）收集整理，编为《警世通言》第二十八卷《白娘子永镇雷峰塔》。

武则天在洛阳怒烧牡丹。牡丹，又名“焦骨牡丹”，这个名字的由来与武则天有关。传说武则天在一个隆冬大雪纷飞的日子饮酒作诗。她乘酒兴醉笔写下诏书“明朝游上苑，火急报春知，花须连夜发，莫待晓风吹”。百花慑于此命，一夜之间绽开齐放，唯有牡丹抗旨不开。武则天勃然大怒，遂将牡丹贬至洛阳。刚强不屈的牡丹一到洛阳就昂首怒放，这更激怒了武后，她便又下令烧死牡丹。牡丹枝干虽被烧焦，但到第二年春，牡丹反而开得更盛。因为这种牡丹在烈火中骨焦心刚，矢志不移，人们赞它为“焦骨牡丹”。后来经过洛阳人的精心培育，花儿更红更艳了，所以后人起名叫“洛阳红”。从此以后牡丹就在洛阳生根开花，名甲天下。

张生和崔莺莺的传说发生在辉县。张生和崔莺莺的传说发生在唐贞观年间，孙飞虎的原型叫李虎，传说乃辉县孟庄人氏，当年围困的寺院就是普救寺，在今辉县市西南的冀屯镇褚邱村境内。莺莺本姓崔，传说乃褚邱崔氏，白马将军姓杜名确。占山为王的响马李虎当年就盘踞在辉县上八里镇西马头口北部太行山的半壁间，当年杜确炮轰李虎寨的炮台就扎在上八里境内上河坡自然村的东岭上，现在人们都叫它炮台岭。传说唐贞观年间大将孙飞虎、孙飞龙突然叛变，占山为寇，为非作歹。恰逢相国崔鹏年老辞官，携带家小返乡，途经普救寺住下，崔相国因病卧床不起，不幸死于普救寺，剩下崔郑氏老夫人和女儿莺莺、儿子欢郎和丫环红娘，想在普救寺暂住一时，准备扶丧归葬。就在这时，孙飞虎带兵围住寺院，要抢莺莺为妻。崔老夫人惊慌失措，忙召集寺内之人，商议退兵之策，并许诺：谁能退敌保安，可把莺莺许配于他。张君瑞找自己的好友杜确将军（人称白马将军）带兵解普救寺之围。战后，杜确将军因卸甲伤风绝气而亡，本地人民慕其忠义，在褚邱西北方向修建了杜确将军庙，也叫白马将军庙。普救寺平安后，崔郑氏老夫人却背信弃义，自食其言，激起众人反对，而导致张君瑞和崔莺莺私奔。老夫人闻讯急令家人尾追，追到上官庄东北地，把莺莺抓住，张君瑞跑掉，因崔莺莺名声败坏，不服家教，崔家人把莺莺就地打死。张君瑞进京赴试，得中探花。做官后又回来，得知消息，又为莺莺修整了坟墓，逢年过节都要上坟祭奠，莺莺坟址至今尚存。

第四节　饮食文化

人类在漫长的进化过程中，为了生存，不断地与大自然斗争，以获取维系种族生存和发展的各种食物。在长期的斗争中，人类的饮食活动逐渐有了明显的主动性、选择性和创造性，进而定向、定性和定量地发展地域性食物，人类的饮食活动得以迅速发展，同时伴随饮食活动的各种社会现象如科学、技术、艺术、礼仪、习俗、哲学也蓬勃发展起来，共同汇聚成了人类光辉灿烂的饮食文化。饮食是人类从事一切社会活动的前提条件，人类的饮食活动又体现出一定的物质内容和精神需求。因此，饮食作为一种文化现象，它是人类为了生存和提高生命质量，在长期的饮食历史实践中，创造和积累的一切物质财富和精神财富。它所研究的是食物原料的开发利用、制作和饮食活动中的科学技术、艺术、宗教以及以饮食为基础的传统习俗、礼仪、思想和哲学。

饮食文化是人类文化的重要组成部分，它是人类的各个群体对自然食物的分配方式的不同所引起的一切文化现象的总和；它是一种历史现象，它标志着人类生存实践所达到的一定层次，是一定政治、经济、科学技术的反映，透视着一个民族文明进化的程度。

饮食文化具有民族性和涵摄性。不同的民族因其长期赖以生活的自然环境、气候条件、经济生活、生产经营的内容、生产力水平的不同，以及各地区人们所索取的食物对象和宗教信仰存在差别，从而形成了以共同的区域经济文化为基础的具有共同经济生活、共同饮食礼节与禁忌、共同饮食风格、共同饮食制作技法的具有区域或地方饮食特质而有别于其他民族的文化实体，即形成了各自不同的饮食文化。饮食文化的民族性主要体现在传统的食物摄取、食物原料的烹制技法及食品的风味特色以及由不同原因形成的不同的饮食习惯和饮食礼仪、饮食禁忌等几个方面。饮食文化的涵摄性，是指每当一种饮食文化与外来文化相接触时，不是排斥，而是吸收融合，并形成一种属于自己的新的饮食文化。从这种意义上来说，这种涵摄性促使饮食文化不断向前发展，饮食文化的内容不断地被丰富。这主要表现在一个民族对异域民族新食物的接受以及对新饮食技法的认同和应用等方面。

一、河南饮食文化的概况

黄河是中华民族的摇篮，河南地处黄河中下游，是摇篮的中心，是中华民族饮食文化的重要发祥地之一。4000多年前，夏启在钧台（在今禹州境内）为诸侯设宴，史称“钧台之享”，是中国最早的宴会。《礼记·王制》载：“凡养老，有虞氏以燕礼，夏后氏以飨礼，殷人以食礼……”这是中国古老的宴会制度。文中的有虞氏就在虞城县。殷纣王“以酒为池，县肉为林……为长夜之饮”，这是历史上最早最大的宫廷嬉戏宴会。夏少康被夷族追逐，逃到已有宴会制度的有虞氏做厨官，后来恢复了夏朝，少康成了国君，可谓“国君厨师”。商都开国贤相伊尹，出生于嵩县一带，擅长烹调，可称为“宰相厨师”。伊尹被后代尊称为烹调始祖。周代建都洛阳，从《周礼》等史料可知当时宫廷内已有专门负责国王、王后等人膳食、食疗的膳夫、庖人、食医等官职，并在配菜及调味上都有讲究。

河南出土的春秋战国墓内都曾有过列鼎，鼎为食器。春秋战国时的铜冰鉴是古代的“冰箱”，在河南屡有出土。新郑出土的“王子婴次炉”，足以证明当时烹调已有炒、煎方法。秦汉以来，经济不断发展，“池鱼牲畜，有求必给”。1960年至1961年在密县打虎亭村发现的画有《庖厨图》《宴饮图》的汉代画像足以反映出当时高超的烹饪技艺及宴席盛况。

河南饮食文化的发展，是和历代国都紧密相连的。中国十大古都，河南有四：郑州、安阳、洛阳、开封。东周建都洛阳后，膳食制度进一步建立，设有膳夫、庖人、腊人、食医、酒正等职官，负责国王的膳食和祭祀供品。历史上有名的“周王八珍”对豫菜影响较大，经过历代厨师的继承和发展，内容不断丰富，技巧精益求精。唐朝武则天临朝称制，改国号周，定都洛阳，附近山区民间汤菜进入宫廷，经过高手加工升华，成为定型定制的“洛阳水席”，是豫菜中一朵奇葩。北宋国都开封是全国最大的消费城市。豫菜形成了色、香、味、形、器五性俱佳的完整体系，有宫廷菜、官府菜、市肆菜、民间菜和寺庵菜等。

河南饮食文化之所以历史悠久、源远流长，还和地理物候有关。河南有山有水，西北部有太行山，西部有伏牛山，南有桐柏山，东南为大别山。南阳一带属长江流域，中南和东部属淮河流域，中北部为黄河流域，北部属海河流域。全省平原、盆地、河谷占56%，其余为山地和丘陵。全省属亚热带和暖温带过渡地区，湿润和半湿润季风气候。所以，我国北方之物产，河南兼有出产。在山区，盛产木耳、银耳、猴头、鹿茸、羊素肚、蘑菇等菌类植物和竹笋、药菜、板栗、山楂、猕猴桃以及闻名省内外的信阳毛尖。在平原，陈州黄花菜、商丘胡芹、周口芦笋、怀府山药、林州花椒、焦作香椿、永城辣椒、中牟白蒜、清化老姜等也闻名中外。居民主要肉食是猪、牛、羊、鸡、鸭、鱼。鱼类有闻名的宽淇鲫、淮阳佳鲫、黄河鲤鱼、洛鲤伊鲂、卫源白鳝、罗河黄鳝和淮南元鱼。淮南禽蛋，特别是固始、正阳“三黄鸡”，很受烹饪界欢迎。在历史上，河南航运四通八达，隋朝已有海产进入洛阳。到北宋时，海味已成豫菜不可缺少的原料。再加上历史久远、质量上乘的酿造品和豆制品等，使豫菜具备了一套完整的主料、辅料、小料和调料。餐具、菜具在河南饮食文化中也占有重要地位。北宋的五大名窑，河南有三。官窑在开封、郑州一带，汝窑在汝州，钧窑在禹州。上述三窑的瓷器，是饮食文化活动中不可或缺的皿具，北京故宫博物院都有收藏，列为珍品。

中原饮食烹必匀和，平畸味，除殊味，提香味，藏盐味，定滋味，五味调和百味香。所以，豫菜适应性强，男女老少适口，四面八方咸宜。为了照顾特异口味，豫菜有“另备小料，请君自便”的传统。归纳起来，豫菜的特点是：鲜香清淡，四季分明，色彩典雅，质味适中。

豫菜始于夏、商，经过东周、东汉、魏、晋、南北朝、隋、唐、五代的不断充实发展，到北宋时形成具有独特风味的重要菜系。改革开放以来，河南饮食文化在港澳台同胞、海外侨胞中的影响进一步扩大。豫菜经过历代名厨、食客和群众的挖掘、继承和创新，烹饪技法已有60余种，名菜佳肴数千种，是中国重要菜系之一，早有定议。《梵天庐丛录》载：“晋、鲁、川、滇、豫、粤、苏、浙等省，食各有味道，菜各有拿手，人各有异，处处不同……”点出了中国八大菜系。20世纪50年代初期，饮食文化界讨论八大名酒、八大名菜、八大菜系时，豫菜是八大菜系之一。

二、河南饮食文化的亮点

舞阳贾湖遗址是目前世界上发现的最早的酿造酒类遗址。贾湖遗址是一处重要的裴李岗文化遗址，它位于舞阳县北舞渡镇贾湖村。在贾湖村出土了大量珍贵的文物，其中就包括距今9000年的含有酒残留物的陶片。1999年至2004年，美国宾夕法尼亚大学教授帕特里克·马克高文与中国科技大学教授张居中合作对遗址上出土的陶器残片进行成分分析。通过分析和研究，确认了这些残留物中含有一种酒类饮料的沉淀物，从而将人类酿酒史提前到了距今9000年前，并在美国开发了“贾湖城”品牌的酒。

华夏烹饪鼻祖伊尹是洛阳人。伊尹名挚，夏末商初人，生于伊水莘地（在今嵩县境内），死后葬于河南商丘，是古代著名的贤相。伊尹是见诸史籍最早的庖人宰相，被后人誉为华夏烹饪之鼻祖，历代餐馆、酒肆、饭店、食府、调料铺等，均敬伊尹为圣人。

世界上最古老的烹饪理论由吕不韦在河南总结提出。吕不韦（？—前235），曾组织门客编纂《吕氏春秋》26卷。《本味篇》为《吕氏春秋》第14卷，记载了伊尹以“至味”说汤的故事。伊尹“说汤以至味”的一段名言对烹调技术的关键环节——调味和火候以及烹调艺术的变化规律都做了精辟的论述。其中保存了中国也是世界上最古老的烹饪理论，提出了一份内容很广的食单，记述了商汤时期天下的美食，是研究中国古代烹饪史的一份很重要的资料。

千年佳肴洛阳水席。洛阳水席有着一千多年历史，具有如下特点：一是有荤有素，素菜荤做，选料广泛。二是有汤有水，味道多样。三是上菜顺序有严格的规定，搭配合理。所谓“水席”有两个含义：一是全部热菜皆有汤；二是热菜吃完一道，撤后再上一道，像流水一样不断地更新。全席共设二十四道菜，包括八个冷盘、四个大件、八个中件、四个压桌菜，冷热、荤素、甜咸、酸辣兼而有之。上菜顺序极为考究，先上八个冷盘作为下酒菜，每碟是荤素三拼，一共十六样；待客人酒过三巡再上热菜：首先上四大件热菜，每上一道跟上两道中件（也叫陪衬菜或调味菜），美其名曰“带子上朝”；最后上四道压桌菜，其中有一道鸡蛋汤，又称送客汤，以示全席已经上满。热菜上桌必以汤水佐味，鸡鸭鱼肉、鲜货、菌类、时蔬无不入馔，丝、片、条、块、丁，煎、炒、烹、炸、烧，变化无穷。

中华第一夜市——开封夜市。开封夜市已有千余年历史，驰名全国。自1985年以来，开封夜市逐步由自发形成的小夜市发展成为17个政府正式批准的正规夜市。其中规模最大、最为繁盛的当推鼓楼广场夜市。鼓楼广场位于市中心交通要道。广场原有钟鼓楼，系明代建筑。由于历遭兵焚水患，钟鼓楼早已不存。鼓楼广场夜市，以广场为中心，延及周围4条街。每当华灯初上，鼓楼广场夜市便灯火通明。人们熙来攘往，各种叫卖声此起彼伏。经营的饮食小吃，品种繁多，使人目不暇接。有花生糕、冰糖熟梨、黄焖鱼、胡辣汤、五香咸兔肉、五香豆沫、五香油茶、羊肉水饺、大肉馄饨、烤羊肉串、烧饼油条、烧鸡、桶子鸡、炒凉粉、茶鸡蛋、酱牛肉、板羊肉、小笼包子等。

河南美食——马豫兴桶子鸡。马豫兴桶子鸡是开封历史上独具一格的回族食品，久负盛名。马豫兴桶子鸡以肥嫩母鸡为主料，用白色卤汤慢火卤制而成。特点是色泽金黄，咸香爽脆，肥而不腻。相传，此菜源于北宋都城东京市场上的卤鸡。宋室南迁，流落到建康（今南京）的一户马姓人家，以经营此品为主。清代咸丰五年（1855），其后裔马有仁由南京重返开封故里，并带回一桶陈年老汤，创建马豫兴卤鸡店，售卖桶子鸡、烧鸡，一直经营至今，已有一百六十余年的历史。

中华第一烧鸡——道口烧鸡。道口烧鸡是道口镇义兴张烧鸡的俗称，已有300多年的历史。特点是造型美观，香烂可口，一抖即散，芳香浓郁。据《滑县志》记载，义兴张烧鸡创始于清代顺治十八年（1661）。乾隆五十二年（1787），御厨姚寿山向张炳（义兴张传人）传授“要想烧鸡香，入料加老汤”的诀窍，并详细说明陈皮、肉桂、豆蔻、丁香、白芷、砂仁、草果、良姜八味香料及其用法。张炳听后如法炮制，果然鲜烂味美，与众不同。后来，张炳从选鸡、宰杀腿毛、开膛加工、撑鸡造型，到油炸、烹煮与火候掌握、用料用汤等方面，摸索出一整套经验，其色、香、味、烂被世人称为“四绝”。

宫廷名菜“炒三不沾”。“炒三不沾”是安阳名菜。食用时因不沾筷、不沾盘、不沾牙而得名。清乾隆皇帝南巡，路经彰德府，知府献膳，其中就有“炒三不沾”。乾隆食后大悦，立即令人记下此菜的制法。从此“炒三不沾”传至皇宫，成为宫中名菜。现在，“炒三不沾”经厨师们的不断改进，又在金黄似月的“炒三不沾”周围摆上用京糕切刻而成的晶莹鲜红的小兔，为此菜增添了神奇的色彩，显得更为富贵雅丽。

中华火锅上品——菊花火锅。菊花火锅盛行于晚清宫廷内，传入开封已经有近百年历史。因开封的市花是菊花，因此原料来源得天独厚。它以鲜鱼为主（有“四生”和“八生”之别）。火锅内兑入鸡汤滚沸，取白菊花瓣洗净，撕成茬丝撒入汤内。待菊花清香渗入汤内后，将生肉片、生鸡片等入锅烫熟，蘸汁食用，其滋味芬芳扑鼻，别具风味，被视为火锅家族中之上品。

河南熘菜一绝——鲤鱼焙面。“开封鲤鱼焙面”是开封的传统佳肴之一，久负盛名。此菜以黄河鲤鱼为主料软熘而成，又有焙面相配合，故名。以其甜中透酸、酸中微咸、鱼肉软嫩如豆腐的风味特点，加之焙面蓬松酥脆的特点，被誉为开封一绝，尤以百年老店又一新饭庄制作的最佳。

“开封第一楼”小笼包子。小笼包子是开封小吃。原名灌汤包子，俗称汤包。原为大笼蒸制，20世纪30年代由第一楼店主黄继善改用小笼蒸制，每笼15个，就笼上桌，故名小笼包子。特点是皮薄馅大，满汤满油；提起似灯笼，放下像朵白菊花。灌汤包子宋朝已有，北宋南迁，传入临安（今杭州），成为市场上的名品之一。

豫菜一绝“套四宝”。“套四宝”是一道高档历史名菜，原来流行于达官显贵的府第。新中国成立后，清末名厨陈永祥之后陈景和三兄弟继承祖业，精心制作的“套四宝”名气最大。“套四宝”绝就绝在集鸡、鸭、鸽、鹌鹑之浓、香、鲜、野四味于一体，四只全禽层层相套，个个通体完整，无一根骨头。一道菜肴多种味道，不肥不腻，清爽可口。清蒸原汤醇厚鲜香，营养丰富，回味绵长，深受食客的好评。

中华名吃——葛记焖饼。葛记焖饼是“京都老号”葛记坛子肉焖饼馆独家经营的一种风味食品。据《郑州饮食行业志》记载，葛记焖饼馆的创业人葛明惠是清朝满族镶黄旗人，生于1882年，闲时常到王府膳食房帮厨，熟谙烹调技艺。民国初年，葛明惠携两子来河南谋生，危难中想起被王爷大加赞赏的坛子肉焖饼，于是，经朋友帮忙在郑州火车站附近开了“坛子肉焖饼馆”。新中国成立后，长子葛云祥继承发扬父亲的烹调技术，使葛记焖饼成为闻名遐迩的风味小吃。1997年12 月，在杭州全国首届名小吃评定中，摘取“中华名小吃”桂冠。

千年点心——少林八宝酥。少林八宝酥是用灵芝、猴头、银耳、白果、木耳、嵩菇、香菇、茯苓制成的香酥食品，有食疗效果，能强筋、活络、提神、健身。系少林僧人的传统食品，已有千余年制作历史。

宫廷贡品——锦泰燎花。燎花，是安阳市锦泰商店（前店后厂）的名特糕点。自从明朝万历年间“燎花”问世后，供不应求。成品燎花造型美观，面色金黄，剖面洁白，状如蜂巢，外撒对丝，浪似寥花，故又叫寥花。入口香甜酥脆、软绵易消化，营养丰富，老少皆宜。清朝乾隆二十六年（1761），皇帝南巡途经彰德府（治今安阳市），燎花被进献给皇帝，乾隆吃后大悦，钦定为贡品。

中华面食之王——河南烩面。河南烩面是河南特色食品，价钱便宜，味道鲜美，可以说是河南人的最爱。河南烩面分羊肉烩面、牛肉烩面、三鲜烩面、烩捞面等。最普通的羊肉烩面一般是先炒菜，再加入羊肉老鲜汤，水开后再把用油、盐和成饧了五小时以上的面——烩面片扯开，下入锅中“烩”。做出来的面光滑细腻而不失筋道，汤鲜美而不油腻，堪称中华面食之王。

中华奇馍——沈丘顾家馍。沈丘顾家馍以其造型奇特、灵秀美观、味佳适口行销国内。顾家馍由来已久。据传为清嘉庆年间，沈丘县城（今老城镇）顾二别子首创。其后，代代家传，从不外授。长期以来，只有顾姓一家经营，故名顾家馍。该馍原来为二两重的圆顶形，清末改制成亚腰葫芦状。顾家馍表现题材极其广泛，花样繁多，在制作技巧上有独特之处，是技艺颇高的面塑工艺。蒸出的馍洁白如玉，贮存日久不裂不霉，一年后再加蒸馏，仍鲜嫩如初，味美清润，甜滋可口。清末，袁世凯曾以此馍进贡皇宫，献给慈禧太后。

宫廷贡品——虞城县贾寨豆腐干。虞城县贾寨豆腐干，据世代相传的任家人说，这一传统特色食品从清初即开始制作，已经有300多年历史。而在清朝乾隆年间，贾寨五香豆腐干就被列为清廷贡品。在任家有一枚传了200多年的御赐木印，印面上刻着“馨远斋”三字。据说，当时，任家把豆腐干做好后，把那枚印章“啪”地一砸，就可以送入御膳房了。产品以优质黄豆作干料，辅料有草果、良姜、桂皮、丁香等10余种。加工时成块的豆腐挤压出水，放入鸡汤锅里蒸煮而成。豆腐干为正方形薄块，色泽黑红，五香味浓，是佐餐下酒的佳品。

宫廷贡品——永城枣干。永城枣干因产于永城演集镇丰庄村，而又名丰庄枣干，因其在明朝及清朝时一直是皇室贡品，所以又叫贡品枣干。成品枣干橙黄铮亮，香甜如蜜，营养丰富，既能食用，又可入药，具有活血养颜、润肺化痰、清热生津等功能。丰庄枣干在明朝天启年间（1621—1627）即被列为贡品进献皇宫。

信阳毛尖是中国十大名茶之一。信阳毛尖产于信阳大别山，是中国著名的内销绿茶，以原料细嫩、制工精巧、形美、香高、味长而闻名。外形细直圆光而多毫；内质香气清高，汤色明净，滋味醇厚，叶底嫩绿；饮后回甘生津，冲泡四五次，尚保持有长久的熟栗子香。1915年在巴拿马万国博览会上获金质奖章，1959年被评为全国十大名茶之一，1985年获国家金质奖，1991年在首届杭州国际茶文化节上被授予“中国茶文化名茶”称号，成为河南省茶叶中的瑰宝。

朝廷贡品——淮阳黄花菜。淮阳黄花菜菜条丰润，色泽金黄，质地筋脆，营养丰富，味道鲜美，而且独具七蕊，是黄花菜中的极品。早在汉代时就已闻名全国，成为朝廷的贡品。淮阳黄花菜也是难得的保健品，具有健脑、益智、抗衰老等功效。

“中国菇皇”——南阳花菇。南阳花菇，朵圆、肉厚、质细、色白、爆花自然，外形美观，口感脆嫩爽滑，味道鲜美独特，营养丰富，含有17种人体必需的氨基酸，维生素D含量达120个国际单位，长期食用能增强人体免疫力，有降脂抑癌之功效。南阳花菇以其独特的形、质、色、花而驰名中外，被誉为“中国菇皇”“中华一绝”。

切削刮剁不见一丝的唐庄莲藕。社旗县唐庄所产白莲藕，个大节长，皮薄肉细，晶莹如玉，甘美可口。一般的藕切开后都有许多细丝相连，牵扯不断，故有“藕断丝连”的成语，而唐庄莲藕却切削刮剁都不见一丝，为藕中奇品。清代曾列为贡品。

后　记

在丁亥年春节前后的日日夜夜里，我们这批研究文化的学者，无论是资深的研究员，还是初入学坛仅数年的年轻人，都在忙碌着，为了赶写这本《中原文化解读》。2017年，我们又对该书进行了一定的修订，并将书名改为《品读中原》，由河南科学技术出版社出版，以飨读者。

本书缘起于2007年时任河南省委书记徐光春在香港纵论中原文化，引发海内外的中原文化热。十八大以来，中共中央总书记习近平多次强调弘扬中华优秀传统文化对涵养社会主义核心价值观的重要作用。2017年，中共十九大报告中提出“没有高度的文化自信，没有文化的繁荣兴盛，就没有中华民族伟大复兴”。今天，我们提倡和弘扬社会主义核心价值观，应当从传统文化中汲取营养，否则就会缺乏生命力和影响力。河南是中华民族和华夏文明的重要发源地，肩负着传承发展中华优秀传统文化的重大使命。作为文化研究工作者，我们深感有义务与责任阐释和解读中原文化，将中原文化的精彩与辉煌介绍给社会各界。

本书的作者均来自于河南省社会科学院，原考古研究所的全体科研人员全部参与了本书的编写工作，文学研究所、原历史研究所、哲学研究所、中州学刊社和科研处的有关人士也加盟其中。张新斌、李立新进行了总体策划，草拟了大纲，并审校了稿件。王建华、李晓燕、郭艳参加了编务工作，郭艳参与了本次修订的统稿。各个篇目具体撰稿情况如下：张新斌：绪论、各节导读、结语和后记；李立新：史前文化、夏商文化、始祖文化及汉字文化一部分；张玉霞：汉魏文化、都城文化、佛教文化；穆朝庆：北宋文化；王建华：姓氏文化、名人文化、农耕文化；李建华：村镇文化、山水文化、武术文化；卫绍生：易学文化；安继民：诸子文化；徐春燕：道教文化、商业文化；李晓燕：军事文化、教育文化；陈习刚：天文文化、医药文化；李龙：陶瓷文化、冶铸文化：韩宇宏：汉字文化；席格：书画文化；郑志强：诗文文化；王永宽：戏剧文化；郭艳：节令文化、传说文化、饮食文化。

由于时间匆忙，书稿中的错误在所难免，我们将进一步听取各方面的意见，待本书再版时，修改完善。因受书稿体例的限制，学术界的相关成果未及注释，我们也向长期进行相关研究的各位学界同仁，表示深深的敬意。

张新斌

2017年12月20日